东北大学百年校庆丛书
1923 - 2023

对标争先 一融双高

——新时代东北大学基层党建工作案例选编

主编 王玉琦

东北大学出版社

图书在版编目（CIP）数据

对标争先 一融双高：新时代东北大学基层党建工作案例选编 / 王玉琦主编．— 沈阳：东北大学出版社，2023.7

ISBN 978-7-5517-3336-6

Ⅰ．①对… Ⅱ．①王… Ⅲ．①中国共产党—高等学校—党的建设—案例—沈阳 Ⅳ．① D267.6

中国国家版本馆 CIP 数据核字（2023）第 140384 号

出 版 者：东北大学出版社

地址：沈阳市和平区文化路三号巷 11 号

邮编：110819

电话：024-83680181（编辑部） 83680267（社务部）

传真：024-83680181（编辑部） 83680180（市场部）

网址：http://www. neupress. com

E-mail:neuph@neupress.com

印 刷 者：辽宁新华印务有限公司

发 行 者：东北大学出版社

幅面尺寸：170 mm × 240 mm

印 张：24.5

字 数：426 千字

出版时间：2023 年 8 月第 1 版

印刷时间：2023 年 8 月第 1 次印刷

责任编辑：向 阳 孙 锋 潘佳宁

责任校对：郎 坤

封面设计：解晓娜 潘正一

责任出版：初 茗

ISBN 978-7-5517-3336-6 定 价：100.00 元

东北大学庆祝建校一百周年
丛书编委会

出抓好与“三全育人”综合改革试点高校、“一站式”学生社区综合管理模式建设试点高校、教育融媒体建设试点单位联动发力，培育创建工作取得积极成效，为一流大学建设提供了坚强有力的组织保障。在全校师生党员的共同努力下，学校党委于2021年1月顺利通过示范高校培育创建验收。玉汝于成，则为后事之师。传承精神、总结经验，踔厉奋发、矢志向前，争取在新时代作出新的更大的成绩，是编写本书的初心与愿景。

在“创”上下功夫，在“融”上用笔墨。我们在组织书稿时，精心设计了五个篇章的内容。其中，“示范创建启征程”为总论之“因”；“经验推广展风采”为全局之“果”；“部级牵引树品牌”“省级带动创先进”“校级培育强根基”是分层次第展开之“过程”。意在“全局”“全过程”“全方位”展示学校近年来的“全员”党建工作成果，在“深、实、细、准、效”上细致展现高质量党建引领高质量发展的美好图卷。此“四全”与“五字诀”，是编写本书的纲要与原则。

于文字中见事业，在细致处展匠心。我们借助选入本书的50余篇综述文章与纪实案例以飨读者。《以坚强有力的党建工作引领一流大学建设》等篇目以高站位布局谋篇、提纲挈领，孕书胆于开宗；《东北大学：基层党建与大学建设同频共振融合促进》《东北大学以特色党建为高水平研究型大学提供组织保证》《东北大学以高质量党建引领高质量发展》等篇目浓墨重彩书写华章，振士气于纲目；《全面过硬　突出特色　引领示范　为推动“双一流”建设提供坚强保障》《对标“五个到位”　实施“五大工程”　深入推进“一融双高”》《特色党建　助力大团队创新　推动一流学科建设》《强基固本筑堡垒　砥砺奋进促发展》《“问道”在线　基于“互联网+党建”构建人才培养新模式》《开创VR党建载体　凝聚力量建设学科》《高擎党旗聚红色动能　争创一流践初心使命》等篇目扎实深入频传捷报，启同人以遐思；省级、校级标杆样板工作纪实同为跨越时空生生不息之手谈，待伟业以后人。此为编写本书的巧思与创新。

先贤曾有比喻，曰大学之道在于“从游”，师长作为“大鱼”引领学生“小鱼”乘风破浪。这道出了对标争先典型引领的精髓。事业是海，标杆是风，每个基层党组织都是时代大潮中的浪花。囿于篇幅，本书选取的篇目势必不能覆盖到近年来工作的全部，也不能一一关照到每个参与创建的组织与个人。但“一融双高”永远是“众人拾柴火焰高”的事业，离不开学校党的每个细胞的

东北大学

NORTHEASTERN UNIVERSITY

1923

前言

在《对标争先 一融双高——新时代东北大学基层党建工作案例选编》编辑成稿之际，正值党的二十大胜利闭幕、中国式现代化开启新征程的伟大年代，又欣逢东北大学建校一百周年的光荣诞辰。盛世佳节交汇，提笔思绪如潮。

东北大学的一百年，始终与国家民族同向同行、矢志奋斗。其历史亦是汇入我们党领导的高等教育事业发展洪潮中的涓涓浪花。党的二十大报告指出："我们要坚持教育优先发展、科技自立自强、人才引领驱动，加快建设教育强国、科技强国、人才强国，坚持为党育人、为国育才，全面提高人才自主培养质量，着力造就拔尖创新人才，聚天下英才而用之"。这是东大"为党育人、为国育才"的光荣使命和根本遵循。党的二十大报告也明确提出："增强党组织政治功能和组织功能""把基层党组织建设成为有效实现党的领导的坚强战斗堡垒"。这是先后两次荣膺"全国先进基层党组织"称号的东北大学党委的崇高责任与必答之卷。

2018 年 12 月，东北大学党委成为首批"全国党建工作示范高校"培育创建单位，在培育创建过程中，坚持立足实际、发挥优势，坚持深化创新、精准施策，严格对照"六个过硬"工作要求，实施领导班子和领导干部能力建设、思想政治教育提升、学生"一五一十"、基层党建质量夯实、全方位廉洁护航"五大建设工程"，积极构建教育部、辽宁省、学校三级对标联创工作体系，突良性运作，更会把创建嘉果惠及到东大的每名师生。

万里征程风正劲，千钧重任再扬帆。在本书即将付梓之际，学习贯彻习近平新时代中国特色社会主义思想主题教育在学校如火如荼展开。新的使命与责任，呼唤新的成绩与担当。习近平总书记强调：强国建设、民族复兴的宏伟目标令人鼓舞、催人奋进，我们这一代共产党人使命光荣、责任重大。新征程充满光荣与梦想，也充满艰辛和挑战。面对错综复杂的国际国内形势、艰巨繁重的改革发展稳定任务、各种不确定难预料的风险挑战，推动中国号巨轮继续劈波斩浪，尤需以真理之光照亮前行之路。“一融双高　对标争先”的不变价值，正是东北大学用党的创新理论统一思想、统一意志、统一行动，汇聚起奋进新征程、建功新时代磅礴力量的生动实践。

我们希望与广大读者共勉，不断从习近平新时代中国特色社会主义思想中汲取奋发进取的智慧和力量，不断提高身为高等教育工作者的履职尽责能力和水平，不断推动广大党员和干部将焕发出来的学习、工作热情转化为攻坚克难、干事创业的强大动力，凝心聚力促发展，驰而不息抓落实，立足岗位作贡献，努力创造经得起历史和人民检验的实绩，奋力开创百年东大事业发展新局面！

是为前言。

编　者

2023 年 5 月

目录

第一章　示范创建启新程

第二章　经验推广展风采

第三章 部级牵引树品牌

第四章　省级带动创先进

第五章　校级培育强根基

第一章

示范创建启新程

以坚强有力的党建工作引领一流大学建设

——东北大学首批“全国党建工作示范高校”培育创建工作纪实

东北大学是一所具有光荣爱国主义传统的大学，百年峥嵘，始终与国家发展同频共振，与民族复兴同向同行。在“全国党建工作示范高校”培育创建过程中，东北大学党委坚持以习近平新时代中国特色社会主义思想为指导，将党的领导贯穿办学治校全过程，成为坚持党的领导的坚强阵地。

学校党委深入贯彻新时代党的建设总要求，对标“六个过硬”，实施“五大工程”，与标杆院系、样板党支部统筹推进，与“三全育人”综合改革试点、“一站式”学生社区建设试点联动发力，为学校一流大学建设提供了坚强保证。

学校党委以党的政治建设为统领，实施领导班子和领导干部能力提升工程，进一步巩固强化党的领导核心作用。落实党委领导下的校长负责制，履行全面从严治党、党风廉政建设和意识形态工作主体责任，党的领导制度体系不断健全。出台加强领导班子建设的若干规定，践行一线规则，干部“选培管用”、激励担当作为的机制更加完善。落实校院两级党委理论学习中心组学习制度，促进领导干部理论、业务素养双提升。加强二级单位党的政治建设，构建边界明确、运行顺畅的分党委会、党政联席会议事决策规则。疫情防控期间，充分发挥各级党组织、广大党员的战斗堡垒和先锋模范作用，把党组织的政治优势转化为疫情防控的工作优势，让党旗在学校抗疫一线高高飘扬。

学校党委以习近平新时代中国特色社会主义思想铸魂育人，实施思想政治教育提升和学生“一五一十”建设工程，师生履职担当共谋发展的思想共识更加凝聚。深入推进“两学一做”学习教育常态化制度化，扎实开展“不忘初心、牢记使命”主题教育，实现了学思践悟滋养初心使命、深入一线强化初心使命、真抓实改践行初心使命。将思政工作贯穿教育教学全过程，构建起理论教育、品牌活动和正向激励相融合的教职工思政教育体系，引导广大教师“立己德”“树人德”。全面构筑“问题开启、目标导向、经典品读、学理优先、课程育人”的教学模式，推进思想政治理论课创新发展。实施“思业融合燎原计划”，构建起“十百千万”课程思政工作格局。推进“一五一十”思政文化育人一体化平台建设，打造“一站式”学生社区综合管理新模式，打通育人“最后一公里”。

学校党委以质量建设为抓手，实施基层党建质量夯实工程，促进党组织的政治功能强化和组织力提升。构建大党建格局，实施党建目标管理责任制、教师党支部书记“双带头人”培育工程，构筑党员分类教育培训体系，提升基层党组织战斗力。实施党建“对标争先”建设计划，打造“讲述·东大人的故事”等品牌活动。构建起“支部立项、特色支部创建、基层党建工作创新奖、党建课题研究、学生党员述责测评”“五位一体”党建活动体系，有效推动基层党建迸发活力。实施智慧党建培育融合计划，建设 VR 党建红色教育基地，构建“党建微信矩阵”，推动信息技术与党建工作深度融合。

学校党委切实履行全面从严治党主体责任，实施全方位廉洁护航工程，有效推进全面从严治党向基层延伸。搭建全面监督体系，设置基层纪委书记和纪检委员，重点领域、关键环节监督机制不断完善。加强巡察工作总体谋划，高质量开展巡察实践，优质高效的党委巡察工作体系逐步形成。全面实施“廉洁东大”建设，出台落实中央八项规定精神等 60 余项规章制度，推动干部作风建设走深走实。

学校党委积极推动党的建设与事业发展深度融合，将党建优势转化为发展优势、将党建活力转化为发展动力、将党建成效转化为发展实效，以高质量党建引领高质量发展。

——坚持党的全面领导，推进一流大学建设。加强战略谋划和顶层设计，深化综合改革，提升治理能力和水平。统筹推进《一流大学建设方案》制定和实施，“高峰引领、高原支撑、卓越促进、特色牵动”的学科建设格局正在形成，党委总揽全局、协调各方作用进一步增强。

——坚持立德树人根本任务，切实履行“为党育人、为国育才”职责使命。实施“育心铸才”工程，搭建起“一体化构建、两中心并重、十体系联动”的“三全育人”工作格局。实施“一流本科建设方案”“本科卓越行动计划”“产学研融合博士培养计划”，创新知识体系，更新课程内容，形成产学研协同育人特色。

——坚持党管人才原则，强化人才队伍建设。深入推进人才强校战略，建立健全师德师风建设长效机制，采取人才引进、引育并举、评价改革、特殊政策等举措，以机制创新和平台搭建汇聚“天下英才”。

——坚持“四个面向”，牵头完善提升科技创新和社会服务能力的体制机制。瞄准科技前沿和国家重大需求，突破“卡脖子”关键技术，引领和推动行业产业结构调整和转型升级，全方位服务东北振兴。

面向未来，东北大学党委将深化“全国党建工作示范高校”培育创建工作，以党的领导领航方向、以党的建设领航发展，砥砺奋进，锐意进取，为实现全面建设社会主义现代化国家的奋斗目标、实现中华民族伟大复兴的中国梦贡献东大力量！

（本文为“全国党建工作示范高校”验收视频解说词）

合力擘画学校党建“同心圆”

——东北大学实施“基层党建质量夯实工程”工作纪实

在“全国党建工作示范高校”培育创建工作中，东北大学党委坚持以习近平新时代中国特色社会主义思想为指导，把抓好学校党建工作作为办学治校的基本功，以实施“基层党建质量夯实工程”为载体，努力构筑“机制完善、特色发展、创新驱动、辐射示范”的四维基层党建工作体系，不断推动学校基层党建工作质量提升，为学校各项事业发展提供坚强保证，汇聚起建设“中国特色、世界一流”大学的东大力量！

注重机制完善，构筑基层党建“四梁八柱”

完善基层党建运行机制。构建大党建工作格局，建立学校党委牵头抓总、职能部门分工协作、基层党组织落实落细的三级运行机制。制定东北大学《分党委（党总支）工作规范》《教职工党支部工作规范》《学生党支

部工作规范》等系列文件，构建起立体完整的制度体系。在二级党组织设立专职纪委书记、纪检委员，为基层党建提供监督。定期召开党委全委会、党委常委会、书记办公会、分党委书记工作例会、支部书记工作例会等，专题研究部署党建工作。

完善基层党建落实机制。推进二级单位党建目标管理责任制，实现二级党组织书记、党支部书记抓基层党建工作述职全覆盖。科学合理设置党支部，把教师支部建在所上、建在科研团队和临时项目组织上，推进研究生党支部与研究所合建、与课题组共建。自2016年起开展年度基层党建工作专项调研督查，并结合校内巡察工作的开展，形成“靶向式”“清单式”调研督查反馈机制，印发年度基层党建调研督查情况反馈报告等，逐一反馈至分党委书记，确保各项工作部署得到有效落实。

完善基层党建保障机制。积极推进教师党支部书记“双带头人”培育工程，将支部书记任职履历作为干部选任的优先条件。要求教师党支部书记由高学历、高职称的研究所所长或副所长担任，校机关和直属部门党支部书记由处级干部担任。自2004年起，为每个学院配备了专职组织员，目前全校共配备47名专兼职组织员。建立起分党委书记、党支部书记、党支部委员、党委组织员、党务秘书等分类培训体系，形成专门课程模块，在陕西延安“泽东干部学院”、沈阳“九·一八”历史博物馆、抚顺雷锋纪念馆和雷锋学院等地建立“东北大学党员干部教育培训基地”，着力提升党务干部的政治素质和业务能力。

聚焦特色发展，打通基层组织“神经末梢”

推动基层党建对标创建。以入选“全国党建工作示范高校”培育创建单位为契机，构建“班子领导力提升、基层党建质量夯实、教职工思想政治提升、学生‘一五一十’、全方位廉洁护航”五大创建体系。印发《东北大学党委关于开展基层党组织“对标争先”建设计划的实施意见》，开展东北大学首批新时代党建标杆分党委和样板党支部创建工作，在全校范围内遴选确定标杆分党委 5 个、样板党支部 24 个，推动各基层党组织全面提升。

推动基层党建迸发活力。立足把“要支部活动”变为“支部要活动”，深入开展党建品牌创建活动。推进“四位一体”党建活动载体建设，打造立体化党建活动载体建设格局，强化“支部立项”的基础保障作用，突出“特色支部创建”的引领示范作用，发挥“基层党建工作创新奖”的创新驱动作用，夯实“学生党员述责测评”的监督保障作用，形成了一批效果明显、师生认可的党建品牌活动，促进了基层党组织开展党建活动主动性的持续提升。

推动基层党建落地见效。在对标创建和载体支撑下，基层党建工作取得了实实在在的效果。学校每年投入 30 万元支持“支部立项”活动，师生支部立项参与率连年达 100%；共有 250 个党支部参与到“特色支部创建”活动中来。通过年度“基层党建工作创新奖”评选活动的开展，形成了一批卓有成效的创新性经验、做法、活动、案例等，并在学校层面推广。2019 年“学生党员述责测评”满意和基本满意率 100% 的党员人数占 98.1%，有效促进了学生党员的教育管理。

加强创新驱动，抓住载体建设“牛鼻子”

推进基层党建理念创新。坚持把深化理论研究作为探寻基层党建理念的有力支撑，自 2008 年起，投入 200 余万元支持 200 余项基层党建课题研究，积极推动党建课题成果实现研以致用。在此基础上，提出“项目化管理、品牌化实施、过程化指导、长效化推进”的基层党建载体建设总体思路，在实践探索中形成了以“顶层设计、系统规划”为统领、“集中优势、协同推动”为路径、“形成体系、塑造品牌”为目标的实操思路。

推进基层党建质量创优。印发《东北大学新时代党建质量工程手册》，实施“党建质量工程”，以增强基层党组织组织力为目标，打造“强基固本、质量监督、典型引路、素质提升、组织保障”五大子工程，全面提升基层党建质量水平。加强党支部规范化标准化建设，以规范“三会一课”为抓手，以《东北大学党支部规范化建设指南》为标准，设定观测指标22项，逐个支部列出清单、建立台账，逐个项目对照整改、跟踪检查，遴选确立示范性党支部85个、规范化党支部372个。

推进基层党建方法升级。把“开放、共享”的理念融入党建工作中，各类党建活动评审邀请党支部书记、党员作为评委，形成“过程共建、成果共享”的党建格局。践行“互联网 + 党建”，推进“智慧党建”建设，打造有思想、有内容、有温度的党建微信平台，加强校院两级新媒体公众号的互通互联，通过建立党建新媒体矩阵及时报道培育创建工作中的最新动态，学校基层党建微信公众号“We 党微家”2019 年点击阅读量达到 29.49 万次。

突出辐射示范，培育服务社会“领头雁”

注重党建氛围营造。建设党员活动场所 81 个，摆放“共产党员”标志牌 3800 余个，每年“七一”前举办“讲述 · 东大人的故事”典型推介会，真正让党员身份亮了出来、党味元素浓了起来，有效促进了广大师生党员坚定信念、奋发有为，为建设“中国特色、世界一流”大学作出自己的贡献。

注重学科优势发挥。学校党委注重将大学服务社会的职能与党建工作有机结合，依托东北大学城乡社区建设研究院的教学和科研资源，设立“辽宁社区工作者学院”，被中共中央组织部确定为全国首批十家党员教育培训示范基地之一，也是全国唯一一家设在高校且专门针对街道社区党组织书记进行培训的基地。2018 年 12 月至今先后举办培训班 60 期，培训人次达 6670 人次，正逐步成为广大街道社区干部“锤炼党性的熔炉、提升能力的阵地、成长成才的摇篮”。

积跬步，致千里。学校的党建工作经验做法先后被在中组部《党建研究》，中组部党员教育中心、教育部思想政治工作司《基层党组织书记案例选编（高

校版）》，教育部《高校思想政治工作简报》，《共产党员》杂志，人民论坛网刊发报道。

“潮平两岸阔，风正一帆悬。”东大人，勠力同心，砥砺同行，激浪正当时。面向新时代，东北大学党委将深入贯彻新时代党的建设总要求，巩固深化“全国党建工作示范高校”培育创建成果，把基层党建优势转化为推动学校高质量发展的优势，带领全校各基层党组织和广大党员凝心聚力，合力推动“中国特色、世界一流”大学建设迈向新征程！

（本文为党委组织部供稿）

惠风好雨助春华

——东北大学“思想政治提升建设工程”工作纪实

惠风和畅，轻抚萌动的新绿。

好雨无声，润泽争春的万物。

东北大学开展“全国党建工作示范高校”培育创建以来，以习近平新时代中国特色社会主义思想为指导，全面贯彻党的教育方针，落实立德树人根本任务，全力推进“思想政治提升”建设工程，不断推动学校思想政治工作创新发展，在一流大学奋进征程中孕育出惠风好雨助春华的崭新气象，汇聚起全校师生同心共筑中国梦、矢志奋斗创一流的磅礴力量。

以理论武装固本强基，为一流大学建设提供坚实思想保障

健全完善党委理论学习中心组学习制度。严格落实《东北大学校院两级理论学习中心组制度》，重点围绕“习近平总书记系列重要讲话精神”、“习近平总书记关于教育的重要论述”、“不忘初心、牢记使命”主题教育、“党的十九届四中全会精神”、“党的十九届五中全会”精神等开展专题学习 33 次。加强院级党委理论学习中心组管理，开展院级党委理论学习中心组学习情况自查，进一步强化对院级中心组的定期学习要求、形式规范及考核约束。

深化习近平新时代中国特色社会主义思想学习宣传、研究阐释。出台《东北大学学习贯彻落实党的十九届四中全会精神实施方案》《关于学习贯彻习近平总书记教师节重要讲话精神的通知》等一系列文件；开设“中国特色社会主义的历史进程及基本经验”等系列课程；面向校内外举办理论宣讲近300场，推进党的创新理论大众化、普及化；承担《习近平新时代中国特色社会主义思想对马克思主义基本原理的坚持与发展研究》等国家、省部级课题21项，出版《中国特色社会主义论》《哲学视野中的中国特色社会主义》等著作10余部，为进一步加快构建中国特色哲学社会科学学科体系、学术体系、话语体系奠定了坚实的基础。

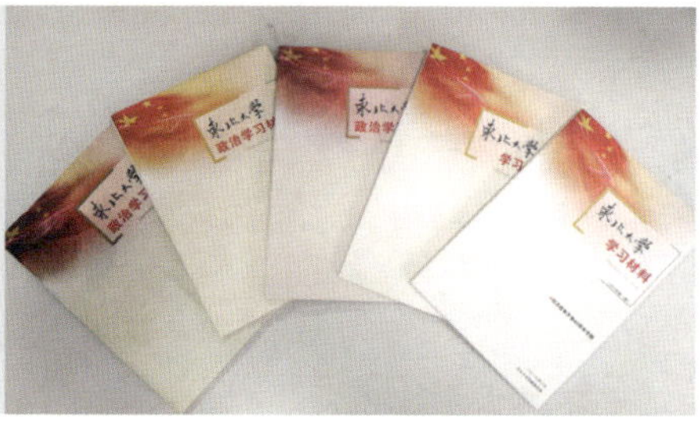

全面构建思想政治工作体系。贯彻落实教育部等八部门联合印发的《关于加快构建高校思想政治工作体系的意见》，聚焦理论武装、学科教学、日常教育、管理服务、安全稳定、队伍建设、评估督导等七个子体系，以三年为周期、分年度制定思想政治工作体系工作台账，逐条细化责任分工、任务举措、实施进度和工作成果，制定任务指标 74 项，确定了 28 家牵头单位，清单化、系统化、精细化推动“大思政”工作体系建设。

面向广大教职工构建起理论教育、品牌活动和正向激励相结合的教育体系，实施“引领·提升·共进”“1+1”计划，培育示范党支部 86 个；持续开展“尊师四敬·为师四爱”、卓越教师工作坊、青年教职工“四个一”、“文化午餐”等活动，增强教职工思想教育吸引力、感染力和有效性。定期邀请校内外专家学者成立理论武装宣讲团，开展宣讲近 90 场。近两年，开展教师政治理论学习 1030 学时，培训轮训和实践锻炼 460 次。围绕“教育、管理、指导、服务、能力素质拓展”五大职能，推进“一五一十”思政文化育人一体化平台建设，构建“知行”团校培养体系、主题团日班会活动推进体系和“第二课堂成绩单”能力素质拓展体系，打造青马工程、“百名博士企业行”等品牌活动。

东北大学获批沈阳市思想政治工作创新与发展研究中心等 7 个哲学社会科学研究基地，成立东北大学党建与思想政治工作创新发展研究院，围绕思想政治工作政策与理论、党建创新实践与理论、教师和学生思想政治教育、思想政治理论课与课程思政、文化建设与发展等方面深入开展理论与实践研究。

以“三全育人”培根铸魂，为一流大学建设汇聚磅礴育人合力

着力构建全员、全过程、全方位育人格局。扎实推进“三全育人”综合改革试点建设，构建起党委统一领导、党政齐抓共管、各学院部门各负其责、全校师生共同参与的“三全育人”体制机制。实施“育心铸才”工程，搭建起“一体化构建”“两中心并重”“十体系联动”的“三全育人”工作格局，以“全员参与”实现教育主体全面激活，以“全程贯通”实现力量有效整合，以“全方位协同”实现思政元素深度融入，切实打通“三全育人”最后一公里。

制订“三全育人”综合改革试点高校建设实施方案和工作任务落实计划，明确了12项一级指标、29项二级指标、90项三级指标，确定“路线图”、绘好“时间表”、制定“任务书”；开展“三全育人”质量创优和过程跟踪，召开专题工作推进会，编写阶段性总结成果汇编和典型案例汇编，梳理《构建“四金一新”一流本科教育建设方案》《东北大学构建爱国红色文化铸魂育人立体场域》等典型育人案例57个，形成了一批可借鉴、可推广、可复制的工作模式，培育了一批有创新性、代表性、实效性的品牌项目，“全员全程全方位”育人的强大正效应持续显现。

大力推进课程思政建设，组织专门力量、开展专题调研、进行反复论证，成立工作领导小组，建立课程思政教学研究中心，组建专家委员会，将课程思政融入人才培养方案，确保课程思政建设的系统化、整体性。制定《东北大学

关于实施“思业融合燎原计划”，加强和改进课程思政工作的意见》，明确“整体性推进、个性化实施、渐进性开展、动态化调整”4 项基本原则和“示范课程建设、示范专业建设、教材教改扶持、强化师资建设、完善考评体系、加强理论研究”6 项工作重点，着力建设 15 个示范专业、360 余门示范课程，参与教师 1000 余人，覆盖学生 3 万余人，实现了所有课程类型、所有既有学科的全覆盖，构建起“建设十个示范专业、打造百门校级示范课程、覆盖全校数千教师和教学团队、惠及全校数万名学生”的“十百千万”课程思政工作格局，形成了具有“东大特色”的课程思政建设模式。

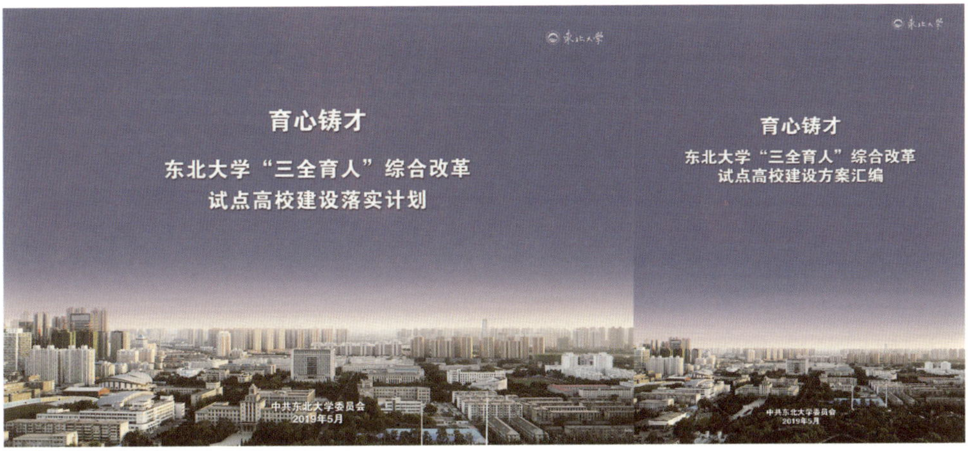

与沈阳市委宣传部共建马克思主义学院，全面构筑“问题开启、目标导向、经典品读、学理优先、课程育人”的思政课教学模式，实施思政课特聘教授制度、集体备课制度，推进“大班授课、小班讨论”教学改革，开设“思政课实践”必修课，制定《新时代东北大学思想政治理论课教师队伍建设实施办法》，全力推进思政课提高质量、创新发展。

以传承创新东大文化凝心聚力，为一流大学建设提供强大精神支撑

传承东大爱国红色文化基因，发扬爱国主义光荣传统，以“自强不息，知行合一”校训精神为魂，擦亮“实干、报国、创新、卓越”东大文化鲜亮底色，深入实施精神文化引领、物质文化奠基、制度文化规范、行为文化创新

“四大工程”，建设“品位高雅、底蕴厚重、特色鲜明、体系完备”的东大文化。

开展东北大学文化表述语凝练工作，梳理出“实思、实说、实做、实效”的实干品格，“爱校、爱乡、爱国、爱人类”的报国情怀，“与时俱进、革故鼎新”的创新气质，“卓尔不群、超越自我”的卓越追求，确定了“实干、报国、创新、卓越”的东大文化，建立了精神高地和价值坐标。开展东北大学文化深度诠释和推广，出版《实干　报国　创新　卓越——东北大学文化探析》《兴文化：高校文化建设实例研究》系列图书，让东大文化全过程、全方位融入师生世界观、人生观、价值观。

实施文化精品培育战略，确立41个文化立项，培育打造出“讲述·东大人的故事”典型推介会、“璀璨星光”东大青年奋斗的青春故事会、原创爱国话剧《离离原上草》等品牌活动百余项。创新校园景观的爱国文化表达，建造梁思成纪念馆，打造一二·九运动群像等31处文化景观，形成环境育人场域。创作各类文化产品200余项，形成了以《诗影东大》《讲述·东大人》等图书为代表的平面文化产品集群，以国际宣传片、校歌MV等为代表的影像文化产品集群，以“东东”“贝贝”微形象为代表的微文化产品集群，以校徽礼盒、毕业熊为代表的创意文化产品集群，进一步提升了东大文化的显示度和标识度。

东北大学获批国家语言文字推广基地，“创藝杯”校园文化艺术节获评教育部“礼敬中华优秀传统文化特色展示项目”，“木偶戏”基地获批教育部全国普通高校中华优秀传统文化传承基地，“传承爱国红色文化基因，讲述东大人科技报国的故事”获批中科协2020年度学风建设资助计划项目，入选辽宁最美校园。

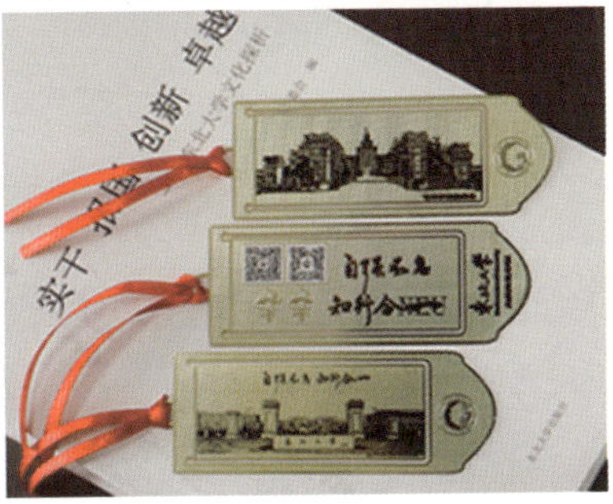

东北大学将继续以习近平新时代中国特色社会主义思想为指导，贯彻落实全国高校思想政治工作会议、全国教育大会和全国宣传思想工作会议精神，切实履行举旗帜、聚民心、育新人、兴文化、展形象的使命任务，以新的气象、新的作为，奋力谱写东北大学思想政治工作的崭新篇章。

（本文为党委宣传部供稿）

匠心无言花自开 全力打通思政育人“最后一公里”

——东北大学实施“‘一五一十’思政文化育人工程”工作纪实

精准引领，春风化雨滋养心田。

匠心筑梦，润物无声花开朵朵。

东北大学“一五一十”思政文化育人一体化平台紧紧围绕“立德树人，培养德智体美劳全面发展的社会主义建设者和接班人”一个核心目标；立足于全

面落实和不断丰富学生工作“教育、管理、指导、服务、能力素质拓展”五项职能；着力构建一体化育人平台、打通育人“最后一公里”；对标教育部“十大育人体系”，以全校各学院、多部门的项目化建设推动“十大育人工程”；坚持“专业化、分阶段、全覆盖”的原则，将40个重点项目、128个精品活动建设融入分年级教育实践，挖掘教育要素，完善育人机制，整合协调联动，唱响育人强音，开创了新时代高校思想政治教育工作新模式，为推进学校一流人才培养、一流大学建设，奋力书写新时代思政育人的新篇章！

打造网络育人新平台，思政微课堂让教育更“走心”

“师说思语”思政微课堂活动，是东北大学“一五一十”思政文化育人一体化平台校级建设项目，汇集学生工作队伍力量，旨在通过多维度开展网络思想政治教育工作，打造师生思想交流的网络新平台，充分发挥战“疫”特殊时期的教育引领功能。“师说思语”思政微课堂以习近平新时代中国特色社会主义思想为引领，邀请学生辅导员和思政课教师利用空中课堂，围绕理想信念教育、爱国主义教育、生命教育等11个维度，结合疫情防控最新形势，立足于思政实践与思政课理论的有机融合，快速响应、精准施策，充分满足了抗击疫情的实际需要和学生的实际需求，结合战“疫”特殊时期的生动案例、感人故事、身边师生的事迹等，为学生提供了一份解惑、解渴的思政“大餐”。与学生开展心贴心交流，用思想引领成长，引导学生树立正确的价值观，增强战“疫”使命担当与社会责任。教师以鲜活的、有针对性的、解决现实问题的议题，润物无声地对学生进行思政宣讲，指导学生科学进行居家防疫，帮助学生缓解心理压力，引导学生积极参加学校组织的网上授课。在学生进入居家学习阶段的重要时期，“师说思语”思政微课堂凝聚了学生辅导员、思政课教师等优秀骨干力量，深入挖掘抗击疫情中生动丰富的思政育人元素，高质量、多形式、全方位开展好疫情防控期间的思想政治教育工作，全力打通思政育人“最后一公里”，进一步提升大学生思想政治教育工作质量，培养德智体美劳全面发展的社会主义建设者和接班人。

拓宽思政育人新载体，“指南针驿站”让学生更“暖心”

“指南针驿站”是东北大学“一五一十”思政文化育人一体化平台校级建设项目，该项目以“立德树人”为主线，立足学生成长诉求、时代发展要求和社会进步需求，致力于贯彻落实习近平新时代中国特色社会主义思想，以“三全育人”为指导原则，突出育人的精准性和实效性，将解决问题与思想文化引领有机融合，统筹协调各方面资源和力量，创新思政育人载体，对学生进行点、线、面的精准分类指导与引领，全面提升基层思想政治工作的质量。“指南针驿站”依托两个平台，即线上“指南针 e 站”微信平台、线下“指南针驿站”学生成长发展指导工作室，四个主体项目分别为“思想引领”、“预约指导”、“成长沙龙”和“能力提升”。思想引领项目引导学生用行动彰显青春担当；预约指导模块能够得到学界“大咖”的耐心指引；充分发挥同辈引领作用，也是“指南针驿站”的重点建设内容之一；成长沙龙帮助学生提升能力，明晰奋斗方向。将思想政治工作的“给”转化成学生的“得”，这就是“指南针驿站”三年多以来始终坚持的信条。“指南针驿站”用新颖独特、学生喜欢的方式方法，切实发挥高校“大思政”思想指导下的要素资源，切实帮助学生完成思想引领和价值塑造。

探索家校合力育人新模式，党家社校让家长更“放心”

东北大学高度重视家校联系平台建设，将家校联系平台作为思想政治教育的有力抓手，建立健全家校联系机制，构建“四位一体”教育网络，汇聚了家校育人合力，积累了丰富的家校联系工作先进经验和优秀成果。为深化家校共育新机制建设，系统推进“互联网＋家校教育”工作，学校搭建了“O2O”（Online to Offline）三全育人家校联系平台，通过统筹各级组织资源、构建多角度分级联动工作机制，“零距离”沟通、贯穿“入学—毕业”全时空学业时段，“大数据”支撑、整合“线上—线下”工作模式，“多视角”切入、打造“大思政”育人新平台等实践育人举措，营造良好共建的家校协同育人生态，创新科学高效的家校合力育人模式，全面推进“三全育人”，最终形成“家校深度融合育人共同体”。通过“成人礼”优化全方位育人新生家长会和致家长一封信，“邀请式”深化全程育人毕业仪式，“精准化”开展全方位育人实地家访，“靶向制”组织全员育人地区家长会，实现对全体本科生家庭教育联系100%覆盖。截至目前，共发放20余万封信件，开展实地家访5000余人次，地区家长会覆盖30个地区，开展50余次，覆盖学生2000余人次。

平台自2018年启动，建设两年以来，坚持因事而化、因时而进、因势而新，一体化构建了大学生思想政治教育工作体系，有效破解了大学生思想政治教育发展不充分的难题，支持孵化了一批立足学院优势、突出学科特点的创新项目，涌现出一批可示范、可引领、可辐射、可推广的精品教育活动，平台每年培育出一项教育部思想政治工作精品项目，“指南针驿站”获批2019年度教育部思想政治工作精品项目，“党家社校，全员铸魂，奏响组织育人‘三部曲’”项目获批2020年度教育部思想政治工作精品项目。平台现已出台《东北大学“一五一十”思政文化育人一体化平台建设管理办法（试行）》，年度印发《东北大学“一五一十”思政文化育人一体化平台建设实施纲要（2018、2019、2020）》，结集推广《东北大学“一五一十”思政文化育人一体化平台建设成果汇编（2018、2019）》，思政文化育人成效凸显。

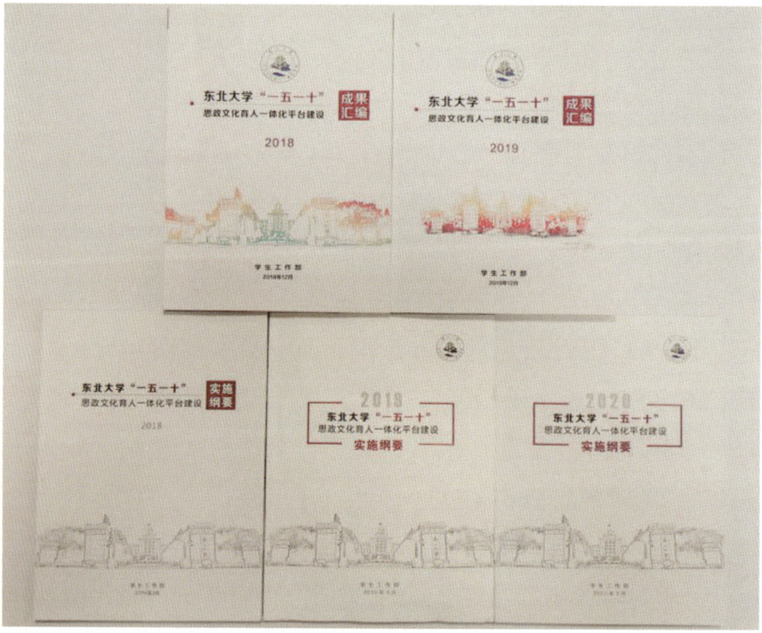

（本文为党委学生工作部供稿）

把党中央巡视巡察要求落实落细
推进巡察工作高质量发展

——东北大学深入推进巡察工作纪实

在“全国党建工作示范高校”培育创建工作中，东北大学党委坚持以习近平新时代中国特色社会主义思想为指导，把巡察作为落实管党治党办学治校政治责任、提升治理体系和治理能力现代化水平的重要抓手之一，发挥巡察监督在坚持党的全面领导、坚持社会主义办学方向、落实立德树人根本任务方面的重要作用，按照“提高政治站位、突出问题导向、层层压实责任、促进事业发展”的巡察工作思路，加强总体谋划，务实高效、高质量地开展巡察实践，推进巡察监督与其他监督的贯通融合，努力为学校巩固风清气正的政治生态和良好育人环境，加快建设一流大学提供监督保证。

高位推动，建章立制，构建巡察体系

坚持政治巡察的职能定位，结合实际建立并完善学校党委巡察工作领导体制和工作机制。构建了学校党委统一领导、巡察工作领导小组具体负责、党委巡察工作办公室按照领导小组要求组织实施、相关部门协同配合的领导体制和工作机制。

学校党委切实履行巡察主体责任，使巡察工作领导体制和工作机制得以健全和有效运行。学校党委负责同志高度重视并深度参与巡察工作，亲自作巡察动员讲话、主持详细研讨各环节工作、看望慰问巡察组成员、推进各项巡察保障措施落地等。学校巡察办紧跟中央指示精神要求，加强学习和调查研究，以“逐句学习落实法”精心组织学习落实党中央、教育部党组有关精神和学校党委要求，精心设计组织巡察工作，在推动工作落实、巡察材料把关等各类工作中“螺丝紧拧”。

通过建章立制，进一步明晰学校各方在巡察工作中的责任。加强顶层设计，健全制度机制，促进各职能部门履行职责，形成有序衔接、互为补充、贯通联动的巡察运行、整改和监督链条，促进被巡察单位及学校层面相应工作问题找得准、找得全并全面整改，确保巡察成果发挥最好成效。

严格要求，培训激励，淬火磨砺队伍

建立并落实《东北大学党委巡察工作干部管理暂行办法》，统筹安排、系统谋划巡察干部队伍建设，确保高标准严要求建设巡察工作队伍，从队伍建设上确保增强“四个意识”、坚定“四个自信”、做到“两个维护”。党委统筹巡察工作干部抽调工作，分管干部的党委领导和组织部门在抽调干部组建巡察组工作方面主动担当作为，扎实有力有效开展工作。

注重党务和业务属性结合，注重政治素质的同时注重业务能力，精挑细选，抽调干部，建立巡察组人员库。精心设计，严格管理，加强巡察干部教育培训，学校党委领导亲自授课、邀请外校巡察专家授课、学校上轮巡察组长和组员授课交流，创新性安排学校各重点业务职能部门为巡察组做业务关注点针对性培训指导，将参加巡察工作与干部培养使用有机结合，切实把巡察工作打造成发现、培养和锻炼干部的平台，发挥巡察工作平台的“熔炉”作用。

建立对巡察干部的激励约束机制，加强监督考核，把干部参加巡察工作的

经历及其在巡察工作中的表现情况，作为干部年度考核、推荐表彰、选拔任用等工作中的一项重要考量。

问题导向，剑垂基层，扎实履行职责

通过学习和实践，学校党委稳步推进巡察工作，逐步实现全面覆盖。把巡察既作为指导督促基层全面从严治党的重要举措，也作为发现和解决制约基层单位发展的重要问题的手段，做到规范权力运行，提升学校治理体系和治理能力现代化，推进校园政治生态和育人环境不断优化，促进事业发展。把被巡察单位履职尽责服务师生情况作为巡察的重要内容，推动解决师生关心的小问题，让师生感受到党的监督、从严治党就在身边，赢得师生对党的支持、对学校事业发展的热情，确保学校始终成为“两个维护”的坚强阵地。

对标教育部巡视工作标准开展巡察工作，坚持高质量要求，使学校巡察工作经得起巡视检验。建立巡察组临时党支部，强化巡察组党的建设，实施巡察工作干部严守承诺制度。设计了巡察办主任与被巡察单位主要负责人的巡察前详细交流环节、巡察办全体与各巡察组全体的中期交流环节等，对巡察组开展全程跟踪监督指导服务，保障巡察组在工作中按制度规定办事，细节不马虎、方向不跑偏。建立巡察信息沟通渠道，保障信息畅通，使领导、组织、协作、实施形成合力。巡察办组织编辑巡察过程材料模板 20 多项，供巡察组参考使用。

紧密结合学校实际，坚持目标导向和效果导向组织开展巡察工作。从学校治理体系实际情况出发，将二级单位党政领导班子及成员全部纳入巡察对象范围，把学院和部门全部纳入巡察范围。精准有效开展巡察监督，有什么问题就反映什么问题，什么问题突出就着力推动解决什么问题。

贯通协同，强化整改，扎牢监督网络

深刻领会和认真落实习近平总书记重要指示精神，坚持发现问题和整改落实并重，做好巡察整改“后半篇文章”。建立巡察整改监督机制，制定《中共东北大学委员会巡察整改工作实施办法（暂行）》，压实主体责任，建立巡察办协同纪委办、组织部的巡察监督工作协调机制，强化纪委办和组织部的巡察整改日常监督、各职能部门的职能监督，带动各类监督形成合力，推动巡察、整改、治理有机贯通。同时，将被巡察单位的整改责任落实情况及整改结果与其单位总体目标考核挂钩。

加强巡察成果运用，发挥巡察整改综合功效。把落实部党组巡视整改情况作为巡察监督的必然内容，形成巡视巡察联动。梳理巡察学院中发现的共性问题清单，率先在教育部直属高校中推动学校二级单位对巡察中发现的共性问题进行集中自查自纠整改，未巡先改。把巡察发现的问题作为建党 100 周年行动方案诊断行动的重要参考，作为制定加强学院领导班子和领导干部建设和考核有关制度的重要参考。作为六所高校代表之一，东北大学在全国高校巡察理论研讨会上介绍经验做法。

东北大学党委将坚持以习近平新时代中国特色社会主义思想为指导，增强“四个意识”、坚定“四个自信”、做到“两个维护”，始终担负起政治责任和历史使命，大力发扬“自强不息，知行合一”的校训精神，用一流的巡察工作为建设一流东大夯实政治基础，以昂扬的精神状态在建设“中国特色、世界一流”大学的征程中奋力前行！

（本文为党委巡察工作办公室供稿）

正风肃纪　为一流大学建设护航

——东北大学实施“全方位廉洁护航工程”工作纪实

在“全国党建工作示范高校”培育创建工作中，东北大学纪委在学校党委的领导下，坚持以习近平新时代中国特色社会主义思想为指导，围绕中心工作，立足职能定位，以“五个推进”为抓手，推动构建全面监督体系，深入推进“廉洁东大”建设，有效发挥监督保障执行、促进完善发展作用，以纪检工作的高质量发展推动全面从严治党和党风廉政建设向基层延伸、向纵深发展，为党建工作示范高校培育创建和一流大学建设提供坚强保障。

推进政治监督常态发展，保障党的教育方针和立德树人根本任务贯彻落实

推动践行“两个维护”具体化。在制定文件、征求意见、调研座谈、监督检查等工作中，督促把“两个维护”要求体现在教育教学、学术科研、管理服务等办学治校各方面、全过程。

紧盯习近平总书记重要讲话和重要指示批示精神贯彻落实。召开学校纪委全委会，传达学习党中央和中央纪委全会精神，把习近平总书记重要讲话精神、中央纪委全会精神和教育系统全面从严治党工作视频会议精神融入学校年度党风廉政建设工作计划和责任分解清单之中。

严明党的政治纪律和政治规矩。要求各级党组织担负起维护政治纪律和政治规矩的责任。深化治理贯彻落实党的理论和路线方针政策存在政治偏差，贯彻上级决策部署只表态不落实、维护师生群众利益不担当不作为等问题。

协助做好校内巡察工作。校内巡察机构未独立设置前，协助学校党委制定开展巡察工作的总体方案，对巡察组织领导、机构设置、人员配备等提出建议。研究制定巡察工作办法等制度文件。选派人员参加每一轮巡察工作任务。督促做好巡察整改有关工作。

推进日常监督创新发展，保障制度严格执行、作风建设过硬和权力规范运行

中共东北大学委员会文件
关于印发《东北大学二级党组织纪律检查工作暂行规定》的通知

中共东北大学纪律检查委员会文件
关于印发《东北大学二级单位纪委书记和纪检委员“十必做”》的通知

中共东北大学纪律检查委员会文件
关于印发《关于开展典型案例警示教育“五式”学习活动的方案》的通知

中共东北大学纪律检查委员会文件
关于在统筹疫情防控和返校复学监督工作中侧重“十个聚焦”的通知

中共东北大学委员会文件
关于落实领导干部插手干预重大事项记录工作的通知

中共东北大学纪律检查委员会文件
关于做好2020年硕士研究生复试监督工作的通知

中共东北大学纪律检查委员会文件
关于紧盯中秋国庆期间“四风”问题锲而不舍落实中央八项规定精神的通知

中共东北大学委员会文件
关于加强疫情防控监督检查工作的通知

围绕“不忘初心、牢记使命”主题教育开展跟进监督。坚持早入手、抓重点、出实招工作思路，对 24 个二级党组织主题教育重点任务和关键环节跟进监督 90 余次。主题教育期间，举办 10 余场廉洁讲座，推动清正廉洁做表率。

围绕疫情防控、返校复学、研究生复试等重点任务开展精准监督。指导二级纪委在疫情防控和返校复学监督工作中侧重“十个聚焦”。在研究生复试监督工作中，紧盯自命题工作保密管理、“三随机”工作机制的督导落实、复试小组成员的廉政把关、纪律教育培训等方面，靶向发力、精准施策。

围绕特殊类型考试招生、扶贫等工作开展专项调研监督。督促主责部门做好艺术类、体育类录取新生入学资格复查工作，对有关工作开展“回头看”和自查自纠。聚焦扶贫工作组织领导、项目实施、干部选派、资金使用等方面，开展书面调研监督。

围绕日常监督和信访举报中的突出问题开展全流程再造监督。启动实施 20 余个重点部位的全流程再造监督工作，校纪委书记带队与相关部门对接交流，与部门主要负责人开展谈心谈话，共同排查廉政风险隐患，全链条优化工作流程，推动廉政风险防控动态管理。推动落实领导干部插手干预重大事项记录制度。

围绕二级党组织全面从严治党主体责任落实情况开展同级监督。建立二级单位纪委书记和纪检委员每年向学校纪委书面报告所在党委履行全面从严治党主体责任情况、政治生态情况工作机制，将开展同级监督情况纳入二级单位纪委书记和纪检委员年度考核内容。

围绕持之以恒正风肃纪开展重要时间节点“四风”监督。面向全校教职员工制发通知，加强廉洁提醒。及时传达学习中央纪委国家监委网站发布的典型案例通报。督促各级党组织早向党员干部、教职员工打招呼、提要求。研究制定规范党员干部操办婚丧喜庆事宜等有关规定。

推进协助职责融合发展，保障主体责任和监督责任一贯到底

明确责任分工。将党风廉政建设责任分解清单细化为校党委班子、机关和直属部门、各分党委（直属党总支）和学院三个大类。协助学校党委召开全面从严治党工作会议，列席监督二级党组织全面从严治党工作会议。

突出量化要求。明确校领导每年至少听取1次分管部门和联系学院落实全面从严治党和党风廉政建设责任情况汇报，至少与分管部门班子成员和联系学院主要负责人进行1次谈心谈话，至少讲1次廉政党课等任务要求。

注重分层分级。对于校领导班子成员，督促运用好常委会、中心组学习等渠道，加强对违纪违法典型案例通报的传达学习。对于中层领导干部，组织开展集中性警示教育、任职前廉政谈话、针对性谈话教育等工作。对于一般干部师生，推动开展入党入职、提职交流、入校离校等廉洁教育培训，组织开展廉政文化系列活动。

推进执纪问责规范发展，保障严的主基调和稳中求进总基调落实到位

坚持去存量、遏增量，从严从实开展执纪审查。规范问题线索集中管理，严格执行问题线索处置请示报告程序，深入落实问题线索集体研究制度，定期分析研判信访举报总体情况，对信访反映的典型性、普遍性问题提出针对性的处置意见，对信访量较多、问题反映比较集中的部位开展廉政约谈。

改进纪律处分决定执行工作，发挥纪律处分决定的惩戒、警示、教育作用。开展案件质量评查，完善审查审理工作程序。督促组织人事等部门抓好职务级别和工资等相关生活待遇调整、处分影响期内年度考核及评先评优等关键环节。加强案件剖析，强化以案促改。

坚持标本兼治，一体推进“不敢腐、不能腐、不想腐”。认真处置问题线索，强化“不敢腐”的震慑。研究制定二级党组织纪律检查工作暂行规定、二级党组织纪检工作“十必做”等制度文件，发挥制度治本之策作用，扎牢“不能腐”的笼子。组织开展典型案例警示教育“五式”学习、廉政文化作品大赛、廉政文化建设创新工程等系列廉洁教育活动，以文育人，增强“不想腐”的自觉。

推进体制改革纵深发展，保障同级监督和重点岗位监督提质增效

深入贯彻纪检工作双重领导体制。认真落实监督执纪工作以上级纪委领导

为主的要求，严格请示报告程序，按时完成上级纪检组织交办的各项任务。主动对接驻教育部纪检监察组和辽宁省纪委监委，争取业务指导。进一步规范内部工作程序，优化内部工作流程，加强内部的制约和监督。

持续深入推进“三转”。按要求调整校纪委书记分工，调整后只分管纪检监察和巡察工作。全面梳理学校纪委参加的52个议事协调机构，退出除继续参加的全面从严治党和党风廉政建设工作领导小组等9个议事协调机构外的其他议事协调机构。进一步聚焦主责主业，履行监督的再监督职责，推动职能部门发挥职能监督作用。

充分发挥二级纪委和纪检委员监督作用。组织开展二级单位纪委书记和纪检委员业务培训，加强对二级纪委工作的指导。构建上下贯通的监督格局，加强上级党组织和纪检组织对下一级党组织的监督，打通全面从严治党和党风廉政建设向基层延伸的“最后一公里”。

深入实施“素质能力提升工程”。建立周学习、半月谈、月交流学习制度。选派14人次参加驻教育部纪检监察组和辽宁省纪委监委组织的业务培训，被上级纪检组织抽调1名干部参与有关专项工作。赴东北四所高校调研学习。开展深化“三转”、强化政治监督以及新中国成立以来我国纪检监察制度发展历程与特色等课题研究。

在教育部思政司主办的第七届全国高校廉洁教育活动暨“携手打击腐败”公益广告作品征集活动中，学校有7个作品进入全国入选名单，其中1个作品入围了全国仅10项的精品项目；3人被评为“全国大学生廉洁知识问答先进个人”；学校被授予“优秀组织单位”称号。

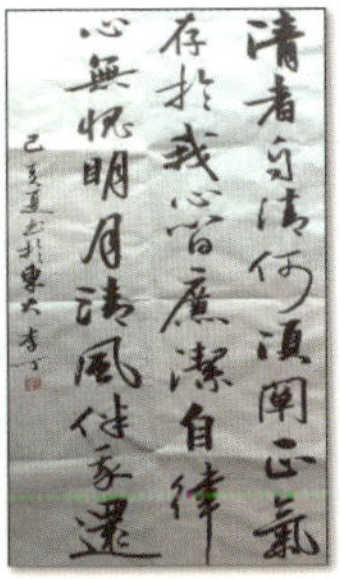

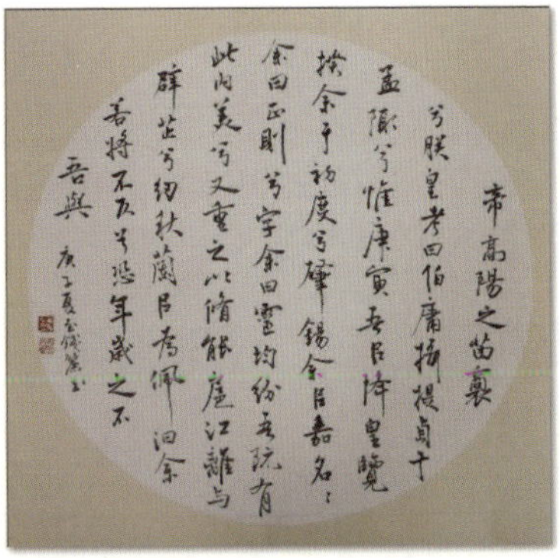

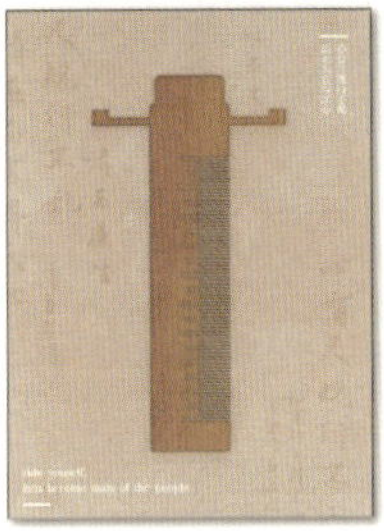

征尘犹未洗，整装再出发。新时代高校纪检工作使命光荣、责任重大。学校纪委将严格履行党章赋予的职责，认真协助学校党委推进全面从严治党和党风廉政建设，巩固深化“全国党建工作示范高校”培育创建成果，坚持实事求是、依规依纪，一体推进“不敢腐、不能腐、不想腐”，以严密监督体系防范风险挑战，推动治理体系和治理能力现代化，适应新时代新阶段发展要求，保障学校各项事业蓬勃向前。

（本文为纪律检查委员会办公室供稿）

第二章

经验推广展风采

东北大学聚焦练好办学治校基本功加强学校基层党组织建设

东北大学坚持以习近平新时代中国特色社会主义思想为指导，把抓好党建工作作为办学治校的基本功，以“三力提升”为抓手，推动基层党组织建设与一流大学建设相互融合、同向同行。

注重机制完善，综合施策提升协同力。一是完善基层党建运行机制。构建大党建工作格局，建立校党委牵头抓总、职能部门分工协作、基层党组织落实落细的运行机制。制定《分党委（党总支）工作规范》《教职工党支部工作规范》《学生党支部工作规范》等文件，构建立体完整的制度体系。定期召开党委全委会、党委常委会、书记办公会、分党委书记工作例会、支部书记工作例会等，专题研究部署党建工作。二是完善基层党建落实机制。推动二级党组织书记、党支部书记抓基层党建工作述职全覆盖。把教师党支部建在研究所、科研团队和临时项目组织上，推进研究生党支部与研究所合建、与课题组共建。开展年度基层党建工作调研督查，并结合校内巡察工作的开展，形成“靶向式”“清单式”反馈机制，确保工作部署得到有效落实。三是完善基层党建保障机制。推进教师党支部书记“双带头人”培育工程，将党支部书记经历作为干部选任的优先条件。要求教师党支部书记由高学历、高职称的研究所所长或副所长担任，校机关和直属部门党支部书记由处级干部担任。加强党务工作队伍建设，每个二级学院配备专职组织员，建立分党委书记、党支部书记、党支部委员、党委组织员、党务秘书等分类培训体系，在延安建立“东北大学党员干部教育培训基地”，着力提升党务干部的素质能力。

聚焦特色发展，创新载体提升组织力。一是推动基层党建理念“明”起来。坚持把深化理论研究作为探寻基层党建理念的支撑，自2008年起投入近200万元支持200项党建课题研究，推动课题成果实现研以致用。提出“项目化管理、品牌化实施、过程化指导、长效化推进”的基层党建载体建设思路，形成了以“顶层设计、系统规划”为统领、“集中优势、协同推动”为路径、“形成体系、塑造品牌”为目标的实操思路。二是推动基层党组织“动”起来。立足把“要支部活动”变为“支部要活动”，推进“四位一体”党建活动载体建设，强化“支部立项”的基础保障作用，突出“特色支部创建”的引领示范作用，发挥“基层党建工作创新奖”的创新驱动作用，夯实“学生党员述责测评”的监督保障作用，形成了一批效果明显、师生认可的党建品牌活动，促进了基层党组织开展党建活动主动性的持续提升。三是推动基层党建效果“实”起来。近年来，学校共投入近400万元支持党支部3000余个（次）开展“支部立项”活动，师生支部立项参与率连年达100%，共有150个党支部参与特色支部创建。通过年度“基层党建工作创新奖”评选活动的开展，形成了一批卓有成效的创新性经验、做法、活动、案例等，并在学校层面推广。2018年“学生党员述责测评”满意和基本满意率100%的党员人数占98.6%，有效促进了学生党员的教育管理。

加强工作探索，强基固本提升创造力。一是推进基层党建对标创建。以入选“全国党建工作示范高校”创建单位为契机，构建“班子领导力提升、基层党建质量夯实、教职工育心铸才、学生‘一五一十’、全方位廉洁护航”五大创建体系。印发《东北大学党委关于开展基层党组织“对标争先”建设计划的实施意见》，开展校内首批新时代党建标杆分党委和样板党支部创建工作，遴选确定标杆分党委5个、样板党支部24个，推动各基层党组织全面提升。二是推进基层党建质量创优。实施“党建质量工程”，以增强基层党组织组织力为目标，打造“强基固本、质量监督、典型引路、素质提升、组织保障”五大子工程，全面提升基层党建质量。加强党支部规范化建设，以“三会一课”为抓手，以《东北大学党支部规范化建设指南》为标准，逐个支部列出清单、建立台账，逐个项目对照整改、跟踪检查，遴选确立示范性党支部51个、规范化党支部480个。三是推进基层党建方法创新。把“开放、共享”的理念融入党建工作中，各类党建活动评审邀请党支部书记、党员作为评委，力求“过程共建、成果共享”。推进“智慧党建”建设，打造有思想、有内容、有温度的学校党建微信平台“We 党微家”，2018 年点击阅读量达 24 万余次。加强党建氛围营造，建设标准化党员活动场所 35 个，摆放“共产党员”标志牌 3300 个，举办“讲述·东大共产党人的故事”典型推介会，引领广大师生党员坚定信念、奋发有为，为建设“中国特色、世界一流”大学作出贡献。

（来源：高校思想政治工作简报 2019 年第 6 期，总第 151 期）

东北大学打造“五位一体”学生党员教育管理体系 着力提升党建育人实效

东北大学以“全国党建工作示范高校”培育创建为契机，全面加强党的建设，深挖育人元素、激发育人活力，打造强基固本、质量监督、典型引路、素质提升、组织保障“五位一体”的学生党员教育管理体系，大力推进党建育人研究和实践。

强基固本，强化思想引领。修订《发展党员工作规范》，坚持把政治标准放在首位，严把党员发展的“每一道关口”。严格执行发展党员程序，制作党员发展流程图，建立发展党员工作常用文体规范文本，突出抓好入党积极分子的培养考察，着力解决好思想入党问题。建立党课师资库，聘请从事党建理论和实践研究的专业教师、机关干部担任主讲教师，指导各分党委、分党校开展好入党教育和入党积极分子培训，推动党的创新理论在广大青年中入脑入心。讲好“两堂党课”，学校党委负责同志作发展对象入党前集中培训“开班第一讲”，引导青年学子端正入党动机、坚守入党初心，以实际行动践行党旗下的庄重承诺；分党委书记为毕业生党员讲授离校前“最后一堂党课”，引导即将迈向社会的毕业生党员坚定理想信念、锤炼高尚品格、练就过硬本领、矢志艰苦奋斗。

质量监督，注重过程管理。修订《学生党员述责测评工作规范》，压实各二级党组织责任，厘清并规范学生党员述责测评程序，强化测评结果运用，将其作为评价党员日常表现的重要参考、党内评优表彰的重要条件、处理不合格党员的重要依据。开通“学生党员述责测评系统”，创新述责测评形式，推动党员管理网络化、精细化、便捷化，不断提高党员教育管理水平。2019 年，2709 名学生党员进行了述责，1.8 万余名学生参与了评价，测评满意和基本满意率 100% 的党员人数占 98.1%。

典型引路，营造良好氛围。组织开展优秀党员评选表彰工作，每年表彰一批发挥作用好、师生认可度高的学生党员，同时推动和指导分党委组织开展好评选表彰活动，强化典型示范引领。开设《最美的我们——优秀大学生党员事迹展》专栏，推送优秀党员先进事迹，做好先进典型的深度宣传与跟踪报道，大力营造学习先进、争当先进的浓厚氛围。挖掘在新冠疫情防控工作一线涌现出的先进典型，邀请他们走入支部、“云端”开讲，谈认识、讲体会，用身边人讲好身边事、用身边事感染身边人。

素质提升，激活进步动力。以《学生党员教育管理工作规范》为依据，明确目标和要求，把思想引领、党性修养、价值塑造贯穿学生党员教育管理的各个环节、各个阶段。创新基层党组织党员教育管理方式，推进特色支部创建、基层党建工作创新奖、党建课题研究等载体建设。贴近学生党员思想、学习和生活实际，有针对性地开展形式新颖、吸引力强的党建活动，培育“信仰领航”工程、“红色梦想”社会实践等品牌，做好党建品牌打造与育人工作的协同与衔接。推进“智慧党建”建设，成立“We 党微家”新媒体工作室，运用新媒体技术做好党建工作的宣传报道、经验分享、成果展示等，提升党员自主学习的兴趣和动力，在岗位实践锻炼中拓宽党建育人途径。

组织保障，彰显育人优势。制定《学生党支部工作规范》，明确党支部的组织设置、基本任务、工作制度等，持续发挥组织育人优势，实现党建工作与人才培养协同联动、深度融合。优化组织设置，在原有按年级、班级、专业等设置党支部基础上，推进本科、研究生跨阶段纵向设置支部，探索结合学生公寓、卓越人才班等设置“功能型”党支部。加大党支部书记培训力度，在开展集中轮训基础上，选派学生党支部书记参加国家教育行政学院、省委教育工委组织的线上培训或示范培训，拓宽工作视野、提升履职能力。建立校院两级党委班子成员联系党支部制度，引导党员用好战“疫”素材、讲好战“疫”故事，坚持把“两学一做”学习教育融入日常，把组织生活与党员日常教育管理监督相结合，做到党员参加组织生活有考勤、有记录、有通报，让学生党员在组织生活中接受教育、锤炼党性、增强本领、成长成才。

（来源：教育部网站）

东北大学：基层党建与大学建设同频共振融合促进

东北大学党委始终按照“围绕中心抓党建、抓好党建促发展”的工作方针，不断加强对学校组织建设工作的统一领导，以前瞻性思维和创新性举措推动基层党组织建设，使基层党组织成为推进学校改革发展稳定的坚强堡垒和团结带领广大师生成长进步的主心骨。学校党委以“三力提升”为抓手，推动学校基层党建工作与一流大学建设相互融合、相互促进、同向同行。

建立健全机制，完善施策提升协同力

构建大党建工作格局，建立学校党委牵头抓总、职能部门分工协作、基层党组织落实落细的运行机制。制定东北大学《分党委（党总支）工作规范》《教职工党支部工作规范》《学生党支部工作规范》等系列文件，构建起立体完整的制度体系；推进二级单位党建目标管理责任制实施，实现二级党组织书记、党支部书记抓基层党建工作述职全覆盖。科学合理设置党支部，把教师支部建在所里、建在科研团队和临时项目组织里，推进研究生党支部与研究所合建、与课题组共建；积极推进教师党支部书记“双带头人”培育工程，将支部书记任职履历作为干部选任的优先条件。要求教师党支部书记由高学历、高职称的研究所所长或副所长担任，校机关和直属部门党支部书记由处级干部担任。自2004年起为每个学院配备了专职组织员，全校共配备18名。建立起分党委书记、党支部书记、党支部委员、党委组织员、党务秘书等分类培训体系，形成专门课程模块，在延安建立“东北大学党员干部教育培训基地”，着力提升党务干部的政治素质和业务能力。

聚焦特色发展，创新载体提升组织力

坚持把深化理论研究作为探寻基层党建理念的有力支撑，自2008年起，投入近200万元支持200项基层党建课题研究，积极推动党建课题成果实现研以致用；立足把“要支部活动”变为“支部要活动”，深入开展党建品牌创建活动。推进“四位一体”党建活动载体建设，打造立体化党建活动载体建设格局，强化“支部立项”的基础保障作用，突出“特色支部创建”的引领示范作用，发挥“基层党建工作创新奖”的创新驱动作用，夯实“学生党员述责测评”的监督保障作用，形成了一批效果明显、师生认可的党建品牌活动，促进了基层党组织开展党建活动主动性的持续提升；在理念引领和载体支撑下，基层党建工作取得了实实在在的效果。近年来，学校共投入近400万元支持党支部3000余个（次）开展“支部立项”活动，师生支部立项参与率连年达100%。共有150个党支部参与到“特色支部创建”活动中来。通过年度“基层党建工作创新奖”评选活动的开展，形成了一批卓有成效的创新性经验、做法、活动、案例等，并在学校层面推广。

加强工作探索，强基固本提升创造力

学校以入选“全国党建工作示范高校”创建单位为契机，构建“班子领导力提升、基层党建质量夯实、教职工育心铸才、学生‘一五一十’、全方位廉洁护航”五大创建体系；实施“党建质量工程”，以增强基层党组织组织力为目标，打造“强基固本、质量监督、典型引路、素质提升、组织保障”五大子工程，全面提升基层党建质量。加强党支部规范化标准化建设，以规范“三会一课”为抓手，以《东北大学党支部规范化建设指南》为标准，逐个支部列出清单、建立台账，逐个项目对照整改、跟踪检查，遴选确立示范性党支部51个、规范化党支部480个；把“开放、共享”的理念融入党建工作中，各类党建活动评审邀请党支部书记、党员作为评委，形成“过程共建、成果共享”的党建格局。践行“互联网+党建”，推进“智慧党建”建设，打造有思想、有内容、有温度的党建微信平台，学校基层党建微信公众号“We 党微家”2018年点击阅读量达到 24 万余次。加强党建氛围营造，建设标准化党员活动场所 35 个，摆放“共产党员”标志牌 3300 个，每年“七一”前举办“讲述 · 东大共产党人的故事”典型推介会，真正让党员身份亮了出来、党味元素浓了起来，有效促进了广大师生党员坚定信念、奋发有为，为建设“中国特色、世界一流”大学作出自己的贡献。

（来源：人民论坛网）

东北大学以特色党建为高水平研究型大学提供组织保证

东北大学2016年被中共中央授予“全国先进基层党组织”称号；2018年被教育部评为首批“全国党建工作示范高校”培育创建单位和“三全育人”综合改革试点高校。多年来，学校党委始终把基层党组织建设摆在突出位置，切实加强宏观指导和统筹谋划，在推动发展和服务师生方面都取得了明显成效。重点发展特色党建，将基层组织建设工作与学校事业发展深度融合，为推进基层组织建设全面进步、全面过硬，为建设“在中国新型工业化进程中起引领作用的‘国内一流、国际知名’高水平研究型大学”提供坚强的政治、思想和组织保证。

支部立项为载体，增强党支部吸引力。基层党组织以支部立项活动为载体，紧密结合教学、科研、育人、社会服务等工作，充分发挥各党支部的学科优势、人才优势和智力优势，通过专题研讨、项目合作、人才联合培养和社会实践等多种形式，丰富党建活动的内涵。例如，一些教师支部与学生开展了共建活动，党员教师结合企业人才需求，改革人才培养方案，邀请校外专家与学生交流，开展“策划未来，与自己签约”活动等，相应专业的应届毕业生就业率连年达到100%。工商管理学院博士生党支部开展“充分发挥党员作用，五点一线经济带中营口沿海产业基地开发研究”的立项活动，支部党员深入当地生产一线，积极调研，形成了营口沿海产业基地开发建设的政策建议。10年来，学校共投入经费300余万元支持党支部2000余个（次）开展立项活动，师生参与率连年达100%。

特色支部为引导，完善党组织体系。为深化和拓展基层组织建设，学校党委按照“项目化管理、品牌化实施、过程化指导、长效化推进”的思路，积极开展特色支部创建活动。2012年以来，经党支部申报、分党委推荐、专家答辩评审，重点支持100余个党支部开展特色支部创建活动。各创建单位按照实施方案，认真组织实施，取得了阶段性成果，在党支部建设中发挥了导向示范、辐射带动作用。例如，理学院分析科学研究所党支部开展了“深化学术诚信教育，营造科技创新学术氛围”活动，建立“学术诚信规范”，制作“论文质量检查表”，发放学术诚信倡议书，引导支部成员加强学术道德建设，杜绝学术不端行为发生。特色支部创建工作开展以来，受到了党员群众的普遍好评。

党建课题为推动，提高党建工作质量。学校党委自2008年开始，每年资助15万元支持开展党建课题研究立项活动，现已资助完成课题105项，为推动基层党建实践总结和创新发挥了积极作用。党委组织部的“高校院（系）领导体制和工作机制研究”课题，为贯彻落实院（系）党政联席会议制度提供了实践基础和理论依据。机械工程与自动化学院的“高校基层党支部组织生活创新研究”，系统总结了党支部组织生活的形式，对创新党支部组织生活的内容和形式，提高组织生活的实效性和吸引力具有较强的借鉴意义。

（来源：人民论坛网）

多维施策 夯基固本
着力提升学校基层党建质量

东北大学党委坚持以习近平新时代中国特色社会主义思想为指导，以“全国党建工作示范高校”培育创建为契机，通过实施“基层党建质量夯实工程”，构建“机制完善、特色发展、创新驱动”的三维工作体系，推动学校基层党建工作质量持续提升。

一、注重机制完善，构筑基层党建“四梁八柱”

一是完善基层党建运行机制。构建大党建工作格局，建立学校党委牵头抓总、职能部门分工协作、基层党组织落实落细的三级运行机制。制定《分党委（党总支）工作规范》《教职工党支部工作规范》《学生党支部工作规范》等系列文件，构建起立体完整的制度体系。在二级党组织设立专职纪委书记、纪检委员，为基层党建提供监督。定期召开党委全委会、党委常委会、书记办公会、分党委书记工作例会、支部书记工作例会等，专题研究部署党建工作。

二是完善基层党建落实机制。推进二级单位党建目标管理责任制实施，实现二级党组织书记、党支部书记抓基层党建述职全覆盖。科学合理设置党支部，把教师支部建在所上、建在科研团队和临时项目组织上，推进研究生党支部与研究所合建、与课题组共建。自 2016 年起开展年度基层党建工作专项调研督查，结合校内巡察工作的开展，形成“靶向式”“清单式”调研督查反馈机制。

三是完善基层党建保障机制。积极推进教师党支部书记“双带头人”培育工程，将支部书记任职履历作为干部选任的优先条件。要求教师党支部书记由高学历、高职称的研究所所长或副所长担任，校机关和直属部门党支部书记由处级干部担任。教师党支部书记“双带头人”比例达 100%。自 2004 年起为每个学院配备了专职组织员，全校共配备 47 名专兼职组织员。建立起分党委书记、党支部书记、党支部委员、党委组织员、党务秘书等分类培训体系。在延安“泽东干部学院”、抚顺雷锋学院等地建立“东北大学党员干部教育培训基地”，着力提升党务干部的政治素质和业务能力。

学校党委组织党员干部赴延安参加培训

二、聚焦特色发展，打通基层组织“神经末梢”

一是推动基层党建对标创建。构建“班子领导力提升、基层党建质量夯实、教职工育心铸才、学生‘一五一十’、全方位廉洁护航”五大工程体系。印发《东北大学党委关于开展基层党组织“对标争先”建设计划的实施意见》，开展校内首批新时代党建标杆分党委和样板党支部创建工作，在全校范围内遴选确定标杆分党委 5 个、样板党支部 24 个，推动各基层党组织全面提升。

二是推动基层党建迸发活力。立足把“要支部活动”变为“支部要活动”，深入开展党建品牌创建活动。推进“四位一体”党建活动载体建设，强化“支部立项”的基础保障作用，突出“特色支部创建”的引领示范作用，发挥“基层党建工作创新奖”的创新驱动作用，夯实“学生党员述责测评”的监督保障作用，形成了一批效果明显、师生认可的党建品牌活动，促进了基层党组织开展党建活动主动性的持续提升。

三是推动基层党建落地见效。学校每年投入 30 万元支持“支部立项”活动，师生支部立项参与率连年达 100%；共有 250 个党支部参与到“特色支部创建”活动中来。通过年度“基层党建工作创新奖”评选活动的开展，形成了一批卓有成效的创新性经验、做法、活动、案例。2019 年“学生党员述责测评”满意和基本满意率 100% 的党员人数占 98.1%，有效促进了学生党员的教育管理。注重发挥学科在党建工作中的支撑作用，被中组部确定为全国首批十家党员教育培训示范基地之一。

学校党委推进党建示范点建设

三、加强创新驱动，抓住载体建设“牛鼻子”

一是推进基层党建理念创新。坚持把深化理论研究作为探寻基层党建理念的有力支撑，自 2008 年起，投入 200 余万元支持 200 余项基层党建课题研究，推动党建课题成果实现研以致用。在此基础上，提出“项目化管理、品牌化实施、过程化指导、长效化推进”的基层党建载体建设总体思路，在实践探索中形成了以“顶层设计、系统规划”为统领、“集中优势、协同推动”为路径、

“形成体系、塑造品牌”为目标的实操思路。

二是推进基层党建质量创优。印发《东北大学新时代党建质量工程手册》，打造“强基固本、质量监督、典型引路、素质提升、组织保障”五大子工程，全面提升基层党建质量。加强党支部规范化标准化建设，以规范“三会一课”为抓手，以《东北大学党支部规范化建设指南》为标准，设定观测指标 22 项，逐个支部列出清单、建立台账，逐个项目对照整改、跟踪检查，遴选确立示范性党支部 85 个、规范化党支部 372 个。

三是推进基层党建方法升级。把“开放、共享”的理念融入党建工作中，各类党建活动评审邀请党支部书记、党员作为评委，形成“过程共建、成果共享”的党建格局。推进“智慧党建”建设，建立校院两级党建新媒体矩阵，打造有思想、有内容、有温度的党建微信平台，学校党建微信公众号“We 党微家”2019 年点击量达 29.49 万次。加强党建氛围营造，建设党员活动场所 81 个，摆放“共产党员”标志牌 3800 余个，每年“七一”前举办“讲述·东大共产党人的故事”典型推介会，真正让党员身份亮了出来、作用发挥了起来。

学校党委有关负责同志到理学院调研 VR 党建工作

（本文为“全国党建工作示范高校”培育创建工作特色案例）

东北大学以高质量党建引领高质量发展

东北大学坚持以习近平新时代中国特色社会主义思想为指导，把培育创建“全国党建工作示范高校”作为推动学校事业发展的重要契机，严格对照“六个过硬”工作要求，推进学校党建工作质量持续提升，为建设“中国特色、世界一流”大学提供坚强保障。

强化组织领导，抬高示范创建“标尺线”。坚持学校党委统筹，精准施策、深化创新。突出“顶层设计”，印发《东北大学党委关于开展基层党组织“对标争先”建设计划的实施意见》《关于开展新时代党建标杆分党委（直属党总支）和样板党支部创建工作的通知》，积极构建部、省、校三级对标创建工作格局。突出“高点定位”，出台《关于推进“全国党建工作示范高校”培育创建工作的实施方案》，细化各项工作的任务指标、落实举措、成果形式和责任单位，明确路线图、时间表、任务书。突出“过程跟进”，召开培育创建中期推进会，及时总结创建工作经验和成效，建立信息报送联动机制，掌握工作进展，加强对阶段性成果的凝练总结。突出“项目驱动”，围绕干部队伍领导力提升、基层党组织建设、教职工思想引领、校园文化培育、大学生思想政治教育、党风廉政建设和纪检监察等重点工作，以问题为导向，以项目化建设为抓手，开展专项工作，破解发展瓶颈，巩固党建工作成效。突出“氛围营造”，建立党建新媒体矩阵，加强校院两级新媒体公众号的互联互通，及时宣传培育创建工作的典型经验和特色做法，强化成果辐射。

实施五大工程，绘好质量提升“施工图”。以提升基层党组织战斗力为核心，以强化学校治理体系和治理能力为重点，着力推动“五大工程”落地见效。实施“领导班子和领导干部能力提升工程”，制定《党委领导下的校长负责制实施办法》等规程，出台加强领导班子建设的若干规定，进一步完善践行一线规则、干部“选培管用”、激励担当作为等机制。落实校院两级党委理论学习中心组学习制度，促进领导干部理论素养、业务能力双提升。实施“基层党建质量夯实工程”，落实党建目标管理责任制，构建“大党建”格局。加强教师党支部书记“双带头人”培育，教师党支部“双带头人”比例达100%。推动基层党建“对标争先”，构建“支部立项、特色支部创建、基层党建工作创新奖评选、党建课题研究、学生党员述责测评”“五位一体”党建工作体系，充分激发基层党建活力。探索智慧党建，建设VR党建红色教育基地，构建“党建新媒体矩阵”，推动信息技术与党建工作深度融合。实施“思想政治教育提升工程”，全面构筑“问题开启、目标导向、经典品读、学理优先、课程育人”的教学模式，推进思想政治理论课创新发展。实施“学生‘一五一十’建设工程”，不断丰富学生工作“教育、管理、指导、服务、能力素质拓展”五项职能，以各学院、多部门的项目化建设推动构建十大育人体系，加强思政文化育人一体化平台建设，增强全员、全过程、全方位育人实效。实施“廉洁护航工程”，推进全面从严治党向基层延伸。制定《党委落实全面从严治党主体责任清单》，设置基层纪委书记或纪检委员，建立全面监督体系。加强巡察工作总体谋划，高质量开展校内巡察，逐步形成优质高效的党委巡察工作体系。全面建设“廉洁东大”，推动干部作风建设走深走实。

深化融合联动，厚培引领发展“原动力”。积极推动党的建设与事业发展深度融合，将党建优势转化为发展优势，将党建活力转化为发展动力，将党建成效转化为发展实效。坚持学校党委统筹协调，以学科为基础，以深化改革为动力，深入推进一流大学建设。围绕“智能”与“绿色”两大主题，逐步形成“高峰引领、高原支撑、卓越促进、特色牵动”的学科建设格局，推进学科群融通发展；实施“育心铸才”工程，搭建“一体化构建、两中心并重、十体系联动”的“三全育人”工作格局；实施“一流本科建设方案”“本科卓越教育行动计划”“产学研融合博士生培养计划”等，新建课程200余门，出版教材207部，加快未来技术学院建设，探索交叉型、复合型、前沿型人才培养新模式，形成产学研协同育人特色。坚持党管人才原则，深入推进人才强校战略。建立健全师德师风建设长效机制，稳步实施“人才特区”和创新团队建设工程，深化分类评价和绩效改革，积极营造尊重劳动、尊重知识、尊重人才、尊重创造的工作环境。坚持“四个面向”，瞄准科技前沿和国家重大需求，推动科技创新和社会服务，完善校企协同体制机制，引领和推动行业产业结构调整和转型升级，近两年获各类科技奖励200余项；加强新型智库建设，成立中国东北振兴研究院，以高水平研究成果和咨政服务为东北经济社会发展提供智力支持；推进党员干部教育培训专业化、规范化、常态化，建好全国党员教育培训示范基地，办好辽宁社区干部学院（后更名为“辽宁社区工作者学院”），累计为辽沈地区培训社区干部6670人次。

（来源：教育部简报2021年第2期）

东北大学多措并举固本强基着力提升基层党建质量

东北大学坚持以习近平新时代中国特色社会主义思想为指导，以培育创建“全国党建工作示范高校”为契机，实施“基层党建质量夯实工程”，着力构建机制完善、特色发展、创新驱动的工作体系，持续提升学校基层党建工作质量。

注重机制完善，构筑“四梁八柱”。完善基层党建运行机制，建立学校党委牵头抓总、职能部门分工协作、基层党组织落实落细的三级运行机制。制定《分党委（党总支）工作规范》《教职工党支部工作规范》《学生党支部工作规范》等文件，着力构建大党建工作格局。在二级党组织设立专职纪委书记、纪检委员，加强监督指导。完善基层党建落实机制，实施二级单位党建目标管理责任制，做到二级党组织书记、党支部书记抓基层党建述职全覆盖。科学设置党支部，把教师支部建在所上、建在科研团队和临时项目组织上，鼓励研究生党支部与研究所合建、与课题组共建。自2016年起开展年度基层党建工作专项调研督查，结合校内巡察工作，形成“靶向式”“清单式”调研督查反馈机制。

完善基层党建保障机制，积极推进教师党支部书记“双带头人”培育工程，将支部书记任职履历作为干部选任的优先条件，教师党支部书记“双带头人”比例达100%。夯实队伍建设，为每个学院配备专职组织员，建立分党委书记、党支部书记、党支部委员、党委组织员、党务秘书等分类培训体系，依托延安“泽东干部学院”、抚顺“雷锋学院”等地建立党员干部教育培训基地，着力提升党务干部的政治素质和业务能力。

聚焦特色发展，打通“神经末梢”。加强组织建设，构建“班子领导力提升、基层党建质量夯实、教职工育心铸才、学生‘一五一十’、全方位廉洁护航”五大工程体系。印发《东北大学党委关于开展基层党组织“对标争先”建设计划的实施意见》，开展新时代党建标杆分党委和样板党支部创建工作，在全校遴选标杆分党委5个、样板党支部24个。开展党建品牌创建活动，推进“四位一体”党建活动载体建设，强化“支部立项”的基础保障作用，突出“特色支部创建”的引领示范作用，发挥“基层党建工作创新奖”的创新驱动作用，夯实“学生党员述责测评”的监督保障作用，形成了一批效果明显、师生认可的党建品牌活动，提升了基层党组织开展党建活动的主动性。推动基层党建工作落地见效，每年投入30万元支持“支部立项”活动，师生支部活动参与率达100%。开展“基层党建工作创新奖”评选活动，总结推广创新性经验、做法、活动、案例。狠抓学生党员的教育管理，每年组织班级全体同学对学生党员开展述责测评，2019年测评满意和基本满意率100%的学生党员比例达98.1%。

加强创新驱动，抓住“牛鼻子”。注重理念创新，坚持把深化理论研究作为探寻基层党建理念的有力支撑，自2008年起累计投入200余万元支持260余项基层党建课题研究，推动党建课题成果研以致用。推进基层党建质量创优，印发《东北大学新时代党建质量工程手册》，打造“强基固本、质量监督、典型引路、素质提升、组织保障”五大子工程，全面提升基层党建质量。加强党支部规范化标准化建设，制定《东北大学党支部规范化建设指南》，以规范“三会一课”为抓手，设定观测指标22项，分支部列出清单、建立台账，逐项指标对照整改、跟踪检查，遴选示范性党支部85个、规范化党支部372个。秉持开放共建理念，在各类党建活动评审中邀请党支部书记、党员担任评委，形成“过程共建、成果共享”的党建格局。推进“智慧党建”建设，建立校院两级党建新媒体矩阵，打造有思想、有内容、有温度的党建微信平台。加强氛围营造，在“七一”前夕举办“讲述·东大共产党人的故事”典型推介会，建设党员活动场所81个，摆放“共产党员”标志牌3800余个，切实发挥党员先进榜样示范作用。

（来源：教育部网站）

东北大学扎实推进教师党支部书记“双带头人”培育工程

东北大学认真学习贯彻习近平总书记关于教育的重要论述和全国教育大会精神，坚决落实党中央关于加强和改进新形势下高校思想政治工作的部署要求，深入实施高校教师党支部书记“双带头人”培育工程，着力把教师党支部书记队伍建设成为新时代高校党建和业务双融合、双促进的中坚骨干力量，为加快推进学校新一轮“双一流”建设提供坚强组织保证。

坚持制度强基，严把选任标准规范。制定《东北大学党委关于教师党支部书记“双带头人”培育工程的实施意见》。召开教师党支部书记座谈会，加强相关政策培训解读。把“政治强、业务精、有威信、肯奉献”的要求标准贯穿选任工作始终，严格遵循党章党规有关要求和程序，规范选任方式，“双带头人”教师党支部书记的选任工作，由学校党委统一领导、党委组织部具体指导，学院党委负责实施，支部委员会或党员大会选举产生。扎实做好对“双带头人”教师党支部书记选任的过程督导跟进，坚持区分情况、精准施策，做到深入调研、摸准实情，逐一推动形成符合本单位工作实际的选任和履职清单台账，指导分党委按照任务书、时间表和路线图做好选任工作，实现“双带头人”教师党支部书记选拔方式全覆盖。拓展人才储备平台，注重把热爱党务工作、教学科研能力突出的青年教师党员选配为教师支部副书记或支部委员，协助支部书记开展工作，加强后备人选的培养锻炼。

注重培训赋能，促进党务能力提升。立足多层次、全覆盖和常态化，结合“不忘初心、牢记使命”主题教育、党史学习教育对全校“双带头人”教师党支部书记进行集中轮训，推荐优秀党支部书记参加高层次骨干培训和示范培训。坚持校院两级党校相补充、线上线下相映衬、理论学习与实地研学相结合的方式，促进理想信念和业务能力双提升。与延安大学“泽东干部学院”、

"九·一八"历史博物馆等合作建立校外党员干部教育培训基地，分批选派"双带头人"教师党支部书记赴延安参加培训。积极运用主题示范党日、精品微党课征集活动培育的优秀成果，融入培训课程，持续丰富培训内容和形式，在融合互促中加深"双带头人"教师党支部书记对党建品牌活动的理解和把握。

深化示范带动，打造交流互鉴平台。实施"对标争先"建设计划，把抓重点党建项目落地实施情况作为检验提升"双带头人"教师党支部书记能力的重要标尺。加大教师支部支持力度，学校两批遴选的样板支部中教师党支部占比超过60%，累计有20个教师党支部入选教育部（4个）、辽宁省（16个）党建工作样板党支部创建名单。持续激活党支部创新动能，打造培育一批"双带头人"工作室，发挥专业力量和优势，依托理学院物理系党支部、生命学院生物技术研究所党支部建设东北大学"红色记忆"VR教育示范基地、新时代劳动观教育基地等校内党建示范点。探索"互联网＋党建"工作模式，在学校党建新媒体公众号"We党微家"微信公众号，集中宣传推介"双带头人"教师党支部书记中涌现的优秀典型和先进事迹，在特色支部验收、基层党建创新奖等党建项目评审中邀请教师党支部书记参与具体工作，以"共同建设、共同参与、共同享有"的创新理念让"双带头人"教师党支部书记在参与中练好谋划抓好党建、抓实支部建设的基本功。

健全激励保障，营造谋事担当氛围。开展保障激励机制专项调研，推动二级学院党委结合实际，通过纳入教职工年度考核内容、绩效考核管理、核算工作量、给予奖励补贴等方式落实好配套的待遇保障，把"双带头人"教师党支部书记经历作为选拔任用领导干部的重要参考。建立"双带头人"教师党支部书记参与讨论本单位事项机制，明确学院（部）党政联席会议，分党委（党总支）会议等讨论涉及其支部重要事项时，应邀请党支部书记列席，在教职工年度考核、专业技术岗位评聘、评奖评优、干部选任等工作中须征求党支部书记意见，充分发挥其政治把关作用。积极搭建拓展教学科研能力发展平台，全校63名教师党支部书记担任本单位行政职务或业务管理职务，20名教师党支部书记担任学院（部）本科教学指导委员会、学术或学位分委员会委员定期给教师党支部书记发放理论读物、党建书籍等学习材料，持续做好日常性关心鼓励支持，推动形成"政治上有待遇、工作上有平台、发展上有空间、经费上有支持、作用发挥上有氛围"的长效机制。

（来源：教育部网站）

东北大学：党建与一流大学建设同频共振

东北大学党委创新举措，以“三力提升”为抓手，推动学校基层党建工作与一流大学建设相互融合、相互促进、同向同行。

综合施策提升协同力。构建大党建工作格局，建立学校党委牵头抓总、职能部门分工协作、基层党组织落实落细的运行机制。出台一系列文件，构建起立体完整的制度体系；推进二级单位党建目标管理责任制实施，实现二级党组织书记、党支部书记抓基层党建工作述职全覆盖。科学合理设置党支部，把教师支部建在所里、建在科研团队和临时项目组织里，推进研究生党支部与研究所合建、与课题组共建；积极推进教师党支部书记“双带头人”培育工程，将支部书记任职履历作为干部选任的优先条件。自 2004 年起，为每个学院配备了专职组织员，全校共配备 18 名。建立起分党委书记、党支部书记、党支部委员、党委组织员、党务秘书等分类培训体系，形成专门课程模块，在延安建立“东北大学党员干部教育培训基地”，着力提升党务干部的政治素质和业务能力。

创新载体提升组织力。坚持把深化理论研究作为探寻基层党建理念的有力支撑。自 2008 年起，累计投入近 200 万元支持 234 项基层党建课题研究，积极推动党建课题成果研以致用。立足把“要支部活动”变为“支部要活动”，深入开展党建品牌创建活动。推进“四位一体”党建活动载体建设，强化“支部立项”的基础保障作用，突出“特色支部创建”的引领示范作用，发挥“基层党建工作创新奖”的创新驱动作用，夯实“学生党员述责测评”的监督保障作用，形成了一批效果明显、师生认可的党建品牌活动，促进了基层党组织开展党建活动主动性的持续提升。近年来，学校共投入近 400 万元支持党支部

3000余个（次）开展“支部立项”活动，师生支部立项参与率连年达100%，共有150个党支部参与到“特色支部创建”活动中来。通过开展年度“基层党建工作创新奖”评选，形成了一批卓有成效的创新性经验、做法、活动、案例等，并在学校层面推广。

强基固本提升创造力。学校以入选“全国党建工作示范高校”培育创建单位为契机，构建“班子领导力提升、基层党建质量夯实、教职工育心铸才、学生‘一五一十’、全方位廉洁护航”五大创建体系；实施“党建质量工程”，以增强基层党组织组织力为目标，打造“强基固本、质量监督、典型引路、素质提升、组织保障”五大子工程，全面提升基层党建质量。加强党支部规范化标准化建设，以规范“三会一课”为抓手，以《东北大学党支部规范化建设指南》为标准，逐个支部列出清单、建立台账，逐个项目对照整改、跟踪检查，遴选确立示范性党支部51个、规范化党支部480个；把“开放、共享”的理念融入党建工作中，各类党建活动评审邀请党支部书记、党员作为评委，形成“过程共建、成果共享”的党建格局。践行“互联网+党建”，推进“智慧党建”建设，打造有思想、有内容、有温度的党建微信平台，学校基层党建微信公众号“We党微家”2018年点击阅读量达到24万余次。加强党建氛围营造，建设标准化党员活动场所35个，摆放“共产党员”标志牌3300个，每年“七一”前举办“讲述·东大共产党人的故事”典型推介会，真正让党员身份亮了出来、党味元素浓了起来，有效促进了广大师生党员坚定信念、奋发有为，为建设“中国特色、世界一流”大学作出自己的贡献。

（来源：《共产党员》2019年第08期下半月）

合力擘画党建“同心圆”

东北大学党委以“全国党建工作示范高校”培育创建为契机，实施“基层党建质量夯实工程”，努力构筑“机制完善、特色发展、创新驱动、辐射示范”的“四维”基层党建工作体系，不断推动学校基层党建工作质量提升，为学校各项事业发展提供坚实保证。

完善机制，构筑基层党建“四梁八柱”

完善基层党建运行机制。构建大党建工作格局，建立学校党委牵头抓总、职能部门分工协作、基层党组织落实落细的三级运行机制。制定东北大学《分党委（党总支）工作规范》《教职工党支部工作规范》《学生党支部工作规范》等系列文件，构建起立体完整的制度体系。在二级党组织设立专职纪委书记、纪检委员，为基层党建提供监督。定期召开党委全委会、党委常委会、书记办公会、分党委书记工作例会、支部书记工作例会等，专题研究部署党建工作。

完善基层党建落实机制。推进二级单位党建目标管理责任制实施，实现二级党组织书记、党支部书记抓基层党建工作述职全覆盖。科学合理设置党支部，把教师支部建在所上、建在科研团队和临时项目组织上，推进研究生党支部与研究所合建、与课题组共建。自2016年起开展年度基层党建工作专项调研督查，并结合校内巡察工作的开展，形成“靶向式”“清单式”调研督查反馈机制，印发年度基层党建调研督查情况反馈报告等逐一反馈至分党委书记，确保各项工作部署得到有效落实。

完善基层党建保障机制。积极推进教师党支部书记“双带头人”培育工程，将支部书记任职履历作为干部选任的优先条件。要求教师党支部书记由高学历、高职称的研究所所长或副所长担任，校机关和直属部门党支部书记由处级干部担任。自 2004 年起为每个学院配备了专职组织员，目前全校共配备 47 名专兼职组织员。建立起分党委书记、党支部书记、党支部委员、党委组织员、党务秘书等分类培训体系，形成专门课程模块，在陕西延安“泽东干部学院”等地建立“东北大学党员干部教育培训基地”，着力提升党务干部的政治素质和业务能力。

聚焦特色，打通基层组织“神经末梢”

推动基层党建对标创建。以入选“全国党建工作示范高校”培育创建单位为契机，构建“班子领导力提升、基层党建质量夯实、教职工思想政治提升、学生‘一五一十’、全方位廉洁护航”五大创建体系。印发《东北大学党委关于开展基层党组织“对标争先”建设计划的实施意见》，深化构建教育部、辽宁省、学校三级对标创建工作格局。

推动基层党建迸发活力。推进“四位一体”党建活动载体建设，打造立体化党建活动载体建设格局，强化“支部立项”的基础保障作用，突出“特色支部创建”的引领示范作用，发挥“基层党建工作创新奖”的创新驱动作用，夯实“学生党员述责测评”的监督保障作用，形成了一批效果明显、师生认可的党建品牌活动。

推动基层党建落地见效。学校每年投入 30 万元支持“支部立项”活动，师生支部立项参与率连年达 100%；共有 277 个党支部参与到“特色支部创建”活动中来。通过年度“基层党建工作创新奖”评选活动的开展，形成了一批卓有成效的创新性经验、做法、活动、案例等，并在学校层面推广。近三年“学生党员述责测评”满意和基本满意率 100% 的党员比例超过 97%，有效促进了学生党员的教育管理。

创新驱动，抓住载体建设“牛鼻子”

推进基层党建理念创新。自 2008 年起，投入 200 余万元支持 200 余项基层党建课题研究，积极推动党建课题成果实现研以致用的价值效果。在此基础上，提出“项目化管理、品牌化实施、过程化指导、长效化推进”的基层党建载体建设总体思路，在实践探索中形成了以“顶层设计、系统规划”为统领、“集中优势、协同推动”为路径、“形成体系、塑造品牌”为目标的实操思路。

推进基层党建质量创优。印发《东北大学新时代党建质量工程手册》，实施“党建质量工程”，以增强基层党组织组织力为目标，打造“强基固本、质量监督、典型引路、素质提升、组织保障”五大子工程，全面提升基层党建质量。加强党支部规范化标准化建设，以规范“三会一课”为抓手，以《东北大学党支部规范化建设指南》为标准，设定观测指标 22 项，逐个支部列出清单、建立台账，逐个项目对照整改、跟踪检查，遴选确立示范性党支部 85 个、规范化党支部 372 个。

推进基层党建方法升级。把“开放、共享”的理念融入党建工作中，各类党建活动评审邀请党支部书记、党员作为评委，形成“过程共建、成果共享”的党建格局。践行“互联网 + 党建”，推进“智慧党建”建设，打造有思想、有内容、有温度的党建微信平台，加强校院两级新媒体公众号的互通互联，通过建立党建新媒体矩阵及时报道培育创建工作中的最新动态，学校基层党建微信公众号“We 党微家”近三年年均推送图文超过 500 篇，阅读量超 26 万。

辐射示范，培育服务社会“领头雁”

注重党建氛围营造。建设党员活动场所 92 个，摆放“共产党员”标志牌 3800 余个，每年“七一”前举办“讲述 · 东大共产党人的故事”典型推介会，真正让党员身份亮了出来、党味元素浓了起来。

注重学科优势发挥。学校党委注重将大学服务社会的职能与党建工作有机结合，依托东北大学城乡社区建设研究院的教学和科研资源，设立“辽宁社区工作者学院”，被中共中央组织部确定为全国首批十家党员教育培训示范基地之一，也是全国唯一一家设在高校且专门针对街道社区党组织书记进行培训的基地。2015 年 1 月成立至今举办包括中组部、民政部等委托的培训班 316 期，培训人次达 40579 人次，正逐步成为广大街道社区工作者“锤炼党性的熔炉、提升能力的阵地、成长成才的摇篮”。

（来源：《共产党员》2022 年第 05 期上半月）

夯实基础抓党建育新人

东北大学始建于1923年，是一所具有爱国主义光荣传统的大学。在近百年的办学历程中，学校始终坚持与国家发展和民族复兴同向同行，东大师生曾是一二·九运动的主力和先锋。学校党委先后于2006年和2016年两次获评“全国先进基层党组织”。近年来，作为首批“全国党建工作示范高校”，学校党委积极实施“基层党建质量夯实工程”，着力把高校党建这个办学治校的基本功练好用好，不断提升基层党建工作质量成效，确保学校始终成为贯彻党的教育方针、落实立德树人根本任务的坚强阵地。

补足党员精神之“钙”

思想建设是党的建设的灵魂。近年来，东北大学党委坚持把思想建党作为全面从严治党的根本举措，坚定理想信念，筑牢思想根基，持续推动党内教育从集中性向经常性拓展、从“关键少数”向全体党员延伸，思想建设取得明显成效。

学校党委把学习贯彻习近平新时代中国特色社会主义思想作为各级党组织的首要政治任务，把学习习近平总书记重要指示批示精神作为各级党组织会议“第一议题”。建立起二级党委书记、党支部书记、党委组织员、教师党员、学生党员等分类培训体系，形成专门课程模块，在陕西延安“泽东干部学院”、沈阳“九·一八”历史博物馆、抚顺雷锋纪念馆和雷锋学院以及大庆市、忻州市、丹东凤城大梨树村等地建立“东北大学党员干部教育培训基地”，形成了多层级、精细化、全覆盖的党员教育培训体系。

学校党委注重分类指导。早在 2006 年，结合学生党员特点，就在学生党员中开展“述责测评”活动。经过 15 年的探索与实践，逐渐凝练出一套科学规范、常做常新、成效显著的党员评价和监督机制，让党员培养、教育、监督与作用发挥实现“无缝衔接”。近年来，“学生党员述责测评”满意和基本满意率 100% 的党员人数占 98% 以上。

学校党委注重工作创新。一批如主题示范党日征集活动、“百名党员讲百年党史故事”微党课等品牌培育形成，成为党员自我教育和思想武装的高效“引擎”。在党史学习教育中，学校制作的智能交互系统被东北大学各党支部广泛使用，支部党员用“魔方机器人”参与党史知识问答已经成为党员教育“新风尚”。

戴上 VR 头盔，操控手柄，逼真还原历史场景……在党史学习教育中，东北大学有 30 多个党支部走进学校“红色记忆”VR 党员教育示范基地，亲身体验四渡赤水、飞夺泸定桥等战争场景，感受革命先烈的英雄气概。类似这样的系列党员教育示范点，已成为东北大学推进新时代党员教育和思想武装工作的“鲜亮名片”。

抓住支部建设“牛鼻子”

在东北大学，“抓实支部建设”已蔚然成风。作为首批“全国党建工作标杆院系”的东北大学信息科学与工程学院党委坚持在基础问题上下力气，在关键环节上求突破，探索构建“1+N”支部党建绩效考核评价体系，在深化自身内涵建设、抓好自身创建同时，培育出全国样板党支部 1 个、教师党支部书记“双带头人”工作室 1 个。

学校党委着眼于构建上下联动的培育创建体系，实施“对标争先”建设计划，构建教育部、辽宁省、学校三级对标创建工作格局，先后分两批在校内遴选培育样板党支部 52 个，已有 22 个党支部入围教育部、辽宁省样板支部培育创建名单。

多年来，学校党委探索形成了“项目化管理、品牌化实施、过程化指导、长效化推进”的支部建设思路，以“强基固本、质量监督、典型引路、素质提升、组织保障”五大子工程为主要内容的《东北大学新时代党建质量工程手册》成为党支部书记的“掌中书”。

着眼于提升基层党支部组织力，学校党委深入开展党建品牌创建活动，推进“多位一体”党建活动载体建设——强化“支部立项”的基础保障作用，师生支部立项参与率连年达100%；突出“特色支部创建”的引领示范作用，每年重点支持30个支部参与特色创建；发挥“基层党建工作创新奖”的创新驱动作用，培育形成一批卓有成效的创新性经验、做法、活动、案例等，并在学校层面得到宣传推广。

“‘组织健全、制度完善、运行规范、活动经常、档案齐全、作用突出’，这是我们支部的建设目标。”入围全国高校“百个研究生样板党支部”创建名单的东北大学资源与土木工程学院矿物工程系博士生党支部党员已经形成建设共识。以《东北大学党支部规范化建设指南》为标准，东北大学党委每年用22项观测指标对全校师生党支部进行一次“立体扫描”，逐个支部列出清单、建立台账，逐个项目对照整改、跟踪检查，全校党支部规范化标准化建设基础更加扎实稳固。

培育服务发展“领头雁”

“要把培育创建作为提质增效、凝心聚力的契机，作为干事创业、推动发展的动能，真正把抓党建工作成效体现在引领发展、服务发展和推动发展上。”东北大学党委书记熊晓梅在学校“全国党建工作示范高校”培育创建中期推进会上这样强调。

学校党委注重将大学服务社会的职能与党建工作有机结合，依托东北大学城乡社区建设研究院的党建教学和科研资源，设立“辽宁社区工作者学院”，被中共中央组织部确定为全国首批十家党员教育培训示范基地之一，累计培训人次达40579人次。指导信息科学与工程学院电气工程系第一党支部，发挥支部党员人才优势、科技优势，为学校定点扶贫单位——云南省昌宁县田园镇达仁村完全小学安装空气源热泵加热系统，解决了完全小学由阴雨多云及梅雨天气导致的洗浴用水温度过低问题。

学校党委注重发挥基层党组织的创新驱动作用，推动基层党建与事业发展相融共促，为学校事业发展注入活力。理学院物理系党支部开展“VR 促党建，党建促教学”立项活动，不但为全校师生提供了 VR 沉浸式党课体验，还将 VR 物理实验室打造成国家级虚拟仿真实验教学项目。资源与土木工程学院深采党支部组建党员攻关小组，破解重大工程技术难题，培养学生创新实践能力。

学校党委把“开放、共享”的理念融入党建工作中，每年邀请百余名教师党支部书记参与到党建项目评审工作中，采取“问答听议”方式开展评审，细微之处的小变化，带来的却是互促交流的新文章，“过程共建、成果共享”的党建格局已经悄然形成。

在东北大学，一系列推动基层党建发展的创新理念和实践探索正不断被激活，为落实立德树人根本任务、以高质量党建引领高质量发展按下了“加速键”。

（来源《中国组织人事报》2022 年 5 月 25 日）

第三章

部级牵引树品牌

全面过硬　突出特色　引领示范
为推动“双一流”建设提供坚强保障

信息科学与工程学院党委

作为首批“全国党建工作标杆院系”，东北大学信息科学与工程学院党委（以下简称“信息学院党委”）深入学习贯彻习近平新时代中国特色社会主义思想，严格对照“五个到位”（党组织领导和运行机制到位、政治把关作用到位、思想政治工作到位、基层组织制度执行到位、推动改革发展到位）的总要求，通过实施“固本、铸魂、领航”三项工程，完善“责任、制度、保障、实践、发展”体系建设，认真落实“对标争先”计划，扎实推进党建质量全面创优。党委对学院工作全面领导的体制机制日臻完善，学院师生奋力推进“双一流”建设的思想共识进一步凝聚，基层党组织的政治功能和组织功能不断增强，全面从严治党成效不断凸显，以党建为引领推动一流大学建设的成果不断涌现。

一、着力强基固本，加强基层党建标准化规范化建设——实施固本工程

“秉纲而目自张，执本而末自从”。党建工作基础扎实，组织就会力量倍增，行动方能更加有力。标杆院系的示范引领作用必须体现在基础过硬。在“全国党建工作标杆院系”培育创建过程中，信息学院党委深入学习贯彻《中

国共产党普通高等学校基层组织工作条例》，在政治要求上强化和巩固基础，持续推进“党建质量工程”建设，开展基层党组织建设质量提升专项行动，夯实党对学院工作全面领导的组织基础。

一是实施协同联动计划，坚持党要管党的“中心线”，强化党政密切配合的“中场线”，把牢党支部建设“生命线”，构建立体化党建工作格局。二是实施制度完善计划，注重将完善基层党建工作制度体系、探索机制创新作为工作重中之重。通过建立和完善党建引领学院事业发展的工作机制、党政密切配合的工作机制、“三全育人”综合改革工作机制、思想政治教育工作体系、党管人才激励机制、基层党建工作考核评价机制等，不断健全党委全面领导学院改革和事业发展工作的制度体系。三是实施质量提升计划，以“提升党建工作质量，发挥党建工作实效”为目标，不断深化学院“党建质量工程”内涵，营造“严格对标看齐，勇于改革创新，努力争创先进”的党建工作氛围。

上级党组织来学院调研党建工作

学院召开党代会和全面从严治党会议

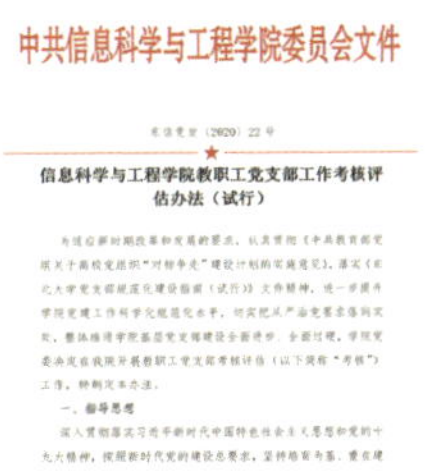

中共信息科学与工程学院委员会文件

东信党发〔2020〕22号

信息科学与工程学院教职工党支部工作考核评估办法（试行）

中共信息科学与工程学院委员会文件

东信党发〔2020〕10号

信息科学与工程学院学生党支部、学生党员（发展对象、积极分子、入党申请人）教育管理量化考核实施方案（试行）

学院党委着力加强制度建设

二、注重党建创新，提升基层党组织凝聚力、创新力和覆盖力——实施铸魂工程

标杆院系的示范引领作用不仅体现在基础过硬，更体现在质量创优。全面推进党的建设要激发基层党建的活力，在基层党建创新工作上着力。信息学院党委不断改进工作方法、优化内容供给、拓宽载体平台，坚持引导基层党组织在“规范”建设的基础上追求“质量”创优，提升基层党组织凝聚力、创新力和覆盖力。

一是实施党建工作品牌提升计划，以“项目化管理、品牌化实施、长效化推进”为思路，将“载体创新”作为加强党建工作的重要抓手，着力打造“品东韵书香”“学术人生”“弘德工程”“东信楷模”“卓越学人”“百佳讲坛”“老科学家精神传承”等党建工作品牌；二是实施“双带头人”培育计划，组织开展系统培训，抓实教职工基层党组织书记年度述职评议工作，通过在教职工年度考核中给予业绩点补贴落实保障激励机制等举措，加强教职工党支部书记队伍建设，全面提升“双带头人”教师党支部书记的履职能力；三是实施实践教育基地建设计划，建成了一定数量可以实现“长期合作、定期活动、成果共赢”的党员实践教育基地，为加强师生党员教育、发挥师生党员作用搭建了平台；四是实施弘德工程系统推进计划，从“制度强基、学习导航、活动引领、典型示范”四个板块深入推进学院师德师风建设，引导学院全体教师以德立身、以德立学、以德施教、以德育德，做党和人民满意的好老师；五是实施智慧党建作用发挥计划，发挥信息技术在党建宣传、教育、管理等方面的优势，进一步提升党建工作智能化和科学化水平；六是实施育人同心圆构筑计划，以立德树人为根本，以一流学科建设为重点，构建各类教师参与、课堂学习与实践训练融合、制度激励与专项工程支撑的全员全程全方位育人格局。

学院党委着力夯实党建工作基础

学院党委建立党员实践教育基地

学院党委举办大型党员教育活动

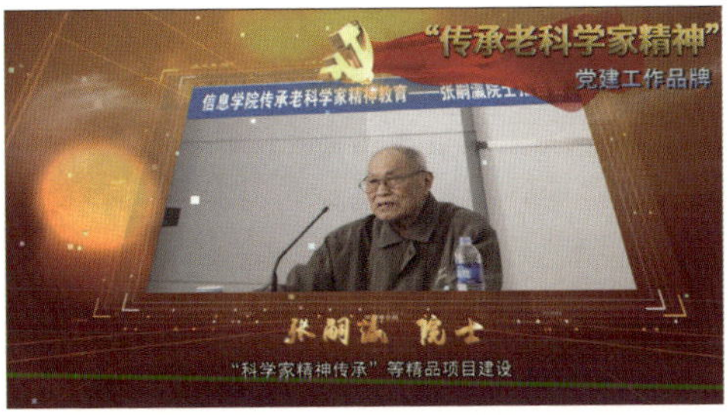

学院党委积极打造党建工作品牌

三、以引领发展为要务，推动党建工作与中心工作深度融合高效联动——实施领航工程

“围绕中心抓党建，抓好党建促发展”，党建工作最终的落脚点是推动事业发展。标杆院系创建以来，信息学院党建最突出的特点和优势就是坚持把党建工作放到“双一流”建设大局中审视、谋划，让党的领导和战斗堡垒作用真正发挥在学校教书育人、科学研究的主阵地、主战场上，真切体现在推动中心工作、助力一流学科建设的实际决策与真实行动上来，努力实现党建与事业发展的“双促进”“双提升”。

一是实施初心传承计划，做好“一流文化”的传承创新，以一流学科文化塑造“双一流”的精神底蕴；二是实施楷模激励计划，通过“创新政策机制、坚持引育并举、完善激励机制、强化团队建设、优化服务保障”等举措的落实，发挥党管人才优势，提升学院人才队伍建设成效；三是实施融合支撑计划，通过建立健全党委统一领导、党政密切合作、协调运行的工作机制，团结一致抓重点、谋全局，做好改革发展的顶层设计和长远谋划，全力破除发展瓶颈，有力推动了学院各项事业高质量快速发展。

党委统一领导、党政密切合作

信息学院部分文化建设载体

“东信楷模”工程

近年来，信息学院党委团结师生经受住了防控疫情和学科评估的全面检验，高标准、高质量建成“全国党建工作标杆院系”。师生党员守土有责、主动负责、履职尽责，有急难险重任务时站得出来，在改革发展中走在前列，学院发展呈现新面貌、焕发新气象。信息学院获评教育部首批全国党建工作标杆院系、辽宁省委先进基层党组织、辽宁省委教育工委先进基层党组织、辽宁省高校校园先锋示范岗、辽宁省“三全育人”综合改革试点建设院系；学院党委培育出全国首批双带头人教师党支部书记工作室 1 个、全国首批黄大年式教师团队 1 个、全国党建工作样板支部 1 个、辽宁省样板党支部 4 个、辽宁省党建工作标准化规范化示范点 2 个。2022 年，学院党委团结带领师生员工以强烈的历史主动精神确保了疫情防控不松懈、教学科研不停步、改革发展不放松，为学院一流学科建设提供了坚强保障，信息学院控制科学与工程学科在教育部第五轮学科评估中取得优异成绩。

学院党委取得的荣誉奖项（部分）

新时代催生新使命，新时代呼唤新担当，新时代需要新作为。2023 年是全面贯彻落实党的二十大精神的开局之年，是实施“十四五”规划承上启下的关键之年，也是东北大学百年华诞。信息学院党委将继续以习近平新时代中国特色社会主义思想为指导，紧紧围绕深入学习贯彻党的二十大精神这条主线，认真贯彻落实习近平总书记关于教育的重要论述，坚持和加强党对学院工作的全面领导，强化“质量党建、精准思政、数字赋能、系统推进”工作体系建设，着力构建思想政治工作新生态，进一步凝聚起师生员工听党话、跟党走的磅礴力量，以高质量党建引领学院事业高质量发展，为学院一流学科建设作出新贡献，以优异成绩迎接东北大学建校 100 周年。

（执笔人：武建军、杨岑）

对标“五个到位” 实施“五大工程” 深入推进“一融双高”

资源与土木工程学院党委

资源与土木工程学院党委（以下简称“资土学院党委”）始终以习近平新时代中国特色社会主义思想为指导，深入贯彻新时代党的建设总要求，落实立德树人根本任务，扎实推进“全国党建工作标杆院系”的培育创建，对标“五个到位”，实施“五大工程”，深入推进党建工作“一融双高”，强化政治功能，履行政治责任，推动学院党建工作和高等教育事业发展双重跃升。

一、守牢红线、头雁领航，组织领导突出“强”

资土学院党委实施“领导班子建设工程”，努力打造一支善于学习、勇于战斗、敢于担当、精诚团结、热心服务师生的强有力班子集体，自觉担负起领导学院事业发展的重要使命。

完善领导班子科学决策体系。认真贯彻民主集中制，制定边界明确、运行顺畅、规则清晰规范的《党政联席会议议事规则》《党委会会议议事规则》等文件，落实“三重一大”决策制度，落实党委会、党政联席会工作制度，每年召开党委会会议、党政联席会议各 20 余场，确保学校党委决策部署能够落地见效。

完善领导班子能力提升体系。学院不断健全党委理论学习中心组学习制度，每年制订中心组学习计划，明确学习内容、丰富学习形式、保障学习质量，每年开展中心组学习10场左右，确保上级党组织决策部署及时传达到位，切实强化领导干部理论武装，不断提升政治能力。同时，深入践行“一线规则”，推动领导干部上讲台、听课、与师生“结对子”、党委委员联系党支部等制度落地落细，班子成员、党委委员每年为师生讲党课或作思政类报告20余场。

二、严格标准、强化和谐，政治把关突出“严”

资土学院党委实施“和谐稳定保障工程”，在办学治院各个领域严把政治关，确保安全和谐稳定，为学院发展强化基础支撑。

严守意识形态阵地。牢牢掌握意识形态工作领导权，建立分析研判预警机制。出台《网络安全应急预案》《新媒体平台管理办法》，对网站、新媒体平台建立台账、专人负责；实施哲学社会科学报告审批备案制；守牢课堂阵地，确保“课堂讲授有纪律、公开言论守规矩”；守牢教材阵地，制定《教材编写及选用管理办法》，对教材工作负总责；积极推进课程思政建设，有序推动学院特色文化进课堂、进教材。

严格师生政治把关。修订并完善《人才引进管理办法》《专任教师补充管理办法》《师德考核实施办法》等制度文件，在教师引进、职称评聘、教材选用等重大问题上严把政治关。落实党委委员联系党支部制度，积极践行“一线规则”，推动领导干部进实验室、进研究所、进课堂、进班级、进社团，对各类活动做好指导把关，确保学院和谐稳定。

三、立德树人、以文化人，思政工作突出“深”

资土学院党委实施“思政铸魂提升工程”，深挖学院百年办学特色文化，开展多种教育活动，推动习近平新时代中国特色社会主义思想入脑入心。

学院举办院士报告会和专家学者讲堂等活动

注重师德涵养，职工教育立体推进。实施“1+4+N”师德教育立体模式，每年制订教职工政治学习计划，深入推进“1+1”示范党支部培育创建，举办“院士报告会”“喜迎百年校庆·共话东大情愫”“红砖大讲堂”“国际名师大讲堂”等品牌教育活动，邀请钱七虎、孙传尧、冯夏庭、邵安林等多名院士专家学者作思政报告。

破除课程瓶颈，思政教育全域渗透。将思政教育贯穿第一课堂和第二课堂，形成育人立体场域。组建“红砖”课程思政教研室，获批校级课程思政示范课程 19 门、示范专业 3 个，编写《课程思政元素选编》，土木工程专业课程思政研究虚拟教研室入选教育部首批虚拟教研室建设试点。

赓续红色基因，文化育人强基固本。坚持文化育人，挖掘凝练“54 煤”精神和“可可托海的东大人”精神，建设“朝阳文化”团学工作品牌。出版《54 煤》《忆》《足迹与情怀》等图书，制作《扎根矿山的不老松》《巍巍高山·历久弥坚》等宣传片、原创表演《54 煤春秋》《永不凋谢的情怀》。组建宣讲团，学院党委书记带头为十余个学院的师生作“可可托海的东大人”报告 20 余场，听众近万人。设计院史故事画册，带领同学们上好大学第一堂思政课，不断将学院文化融入师生思想政治教育全过程。

学院系列文化产品和文化活动

学院开展“可可托海的东大人”精神宣讲活动

四、夯实基础、筑牢保障，基层党建突出“实”

资土学院实施“党建质量夯实工程”，以提升基层党组织活力为目标，坚持以“制度健全、建设规范、活动丰富、教育经常、以评促建、示范引领、党团互动、齐抓共管”的工作思路，不断夯实基层组织建设。

制度健全、建设规范。落实“基层党建制度落实年”工作要求，全面做好“废、改、立、释”工作。规范设置党支部，建立本科生纵向专业党支部、师生联合党支部，发挥“传帮带”作用。每月制作“三会一课”、主题党日学习材料，扎实推动党员教育常态化、制度化、长效化开展。

活动丰富、教育经常。开展学习强国比拼、线上答题挑战赛等“线上+线下”党建活动。用好红色教育资源，组织师生赴“九·一八”历史博物馆、雷锋学院、大梨树村等地开展党员活动。扎实开展党组织书记讲党课、领导干部上讲台、党支部书记抓党建述职考核等工作，切实推动党支部组织力提升。

以评促建、示范引领。积极开展创先争优活动，学院党委入选“全国党建工作标杆院系”培育创建单位，培育出1个“全国党建样板支部”、1个“全国高校研究生样板支部”、1个“辽宁省先进基层党组织”、3个“辽宁省党建样板支部”，营造“严格对标看齐，勇于改革创新，努力争创先进”的工作氛围。

学院开展丰富多彩的学习教育

五、全面监督、廉洁护航，党风廉政突出“清”

资土学院实施“党风廉政护航工程”，坚定不移推进全面从严治党和党风廉政建设，推动师生清廉、院风清明、学风清净，为学院发展保驾护航。

深化政治监督。以领导班子担当作为、履职尽责为重点，加强“一把手”监督，常态监督党组织规范化建设、严肃开展党内政治生活情况，专项监督意识形态工作责任制落实情况等。

强化日常监督。完善党风廉政和师德师风建设，修订“廉政风险评估预警防控表”，制定《师德考核实施办法》，统筹推进师德师风建设，不断完善师德“领导体系”“教育体系”“激励体系”“培养体系”“监督体系”“考核体系”建设，发挥师德年度考核的预警作用。

常态警示教育。用好线上线下反腐倡廉、廉政文化教育资源，持续开展廉政文化活动节，推动警示教育常态化。定期向师生推送中央八项规定、纠治“四风”要求。网站开设“清风资土”栏目，作为党风廉政重要宣教平台。学院党风廉政建设工作经验获沈阳市廉政文化建设优秀成果奖、连续3次获校廉政文化创新工程一等奖。

学院每年开展廉政文化系列活动

六、深化改革、谋篇布局，党建领航实现“跃升”发展

近四年来，资土学院围绕“五大二高”发展战略，实施“四会”治学模式，倡导“四统一”、“四服务”和“四情怀”的团队理念，深入推进“一融双高”，不断汇聚发展合力，实现跃升发展。

在学院党建工作取得显著进展成效的同时，党建引领事业发展能力得到持续提升。

学科科研创新突破。主持重点研发计划项目8项，获批国家自然科学基金95项，其中重点4项，联合基金3项，优青3项。获各类科技奖励59项，其中国家科学技术进步奖2项。科研进款连续4年突破亿元大关，2022年科研进款达2.4亿元。第五轮学科评估中矿业工程学科实现跨越式发展。

人才队伍逐渐壮大。新增全职院士 1 人，入选国家级人才计划 11 人、青年托举工程 2 人。补充教师 51 人，晋升教授（教授级高工）14 人。

人才培养再谱新篇。近四年 4 个专业通过工程教育认证，获批国家级新工科项目 2 项、一流课程 4 门、一流专业建设点 6 个；新增国家级教学名师 1 人、省级教学名师 3 人；学生创新创业团队获“互联网 +”大学生创新创业大赛金奖 1 项、银奖 1 项、铜奖 3 项，省“互联网 +”大赛金奖 7 项，“创青春”中国青年创新创业大赛银奖 1 项。研究生获国际罗哈奖 1 项，实现东北大学在该奖项上的历史性突破。

面向未来，资土学院将继续发挥党委的领航作用，向实现“一流学科建设、一流人才培养、一流师资队伍、一流科学研究、一流文化制度”“五个一流”的目标前进！

（执笔人：艾国生）

特色党建 助力大团队创新
推动一流学科建设

资源与土木工程学院深部金属矿山安全开采
教育部重点实验室党支部

资源与土木工程学院深部金属矿山安全开采教育部重点实验室党支部（以下简称“重点实验室党支部”）积极响应习近平总书记的号召，贯彻东北大学党委“围绕中心抓党建，抓好党建促发展”的党建工作思路，确定了支部工作一切围绕中心工作开展的实践方向。通过规范化建设和特色活动，塑形铸魂，打造大团队创新，充分发挥党组织凝聚力和战斗堡垒作用，争先创优，推动实验室高质量发展，在实验室平台建设、科研创新、人才培养等方面作出了突出贡献，有力推动了一流学科建设。党建引领，凝心聚力促发展，是实验室面向地球深部科研攻关的不竭动力和制胜法宝。

一、组织凝聚力不断增强——汇聚人才，凝练大团队

实验室主任、中国工程院院士冯夏庭教授带头讲党课，应用“学习强国”平台，带领大家学习习近平新时代中国特色社会主义思想和伟大抗疫精神，传承老一辈东大采矿人“54 煤”精神，凝心聚力，树牢新时代实验室人“建一流采矿学科，向地球深部进军”的初心使命；从“立方向、育人才、建团队、研平台、找项目、寻合作、解难题、出成果、定制度”等方面展开头脑风暴式的常态化解放思想大讨论，顶层设计了多学科交叉、分工协作、团结创新的内

涵式发展模式，来自计算机、机械、自动控制等领域的科研人员主动加入，凝练出“深部油气资源开发与储存”“城市地下空间开发”“深层地热安全高效开采及灾害感知与控制”等新的研究方向，吸引了国内优秀青年学者和国际知名学者投身于沈阳这个振兴中的城市，团队培育了国家级人才 1 人，国家级青年人才 4 人，“国际岩石力学与岩石工程学会罗哈奖”获得者 1 人。

重点实验室党支部组织开展主题党日活动

二、实验室创新文化深耕厚植——自主创新，引领发展

“人无我有、人有我精”，在重点实验室主任冯夏庭院士的带领和感召下，支部党员主抓原创性研究，围绕国家深地、深空战略，以试验装备自主研发为抓手，建设世界一流实验室。支部党员牵头组建研发小组，身先士卒，克服重重困难，攻克数十个技术难关，保障设备研发工作顺利开展。自主研发了世界首台宽低频低幅值面扰动真三轴试验系统、世界首台软岩刚性真三轴压缩快速卸荷与拉伸实验装置和性能领先的高温高压压剪渗流真三轴试验系统。获得国家发明专利 20 余项，吸引了瑞典、挪威、加拿大、土耳其等 10 多个国家岩石力学研究水平处于世界先进行列的科研机构的 30 多名顶尖学者到实验室寻求合作。

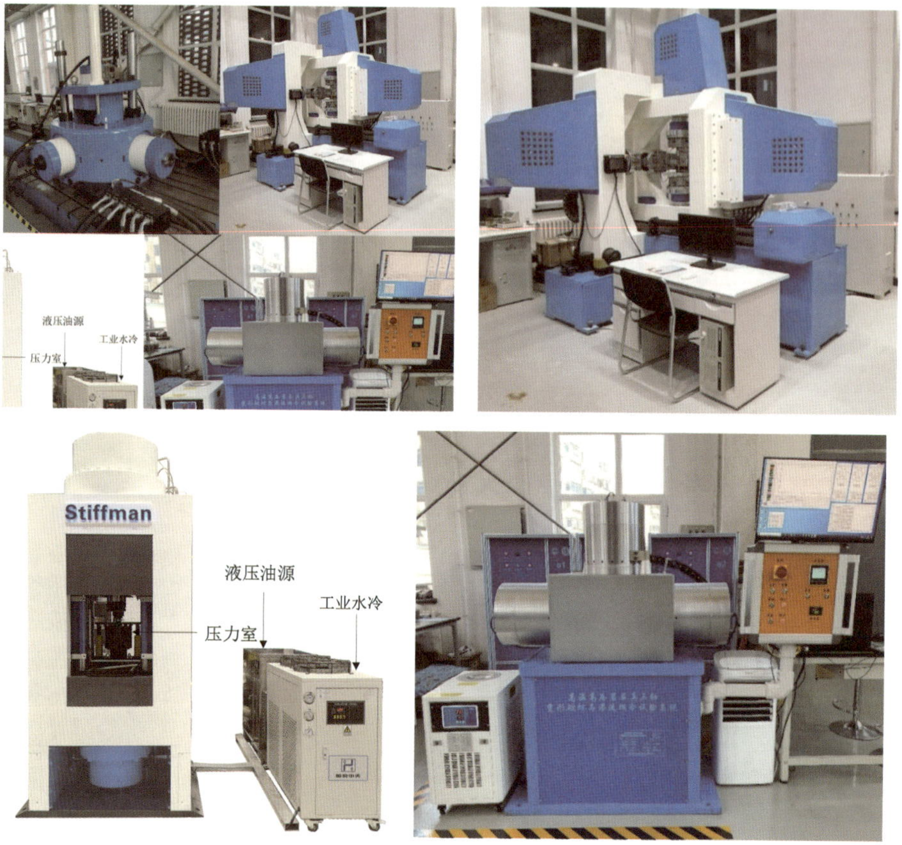

重点实验室系列自主研发岩石力学试验设备

三、党支部战斗力不断提高——破解重大工程技术难题

“将论文写入地球深部”，党员带头长期扎根工程建设一线，建立机动式学习和攻关小组，形成坚强有力的战斗堡垒。在埋深1000多米的深部采场，温度高，湿度大，稍微一动就汗如雨下的困难环境中，一下去就是一整天，连续数十天与工人吃住在一起，研发出新型安全高效采矿方法，并在我国典型深部金矿示范，取得重大经济效益。山东归来庄金矿境界矿柱回收率由60%提高到95%，山东黄金集团焦家、三山岛金矿生产能力分别提高了4.7倍和4.2倍，而直接成本分别降低了10%和25%。巴玉隧道是川藏铁路拉萨至林芝段的控制性工程，海拔在3500米，是世界上首座高原上的重度岩爆隧道，缺氧严重，岩爆问题突出，施工难度极大，施工风险高，使人产生畏惧心理，作业

队伍更换 7 次。攻关小组从研发设备、揭示机理，到软件开发并现场长期连续监测，采用先进的岩爆监测预警和控制方案，为隧道装上岩爆预警“听诊器”，保障了施工安全，施工队伍稳定，开挖速度提高 20% 以上。新疆某大型深部工程，某区段岩爆灾害频发，工程建设安全风险大、进度缓慢。岩爆造成大量岩石崩落，并产生巨大声响和气浪冲击，导致开挖面破坏、设备损坏和人员伤亡。实验室“岩爆党小组”充分发挥战斗堡垒作用，即使在新春佳节的团圆之际，他们也毅然坚守在工程现场，开展岩爆监测预警工作，为国家重大工程项目提供了有力的安全保障。五年来，实验室获得省科技进步奖一等奖 3 项，中国岩石力学与工程学会科技进步奖特等奖、一等奖等各类奖项 10 余项。

重点实验室“岩爆党小组”在工程现场

四、本科生培养质量显著提升——培养新时代新工科人才

“教师立德树人，学生立德成才”。实验室主任冯夏庭院士带头开展课程思政教育，邀请包括国家最高科学技术奖获得者在内的国内外著名专家进行职业素养教育，确保人才培养以德为先；面对矿业发展绿色、深部、智能化、国际化新需求，冯夏庭院士带头探索传统采矿工程专业的改造升级，亲自任教改项目负责人，完成了教育部办公厅首批“新工科”研究与实践项目，验收结果为“优秀”并获批第二批立项；“矿山岩体力学”课程获批国家首批一流本科课程建设，带领大家梳理并顶层设计规划了 13 门本科课程与系列教材更新建设。着力加强本科生创新实践能力培养，践行“本—硕—博”贯通培养与传帮带培养机制、坚持开展本科生走进实验室活动；自主设立本科生科研创新项目 60 余项，参与本科生 300 余人。

国家最高科学技术奖获得者钱七虎院士作科学素养教育报告

重点实验室党支部获批首批“全国党建工作样板支部”培育创建单位，并顺利通过验收；获批辽宁省第二批“全省党建工作样板支部”培育创建单位，并顺利通过验收。重点实验室党支部先后获得“辽宁省先进党组织”“东北大学先进教职工党支部”等多项荣誉称号。支部在东北大学庆祝中国共产党成立98周年表彰大会暨“讲述·东大人的故事”典型推介会上作为典型被宣传推介。党支部书记在全国高校教师党支部书记“双带头人”高级研修班上作为四个代表之一向来自全国百所高校的百名党支部书记学员分享工作探索与实践经验。

行者无疆，臻于至善。重点实验室党支部将一如既往，立足规范化建设，发挥引领示范作用，团结带领全体成员，为我国深地事业的发展贡献力量，让鲜艳的党旗在祖国更深处飘扬！

（执笔人：杨成祥、陈天宇、高继开）

强基固本筑堡垒　砥砺奋进促发展

冶金学院有色金属冶金系党总支

作为首批“全国党建工作样板支部”培育创建单位，有色金属冶金系党总支紧紧围绕立德树人、教书育人的中心工作开展党组织各项活动，将支部党建工作与专业建设、学科发展相融合，全面打牢党建基础，持续提升党建质量，有效发挥基层党组织的战斗堡垒作用和党员的先锋模范作用，真正将政治优势转化为发展优势，亮出了新时代样板支部的新风采。

一、规范支部制度建设，落实从严治党

党的二十大报告强调，坚定不移全面从严治党，深入推进新时代党的建设新的伟大工程，把基层党组织建设成为有效实现党的领导的坚强战斗堡垒。加强基层党建工作是全面从严治党向基层延伸的关键。要突出政治导向，强化系统思维、问题意识、坚持大抓基层，谱写基层党建新篇章，让高质量党建引领高质量发展。

全面系统深入学习宣传贯彻党的二十大精神，自觉用习近平新时代中国特色社会主义思想武装头脑、指导实践、推动工作，持续不断深化党的创新理论武装，科学谋划、多措并举推进思想政治教育常态化制度化。引导党员不断提高政治判断力、政治领悟力、政治执行力，增强“四个意识”、坚定“四个自信”、做到“两个维护”。有色金属冶金党总支先后举办“学习二十大代表风采”、“党的二十大”精神主题研讨会等党员教育活动，形成了党支部“集中

学”、党员同学“自觉学”的浓厚氛围，掀起学习贯彻党的二十大精神的热潮，确保教育党员扎实有效。

党支部“集中学”、党员同学“自觉学”

深入推进“两学一做”学习教育常态化制度化，持续完善“三会一课”制度，严格规范各支部主题党日。有色金属冶金党总支严格规范各支部主题党日活动，集体学习“习近平总书记在庆祝共青团成立100周年大会上的重要讲话”等。

二、加强支部交流合作，创新工作机制

党总支牵头引领，研究所协同联动，创新党建工作机制。在党总支的牵头引领下，研究所形成联动党建机制，提高组织工作效率。师生党员充分发挥先锋模范作用，全力投入科研工作中。随时晒成果亮特色，实现互学互促共同提升。多角度、多形式、多渠道搭建党建工作常态化交流平台，形成党支部多点开花、示范带动的局面，营造比学赶超的浓厚氛围，实现基层支部党建工作质量与活力全面提升。从现实意义考量，推进新时代工作机制创新，对于培育和践行社会主义核心价值观，引导广大党员干部运用马克思主义立场、观点、方法观察、分析和解决现实问题，坚定理想信念、站稳政治立场具有重要意义。

伟大时代呼唤伟大精神，崇高事业需要榜样引领。在党的百年奋斗历程中，党内涌现出一批又一批以实际行动践行初心使命的优秀共产党员，他们的事迹可学可做，他们的精神可追可及，是激励党员干部求真务实、开拓进取的宝贵财富。榜样的力量是无穷的，具有强大的引领、示范和带动作用。党总支

注重发现树立、宣传推广身边典型人物、先进事迹，先后有多名党员被评为校级和院级“优秀学生共产党员”，相关事迹形成了事迹汇编进行宣传，用身边人身边事打动和影响党员。

党总支及所辖支部荣获校院多项表彰

三、强化师德师风建设，创新育人模式

大力加强师风师德建设，发挥“课程思政”育人功能，夯实立德树人基础，积极履行党建职责，加强党员教育管理。

结合冶金学院党委“团队班导师”的全员育人工作机制，有色金属冶金系党总支以研究所为单位与本科生班级对接开展指导工作，采取“团队对接、专人负责”的“团队班导师”指导模式，实现教师党支部和学生团支部的有效对接。每个本科生班级（团支部）都由 1 名师德好、作风硬、责任心强、有热情、有精力的教师党员专门负责对接，充分发挥班导师研究团队的集体优势，帮扶学生健康成长成才。

党总支组织参观实验室、合唱等班级活动

在学院党委的引导支持下，有色金属冶金系党总支坚持以党的建设带动班团建设，常态化联系对接班级，及时解决学生困难。党总支统筹引领，党员冲锋在前。通过教师党员与团员青年大学生一对一结对，结合师生座谈会、一对一交流、参加主题团日等班级活动，让教师党员更深切地了解当代大学生团员的真实想法，拉近彼此距离，为学生带去党的温暖和关爱。

党总支选派青年教师党员参加迎新工作

党总支选派青年教师党员，积极参加冶金学院 2022 级新生报到迎新工作，努力为新生提供一个轻松、愉快、充满温暖和关爱的学校生活开端，不仅有助于新生的适应和成长，也有助于学校学院的发展和建设。

四、促进有色冶金经济发展，加快新工科建设

高新技术和学科发展相结合是有色金属冶金专业的一大特点，产学研结合为有色金属冶金学科建设提供了广阔的平台。在学校及学院党委的指导下，有色金属冶金系党总支将思想引领和价值观塑造有机融入教学科研中，以社会需求和就业市场为导向进行专业结构优化，深入开展新工科研究与实践，推动思想创新、机制创新、模式创新，同时科技成果向生产力转化带动经济发展也取得了丰硕成果。

依托中国有色金属学会、冶金反应工程分会等平台，与企业合作申报广西科技重大专项项目获批，部分师生党员参与负责涡流贫化和熔融还原设备的设计和制造。特殊冶金团队开发的“相对真空”连续炼镁系列专利技术依托中国有色金属学会、冶金反应工程分会等平台，在辽宁一企业以 600 万元完成技术转让。依托研究所组织党员赴广西、河南等地学习交流，开展赤泥钙化碳化工

业试验，并通过邀请当地科协领导进行交流指导的方式，加强与企业的合作，解决企业实际问题，实现科研成果转化。受企业邀请，有色金属冶金党总支书记带队到企业交流，就围绕冶金工业的“双碳”与节能减排达成初步合作意向。

党总支积极推进产学合作

有色金属冶金系党总支坚持把师生组织起来，引领带动师生积极投入至学校的教学与科研工作中，团结带领广大教师落实立德树人根本任务，不断提高人才培养质量。积极投入新工科建设，将产业和技术的最新发展、行业对人才培养的最新要求引入教学过程，更新教学内容和课程体系，重视创新复合型人才培养。党总支书记作为化学工程与技术的学科带头人，获得中国有色金属工业科学技术奖一等奖，入选沈阳市优秀科技工作者和中国有色金属创新争先计划，积极带领总支成员完成了各项科研任务，培育科研人才，推动学科发展，为创一流学科发展与建设添砖加瓦。

样板引领，众志成城；初心不改，奋勇前行。有色金属冶金党总支将一如既往地将班子建设好、党员管理好、组织生活好、制度落实好、作用发挥好，选准党政所需、党员所盼、群众所求、支部所能的结合点和突破口，提升组织力、增强育人力、凝聚向心力、提高创新力，以行动镌刻初心，用奉献诠释担当，争取探索出一套可复制可推广的新时代基层党组织建设模式。旗帜指引方向，奋斗铸就辉煌。新征程上，党总支将带领全体党员更加紧密地团结在以习近平同志为核心的党中央周围，全面学习贯彻习近平新时代中国特色社会主义思想和党的二十大精神，踔厉奋发、勇毅前行，为全面建设社会主义现代化国家、全面推进中华民族伟大复兴作出更大贡献。

（执笔人：刘燕、佟博、刘移山）

“问道”在线　基于“互联网+党建”构建人才培养新模式

信息科学与工程学院工业人工智能与自动化系第一党支部

高等教育是一个国家发展水平和发展潜力的重要标志。衡量一所高校的办学水平，首先要看人才培养的质量。进入新时代，要办好中国特色一流大学，就必须解决好培养什么人、怎样培养人、为谁培养人的问题。信息科学与工程学院工业人工智能与自动化系第一党支部作为第二批“全国党建工作样板支部”，针对自动化专业人才培养问题，聚焦“贯彻落实思政会议精神，落实立德树人根本任务，助力‘双一流’建设，培养中国特色社会主义合格建设者和接班人”主题，带领支部党员基于“互联网+”党建形式创新开设“问道”在线教育交流平台，深化从自动化向智能化学科升级转型的课程体系改革，推进“课程思政”及校级“思政专业”建设，以教师“供给侧”思想政治工作的加强，引领带动学生“需求侧”思想政治工作质量的提升。

一、创新“互联网+”党建工作方式，依托“问道”在线实施“扬帆、领航、引领”工程

《师说》曰：师者，所以传道授业解惑也。“问道”是英文 window 的中文发音，“问道”在线可以理解为是一个师生交流的“窗口”，是一个师生互动的平台。“问道”在线一方面关心拔尖创新人才，依托郎世俊自动化实验班，实施“扬帆”工程，通过开展红色“1+1”班导师活动和“学在东信”系列活

动，加强精英人才培养；一方面关注学业困难学生群体，实施“领航”工程，通过建设“问道”专栏，开展线上导学、导师辅学、线下辅导等方式，提高学生成绩。同时，针对中间大多数同学，实施“引领”工程，通过开展创新创业训练、科技训练营等活动，推动学生创新创业能力提高。

一是围绕拔尖创新人才培养，推进“扬帆”工程。为了保证工作的顺利实施，支部选派优秀的教授（博士生导师）担任郎世俊自动化创新实验班的班导师，参与拔尖创新人才的培养工作，开展丰富多彩的活动。借助带领郎世俊自动化创新实验班赴宝钢实习的契机，组织实验班党支部与相关高科技公司党支部进行对接共建交流，促进了拔尖创新人才培养质量的跃升。同时，支部积极引导和组织为郎世俊自动化创新实验班上课的课程团队创新授课形式，推进 MOOC 课程的建设和使用。此外，以国家级精品共享课程为依托，开设线上课程思政专栏，将思想引领和价值观塑造有机融入教学科研与学生的学习生活，在学生心中逐步构建以社会主义核心价值观为指导的学科文化，真正实现“润物细无声”的思政效果。

班导师带领实验班开展活动

二是针对学业困难学生群体，实施“领航”工程。学业困难在目前本科生中占有一定的比例，而且出现这种现象的原因多种多样，但最终体现在学习积极性主动性差、学习成绩弱上。党支部根据这部分学生的实际情况，实施“领航”工程，对学生开展辅学助学活动。支部根据学院发布的《本科生学情分析报告》，组织支部成员、研究所骨干教师和担任相关班级班导师工作的教师一起分析相关数据，查找原因并制定相应的对策。启动“2+1”点对点帮扶活动，为每个学业困难学生配备 1 名班导师和 1 名博士生共同辅学，引领其尽快进步。组织有经验的教师、博士研究生和学习优秀的高年级本科学生参加“问道”互动平台的建设和运行，组织开展“信手相牵”等线上导学、个性化辅学、线下辅导等活动，帮助自动化专业课程学习中遇到困难的学生梳理学习要点，通过有效的习题讲解和训练，解决学习中遇到的问题，提高学习效率和成绩。

针对学业困难群体，实施“领航”工程

三是助力创新创业能力培养，实施“引领”工程。党支部非常重视将创新创业教育与专业教育有机融合，将思想政治工作与专业教育有机融合，依托“学在东信”系列活动，推进“教书育人、科研育人、实践育人”，落实“全员育人、全过程育人、全方位育人”；通过实施“东信精神薪火相传、创新创业与创造、毕业季学长辅学、责任与担当”等系列红色“1+1”班导师活动，引导全体党员和班导师当好学生健康成长的指导者和引路人，使学生尽快成长、成才。支部选派优秀党员和教师，指导学生参加大学生科技创新项目、大学生科技竞赛等活动，并取得了良好的成绩，提高了学生的创新创造能力。同时，党支部教师利用为自动化类本科生开设“创业基础”课程的时机，组织部分学有余力的同学以“问道”在线教育平台为创业项目开展创业训练。

实施“引领”工程，助力创新创业能力培养

二、深化从自动化向智能化学科升级转型的课程体系改革，推进“课程思政”及校级“思政专业”建设

工业人工智能与自动化系第一党支部深入学习贯彻全国高校思想政治工作会议、全国教育大会精神，着力构建目标明确、内容完善、标准健全、运行科学、保障有力、成效显著的思想政治工作体系，切实用习近平新时代中国特色社会主义思想武装头脑、指导实践、推动工作。深化从自动化向智能化学科升级转型的课程体系改革，推进“课程思政”及校级“思政专业”建设，落实人才培养根本任务，培养中国特色社会主义建设者和接班人。

一是“立足本职、践行初心”，围绕中心开展支部工作。为推进专业内涵建设，完善课程体系，提高人才培养质量，支部围绕中心工作，积极组织教师开展各类教学研讨，深化从自动化向智能化学科升级转型的课程体系改革，为学校新专业建设和提升人才培养质量贡献力量。支部与学校教务处等党支部开展“立足本职、践行初心”支部共建活动，就金课建设、混合式教学开展等教学工作内容进行交流，促进自动化专业一流学科建设及自动化专业教师教学工作提升。

积极开展各类教学研讨

二是多级联动，构建全课程育人的大思政格局。支部高度重视自动化专业课程的“课程思政”建设工作，支部教师党员加强工作探索，及时总结经验，逐渐形成“团队、目标、内容、方法、考核”五位一体的课程思政新模式。以校级示范课程“自动控制原理”“计算机控制系统”等自动化专业主干课为试点，以“一课一说”课程思政研讨会等形式组织课程思政教学设计研讨，鼓励更多的教师主动地开展“课程思政”，充分发挥课堂教学在育人中主渠道作用。以校级示范课程“工程伦理”为试点，支部教师打造跨校区、跨专业的本硕博贯通的课程思政体系，在南湖校区、浑南校区的本科生、研究生分别开设“工程伦理”课程，在博士生中开展工程伦理学习与研讨，通过多级联动，打造精品专业课程思政示范课程（思政金课）。

工业人工智能与自动化系第一党支部积极引导全体教师牢固树立“立足本职，推动发展”的宗旨意识，统一思想、凝聚共识，努力为全面推进“双一流”建设和学院深化综合改革、科学发展、提高服务师生能力贡献智慧与力量。通过“问道”在线，全面推进“全员育人、全过程育人和全方位育人”，助力学生成长、成功、成才，使学生成为中国特色社会主义合格建设者和接班人。支部所在学科升级稳步推进、建设成果充分显现，在学科建设、教学科研、人才培养等方面取得了骄人的成绩，彰显了我校强势学科在国内同行中稳定的优势地位。

"一课一说"课程思政研讨会

（执笔人：王姝、徐林）

开创 VR 党建载体，凝聚力量建设学科

理学院物理系党支部

理学院物理系党支部是物理学科基层党组织，现有党员 32 人，其中，教师党员 20 人，博士生党员 12 人。党支部以习近平新时代中国特色社会主义思想为指导，坚持“围绕中心抓党建，抓好党建促发展”的工作理念，开创 VR 党建新载体，建设东北大学新时代 VR 党员教育示范基地，满足数字化时代党建发展新需求，实践智慧型党建。支部以高质量党建凝心聚力，将党建工作与事业发展深度融合，在物理学科建设中发挥着战斗堡垒作用，引领物理学科高质量发展。近三年，物理学新增辽宁省重点实验室和一级学科博士后流动站，应用物理学专业被评为“国家一流本科专业”，“大学物理”等 3 门课程被评为“国家一流本科课程”，“固体物理”等 10 门课程被评为辽宁省一流本科课程；新增国家级领军人才计划入选者 2 人，辽宁省本科教学名师 4 人。

一、加强党支部标准化规范化建设，夯实基层党建基础，落实立德树人根本任务

党支部把制度治党贯穿党支部建设始终，强化党支部“三会一课”等组织生活标准化规范化开展，坚持质量抓标准，以标准化规范化建设强基。疫情期间党支部教育引导全体教职工深刻认识疫情防控形势，把思想统一到党中央决策部署上来，积极落实“停课不停教、停课不停学”，全面保障线上教育教学质量，保证科研工作的顺利开展，大学物理、大学物理实验服务全国 20 余所

高校线上教学。

党支部开展双周政治理论学习和主题党日活动

物理系党支部积极探索党建与人才培养深度融合机制建设，带领专业教师参与课程思政质量建设工程。党支部引导、鼓励和支持物理系全体教师进行课程思政教育教学改革。目前，物理系共建有校级课程思政示范专业 1 个、校级课程思政示范课 6 门、院级课程思政示范课 10 门，发挥了课程育人主渠道作用。

物理系党支部课程思政建设情况统计表

序号	时间	课程（专业）名称	级别
1	2021 年 10 月	应用物理学	东北大学课程思政示范专业
2	2019 年 8 月	大学物理实验	东北大学课程思政示范课程
3	2020 年 6 月	物理学史	东北大学课程思政示范课程

表（续）

序号	时间	课程（专业）名称	级别
4	2020 年 6 月	固体理论（研究生课程）	东北大学课程思政示范课程
5	2021 年 10 月	激光技术及在先进制造中的应用（研究生课程）	东北大学课程思政示范课程
6	2021 年 10 月	认识实习、生产实习	东北大学课程思政示范课程
7	2021 年 10 月	光电子课群	东北大学课程思政示范课程
8	2019 年 8 月	固体理论	理学院课程思政示范课程
9	2019 年 8 月	物理学史	理学院课程思政示范课程
10	2020 年 6 月	大学物理实验	理学院课程思政示范课程
11	2020 年 6 月	量子力学	理学院课程思政示范课程
12	2020 年 6 月	认识实习、生产实习	理学院课程思政示范课程
13	2020 年 6 月	大学物理理科（电磁学）	理学院课程思政示范课程
14	2020 年 6 月	计算物理基础	理学院课程思政示范课程
15	2020 年 6 月	半导体物理学	理学院课程思政示范课程
16	2020 年 6 月	芯片制造原理	理学院课程思政示范课程
17	2021 年 6 月	近代物理实验	理学院课程思政示范课程

二、加强党支部特色化建设，激发基层党建活力，筑牢初心使命和理想信念

物理系党支部立足新时代，依托物理实验教学中心，创新党建载体，用

VR 技术开展党员教育学习活动，建立了“新时代 VR 党员教育示范基地”，以解决基层党员教育学习形式单一、枯燥等问题，为广大党员开展党史学习教育、推动红色基因传承提供重要平台，增强了党建新活力。基地聚焦党的初心和使命，建成了“党史体验馆”“中华人民共和国成立 70 周年大事记”“拥抱风雨、砥砺前行”“十八大以来成就展”等 4 个展馆，以及“狼牙山五壮士”“四渡赤水”等 3 项交互体验项目，供广大党员体验学习。在开展党史学习教育过程中，基地总计接待 170 余个支部、2400 余人参观学习“红色 VR 党课”，让党员切身体会建党百年来进行的艰苦卓绝的伟大斗争，深刻领悟党的初心使命，感受中国特色社会主义建设取得的伟大成就，使广大党员和大学生不断增强“四个意识”、坚定“四个自信”、做到“两个维护”。

党支部 VR 党员学习教育

党支部坚持学科发展与社会服务融合促进，组织党员扎实推进“校园先锋工程”。党支部在加强学科建设发展的同时，积极参与服务社会各项事业，常态化开展“我为师生办实事、敢于担当促发展”实践活动。党支部主动与新疆农业大学理学院对接，组织援助西部高校物理课程建设的活动，帮助开展在线教学，深化对口援疆交流与合作。党支部与西北师范大学、兰州工业学院对接，帮助开展虚拟仿真实验教学，开展“VR 实验走进西部高校”教育帮扶活动。同时，支部党员深入沈阳市周边农村中小学，为中小学教师在课程建设、教学研究和实验课开设等方面提供技术支持，助力乡村教育振兴。

党支部服务社会实践活动

三、强化党支部战斗堡垒作用，发挥党员先锋模范作用，推进物理学科建设与发展

支部建设凝心聚力，党员先锋勇毅前行，以高质量党建推进高水平学科建设。近三年，在学科建设中，物理学新增辽宁省重点实验室、一级学科博士后流动站，新增国家级人才 2 人，新增辽宁省重点实验室，获批 2022 年度国家重点研发计划项目。

应用物理学获评“国家一流本科专业”，“大学物理”等3门课程获评“国家一流本科课程”，“固体物理”等10门课程获评辽宁省一流本科课程，4人获评辽宁省本科教学名师。

物理系一流课程建设情况统计表

序号	时间	课程（专业）名称	级别
1	2020年9月	应用物理学	国家一流本科专业建设点
2	2020年11月	大学物理（线上线下混合）	国家一流本科课程
3	2020年11月	大学物理（线上一流课程）	国家一流本科课程
4	2020年11月	核物理综合实验（虚拟仿真）	国家一流本科课程
5	2022年11月	波动光学实验（虚拟仿真）	辽宁省一流本科课程
6	2022年11月	固体物理	辽宁省一流本科课程
7	2022年11月	激光物理	辽宁省一流本科课程
8	2022年11月	认识实习（应用物理）	辽宁省一流本科课程
9	2020年12月	大学物理（线上线下混合）	辽宁省一流本科课程
10	2020年12月	大学物理（线上一流课程）	辽宁省一流本科课程
11	2020年12月	大学物理实验（线下课程）	辽宁省一流本科课程
12	2020年12月	核物理综合实验（虚拟仿真）	辽宁省一流本科课程
13	2020年12月	空间物理实验（虚拟仿真）	辽宁省一流本科课程
14	2020年12月	物理与人类未来（混合）	辽宁省一流本科课程

物理系党支部以立德树人为根本任务，以标准化规范化和特色化建设为抓手，积极开展高质量特色化VR党建，不断推动党建工作与事业发展。深度融

合，在学院和学校“双一流”建设中积极发挥作用，并取得了一系列建设成效：党支部 2021 年获评“辽宁省高校先进基层党组织”荣誉称号；“创新‘红色 VR 党课’，筑牢初心使命理想信念”获评 2019 年辽宁省高校党的基层组织建设创新案例一等奖；党支部于 2018 年和 2019 年入选“东北大学新时代党建工作样板党支部”“辽宁省高校新时代党建工作样板党支部”培育创建名单，现均已顺利通过验收；党支部于 2022 年入选第三批“全国党建工作样板党支部”培育创建单位，入选“辽宁省标准化规范化党支部建设示范点”。物理系党支部将巩固已有建设成果，扎实开展支部建设，凝心聚力，守正创新，踔厉奋发、勇毅前行，在物理学科建设中发挥战斗堡垒作用，在东北大学世界一流大学建设中努力作出新贡献。

（执笔人：王旗、董丹阳、崔晶磊）

高擎党旗聚红色动能 争创一流践初心使命

机关党委资产处党支部

机关党委资产处党支部坚持以习近平新时代中国特色社会主义思想为指导，全面落实党的二十大精神，通过深化支部党建体系、激发支部政治动能、强化为民服务，将党的领导贯穿于行政工作和服务师生全过程，以一流基层党建引领一流资产管理，打造了一支政治过硬、作风优良、业务精湛的党员队伍，为学校“双一流”建设提供有力支撑和保障。同时，突出示范引领作用，支部入选教育部第三批“全国党建工作样板支部”，获评辽宁省首批“全省党建工作样板支部”、辽宁省高校先进基层党组织、辽宁省高校“主题示范党日”二等奖、支部优秀工作方法和经验编入教育部基层党组织书记工作案例。

一、谋篇开局、建章立制，构建基层党建服务体系

创造性制定支部“十四五”发展规划。全面落实党建工作要点，围绕基本组织、基本制度、基本活动、基本队伍、基本保障“五个基本”，对标“七个有力”，制定“十四五”发展规划“1+5”发展模式，形成“工作有主题、有反馈、可持续”的党建工作体系，落细落实阶段建设任务和举措，积极发挥支部在政治引领、推动发展、服务师生、凝聚人心方面的作用。

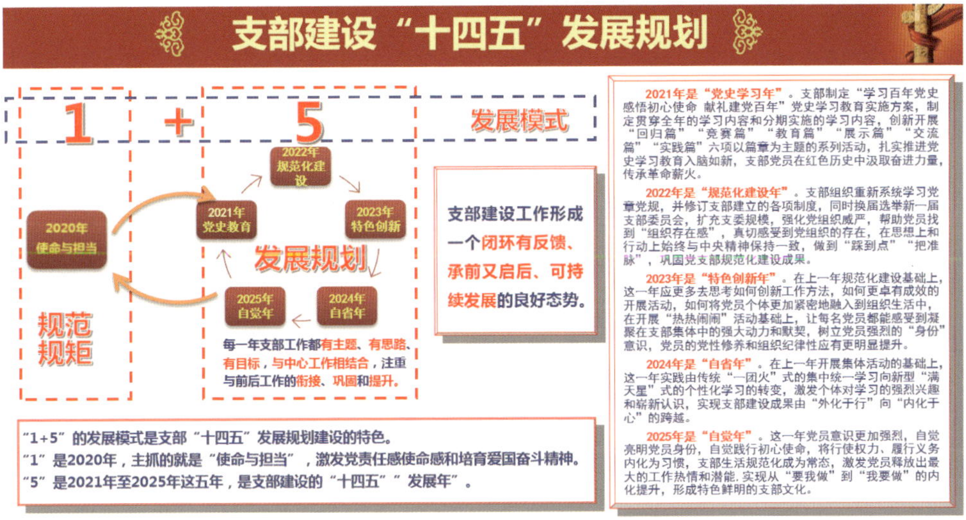

资产处党支部建设“十四五”发展规划

高标准推行支部“质量党建”。以全面提升党支部标准化规范化水平为目标，建立常态化保障机制和应急处置方案，实现党建制度全覆盖；严格执行“三会一课”和主题党日、民主评议党员等组织生活制度，创立三会一课“云相会”方案，确保疫情期间党建工作不掉线，党员教育不断档。实现支部组织健全、制度完善、运行规范、活动经常、档案齐全、作用突出，把全面从严治党要求落实到每名党员。

资产处党支部组织生活会

资产处党支部党员大会

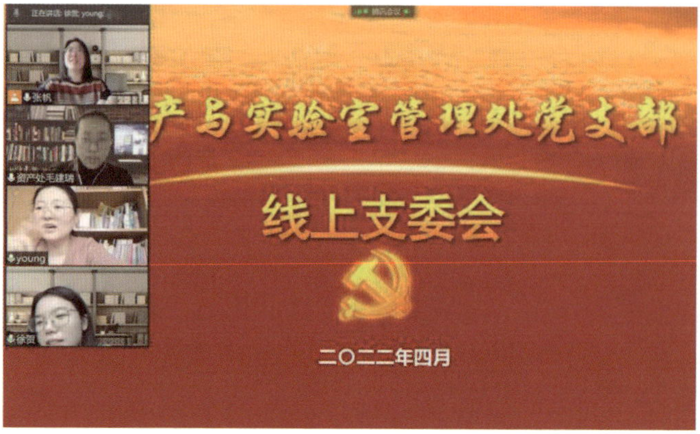

三会一课“云相会”

党支部制度汇编

二、政治引领、凝聚共识，开展多维立体式红色教育

理论学习形式多样，红色教育系统全面。支部建立“党支部＋党小组＋科室＋党员个体”四级学习模式，通过政治学习常态化、理论学习系统化与专项学习深入化相结合抓实学习教育，擦亮党支部政治底色。通过设置“党建资料共享橱窗”，开展“书香科室”读书活动，落实“每月一次读书报告会”制度，确保政治学习深入有效；安排党员集中学习、专题培训，确保政治学习系统全面、不间断；鼓励党员利用新媒体同步学习，确保理论学习与时俱进。

理论学习党小组会议

每月一次读书报告会

“书香科室”读书活动

专题党课培训学习

专题教育生动活泼，红色基因根植于心。支部不断创新学习形式，盘活教育资源，增强教育感染力。带领党员赴革命圣地，开展实地教育教学；组织观看爱国影片，引导党员了解党的光辉历史；围绕“庆祝建党百年”和“筹备庆祝建校百年”，开展“人人都是‘支委’，人人都是‘主讲人’”活动；利用学习平台组织竞赛答题，激发学习积极性；组织党员收看党的二十大开幕会、神舟十三号飞船返回，激发党员爱国热情。

重走抗联路和传承西柏坡精神专题教育

理论学习、知识竞赛和观影特色活动

观看“党的二十大开幕会”和“神舟十三号飞船返回”

三、冲锋一线、责任担当，支部光辉闪耀在平凡方寸间

党员干部充当“领头雁”，冲锋校内服务主战场。党员干部始终将管党治党责任扛在肩上，在应对疫情封闭管理期间，始终坚守岗位不撤退，24 小时保持“战备”状态，统筹全校疫情防控物资保障工作，完成 110 余万人次核酸服务采购和 50 余万件物资采购，与医疗工作者一道奋战在核酸检测主战场，构筑起“战‘疫’堡垒”。

校外党员组建“志愿军”，投身社区服务第一线。支部 14 名党员不惧危险与困难，积极投身一线，为社区群众提供核酸检测验码、防疫政策宣讲、秩序维护、病毒消杀等服务，用实际行动扛起守护人民群众安全的使命担当，支部全体党员冲锋在前，在疫情防控中内聚人心，外展形象，向社会传递了“东大人”的良好形象。

支委带头争当“一块砖”，服务学生返校落脚点。学校师生返校期间，支部书记和部分党员同志不辞辛苦、不畏感染病毒风险，积极参与接站志愿服务、搬运行李、核酸验码等工作。

全体同事搭建“人字梯”，协同打赢贷款设备集中采购限时攻坚战。在相继感染新冠病毒和年底集中迎来大量业务的双重压力下，支部党员带领群众克服困难，冲刺完成贷款设备采购、实验室安全检查等服务师生的窗口业务，充分体现组织有序、行动有方、专业有为的政治素养，践行全心全意为人民服务的初心使命。

支部持续开展“送温暖”，精准实施修旧利废帮扶工程。支部积极探索创新党建工作思路，推动党建与业务深度融合，落实“全面打赢脱贫攻坚战”。

2019 年以来，支部积极统筹校内资源，组织向云南省保山市昌宁县、沈阳康平县等基层单位和中小学累计捐赠 20 余批、900 多台设备，提高国有资产利用价值的同时，帮助解决当地办公和教学设备短缺问题，助力地区发展。

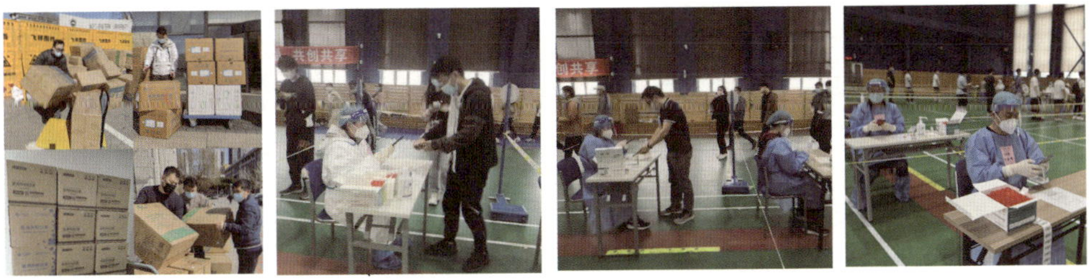

党员干部搬运防疫物资、提供核酸服务

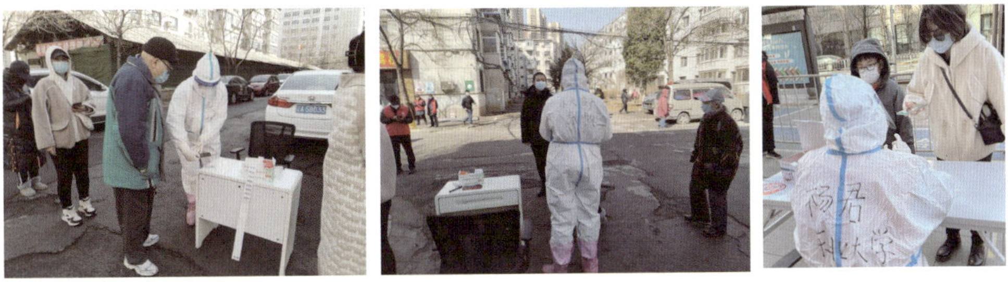

支部党员志愿服务社区疫情防控一线

支委志愿服务学生返校接送站

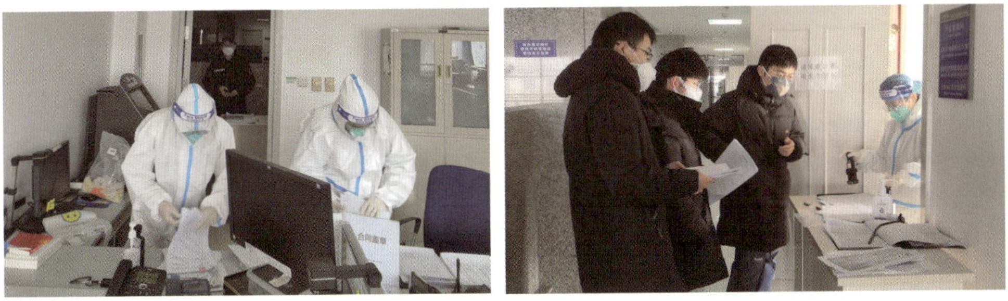

全体党员积极补位完成贷款设备采购任务

支部组织向帮扶地区捐赠设备

四、总结经验、树立标杆，多途径广辐射发挥引领作用

强化共享理念，凝练总结支部建设成果。支部秉持“多维共享”理念，聚焦样板经验深交流共提升，围绕支部标准化规范化、党建与业务的融合、支部内涵发展、质量党建等多维度设计宣传内容，支部先后完成《支部工作制度汇编》《支部建设成果报告》和宣传片等典型材料，打造“样板”特色品牌。

丰富共享途径，力求辐射带动出成效。支部升级“互联网 +”党建宣传方式，以全国高校思政平台为主阵地，充分发挥新媒体作用，2022 年通过学校“We 党微家”公众号等发稿约 20 篇，在高校思政网发稿 9 篇，宣传党建工作成果和优秀案例，使党的理论在交流互动中迸发巨大生命力；支部创建“样板说”系列活动，红色“1+1”班导师活动，构建“资源共享、优势互补、互相促进、共同提高”的党建工作新格局，推动机关作风和文化建设走深走实。

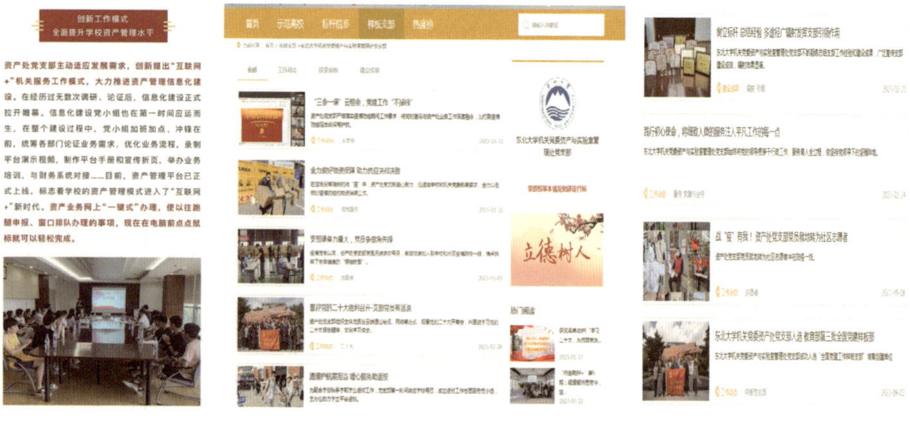

支部优秀成果宣传材料

（执笔人：刘一、杨君、张帆）

第四章

省级带动创先进

育标杆聚“红色动能” 凝心力促事业发展

冶金学院党委

冶金学院党委以习近平新时代中国特色社会主义思想为指导，坚持“围绕中心抓党建，抓好党建促发展”的工作理念，通过凝聚四项“红色动能”，将党建工作与事业发展深度融合。在辽宁省党建工作标杆院系建设期内，冶金工程入选新一轮一流学科建设名单，获国家科技进步奖一等奖 2 项、二等奖 1 项，学院党委被评为“辽宁省委教育工委先进党组织”“辽宁省高校校园先锋示范岗”，所辖党支部获全国及辽宁省党建工作样板支部等校级以上荣誉 25 项，基层组织获评“全国高校黄大年式教师团队”“辽宁省劳模创新工作室”，师生党员获“全国先进工作者”“全国五一劳动奖章”“辽宁省教书育人模范”“辽宁省优秀大学生党员标兵”等荣誉 100 余人次。

一、领航“红色头雁”，在把标定向中深度融合

一是提高政治站位。不断完善党委会、党政联席会等会议制度和“三重一大”决策制度，认真落实党的路线方针政策和上级决策部署，用党的创新理论武装头脑、指导实践、推动工作。党委领导下民主管理、科学决策、协调运行的治理结构不断完善，有力推动学院事业发展取得显著成绩。

冶金学院组织党委理论学习中心组成员、教工党支部书记深入学习
《中国共产党普通高等学校基层组织工作条例》

二是强化政治把关。把握社会主义办学方向，在课程建设、教材选用、学术活动中把好政治关。落实意识形态工作责任制，学院网站发布新闻近 2000 篇，“东大冶金”公众号累计发布文章 3100 余篇，访问量达 102 万次，充分发挥媒体矩阵作用，为事业发展提供舆论支持。

三是守牢廉洁底线。落实全面从严治党要求，开展廉洁宣传教育，增强师生廉洁意识，出台针对岗位聘任、职称评聘、科研经费使用、科研成果转化等各项工作的廉洁建设制度，加大对事业发展中的重点领域、重点岗位和关键环节的监督。

二、根植“红色基因”，在教书育人中深度融合

一是紧抓课程思政。深挖工科课程的思政元素，有步骤分层次地推进课程思政建设在所有专业所有课程全覆盖，组织示范教学、教学大赛、学生评教，全体教师特别是教师党员在课堂阵地中当好维护主流意识形态的先锋。

二是搭建党课平台。结合党史学习教育策划“百名党员进百个团支部讲百年党史”活动，邀请理论宣讲团深入师生宣讲 16 场，领导干部、党委委员讲党课 60 余次，党支部书记及支委讲党课 200 余次。每年开展新生入党启蒙及毕业生“最后一次党课”，举办入党积极分子培训和青年马克思主义者工程培训班，组织知识竞赛检验学习教育成效，推进习近平新时代中国特色社会主义思想入脑入心，在事业发展全过程中加以运用和实践。

学院党委开展丰富多彩的党员教育活动

三是统筹协同育人。优化推进“团队班导师”工作机制，专任教师100%参与，通过聘任仪式、工作会议、学生评价提升责任感、使命感，累计开展指导活动3300余次。邀请全国先进工作者姜周华教授开展2次宣讲，继续吸纳教书育人先进典型扩充宣讲育人队伍，实现有效资源向育人环节不断汇聚。学院党委一体推进“三全育人”“五育并举”，制定《东北大学冶金学院德智体美劳五育并举实施纲要》，成立专项工作领导小组，已形成本科生培养体系再造、实践育人等10项具体的实施方案。成立“钢铁脊梁”学风涵养工作室，组织“青·听”“青·思”“青·悟”等主题系列活动，青年学生录制的“强国一代有我在”专题MV以及“青·听”宣讲团讲述的靳树梁先生、邱竹贤院士、陆钟武院士的故事，营造了浓厚的学习氛围，并被中国科协的“风启学林”社区转载，点击量超6万次，受到较高的关注和好评。

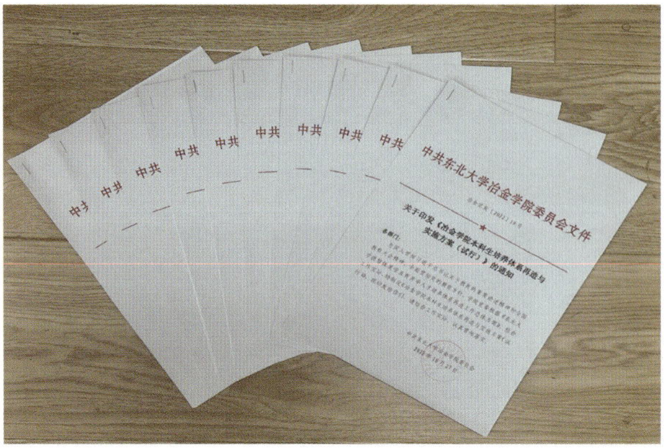

推进“五育并举”出台的各项实施方案

三、点燃“红色星火”，在队伍建设中深度融合

一是夯实基层组织。按照有利于事业发展的要求设置党支部，实现教师党支部书记“双带头人”全覆盖，党支部和研究所协同配合，促进党建与中心工作同部署、同推进、同落实。通过规范化建设自评、组织制度落实验收等举措，依托支部立项、特色支部创建等平台，不断提升党支部组织力、凝聚力和战斗力，在事业发展过程中充分发挥战斗堡垒作用。

二是涵养师德师风。坚持党管人才，成立引进人才政治把关小组和师德考核小组，引导教师学术研究有底线、课堂讲授有纪律、公开言论守规矩，每年开展师德师风建设活动 40 余次，2021 年全年进行师德专题教育，实现师德建设和学生德育教育同向同行，让为党育人、为国育才成为教师的自觉行动。

三是强化教师教育。党员领导干部联系非党青年教师，2 名高层次人才已被确定为入党积极分子。秉持“让教育者先受教育”的理念，每年开展红色经典诵读会、教学基本功竞赛、观摩公开课、企业行、座谈会等教师教育活动，提升教师思想素质、业务水平、工作能力。结合深入学习党的二十大精神，组织教工党支部录制党史校史微课，陆续在东北大学党委组织部公众号“We 党微家”和冶金学院公众号“东大冶金”上展播。

学院组织青年教师诵读会，教工党支部拍摄党史校史微课视频

四、激活"红色引擎"，在服务师生中深度融合

一是完善基层对接。党政干部对接24个研究团队、53个党支部，党委书记每年到党支部调研。通过教代会、学代会、研代会，长期设立意见箱，多途径收集师生的意见建议，发挥集体智慧推动事业发展。

二是开展工作调研。立足"我为群众办实事"设立"工作改善日"，并完善为"领导班子接待日"，党政领导与师生面对面座谈，召开专题会议解决师生急难愁盼的问题，把党史学习教育成效体现到增强党性、提高能力、改进作风、推动工作上，为事业发展温暖人心、鼓舞人心、凝聚人心。

三是培育党员先锋。党组织和党员全方位参与学院重大改革、重要事项、重点安排，在校园疫情防控、志愿服务等急难险重工作中，在人才培养、学科建设等中心工作中走在前列。党员工位床位亮出共产党员标识，通过述责测评、"两优一先"评选等形式，使"亮身份、树形象、作贡献"成为常态，让党旗在事业发展一线高高飘扬。

学院领导与党支部研究所师生座谈

“浩渺行无极，扬帆但信风。”冶金学院党委从把标定向、教书育人、队伍建设、服务师生四个维度，将党建的最终成效体现到事业发展的成果上，使党建“第一责任”和发展“第一要务”同频共振。冶金学院党委将持续巩固建设成果，做大做强党建特色，深入学习贯彻党的二十大精神，以更高标准、更大担当落实立德树人根本任务，为党育人、为国育才，带领全体师生一起向未来！

（执笔人：魏先越、陈旭东）

厚德为料　铸智成材
以高质量党建引领事业高质量发展

材料科学与工程学院党委

材料科学与工程学院党委（以下简称“材料学院党委”）以习近平新时代中国特色社会主义思想为指导，秉承“厚德为料，铸智成材”院训，打造高质量党建工作体系，扎实推进立德树人根本任务及学院“十四五”发展规划等工作，全面引领、促进、保障学院改革发展，全力推进世界一流的材料学科建设迈上新台阶，以优异成绩向百年校庆献礼。辽宁省党建工作标杆院系建设期内，学院党委获评“辽宁省高等学校先进基层党组织”“东北大学先进分党委”，学院团委获评“全国钢铁行业五四红旗团委标兵”；多名师生党员获“中国青年女科学家”“辽宁省教学名师”“全国高校百名研究生党员标兵”“辽宁省优秀大学生党员”等荣誉称号。

一、厚基础，筑牢发展之基，为创建高质量党建工作提供重要保障

一是发挥政治核心作用。材料学院党委深化习近平新时代中国特色社会主义思想的宣传教育，引领师生深刻领悟“两个确立”的决定性意义，增强“四个意识”、坚定“四个自信”、做到“两个维护”，保证党的路线方针政策和上级党组织决定贯彻执行。建设期内，扎实开展“不忘初心、牢记使命”主题教

育、党史学习教育，深入贯彻党的二十大精神，依托学院党委理论学习中心组学习、分党校、党支部“三会一课”、教职工政治学习等载体，制度化引领全体师生员工思想统一、行动统一、步调一致向前进。

二是加强党委、领导班子建设。建设期内，材料学院党委规范召开第二次党员代表大会，选举产生新一届党委会、纪委会，明确发展问题、破解发展难题、勇挑发展重任。制定修订《学院进一步加强领导班子建设的若干规定》《学院党委会议事规则》《学院党政联席会议事规则》《学院“三重一大”决策制度实施细则》等，强化学院党委和领导班子科学、规范履职尽责，领导班子“一岗双责”，既抓好业务工作，又抓好党建工作、意识形态工作和党风廉政建设工作。

学院党委制度化开展各类学习教育

三是落实全面从严治党。学院党委履行主体责任，定期召开全面从严治党会议、制订党风廉政工作计划，层层传导压力。落实监督责任，建立全覆盖的纪检工作队伍。制定《学院纪委工作细则》，推进全面从严治党向基层延伸、向纵深发展，全方位保障基层监督职责落实。开展党风廉政文化建设，结合教育系统存在的师德师风、学术不端等问题及时开展警示教育。先后梳理25项风险防控制度，优化35项工作流程图，明确学院人才培养、学科建设、科学研究、队伍建设等工作运行流程，确保科学规范、高效有序。

四是落实校园疫情防控责任。学院党委制定《疫情防控工作方案》，坚持"多措并举，扎实有效，教师引领，学生受益"基本原则，全面保障学院教学科研、学生管理、研究生录取等工作顺利开展。校园封闭管理期间，学院党委分层分批召开工作布置会100余场，发布疫情防控信息2400余条；号召教师住校开展工作，全年共参与98人次、累计驻校时长2660天；组织参与核酸检测和学生返校等志愿服务工作112人次，累计服务时长逾600小时。

二、德为先，智育可靠之才，为创建高质量党建工作把准发展方向

一是强化意识形态责任。严格落实《学院党委意识形态工作实施细则》，形成党委统一领导、党政齐抓共管、机关组织协调、党支部深入落实的工作模式。定期专题研判意识形态工作，及时准确掌握课堂、教材和教师教育教学情况。强化意识形态阵地建设，按照"三审三校"制度规范媒体宣传工作。密切关注师生思想动态，督促落实党员领导干部谈心谈话制度和党员联系群众制度，排查师生信教情况，以"三种文化"（中华优秀传统文化、革命文化和社会主义先进文化）为引领，构建中外合作办学学生意识形态工作体系。

二是系统推进理论武装。修订《学院党委理论学习中心组学习制度》，坚持实施"4+N"和领导班子导学机制（4——每年不少于4次集中学习研讨，N——每位领导班子成员每年要至少做1次导学），提升领导干部的理论水平，有效提升推动事业发展能力。定期开展基层党组织书记培训，强化党员干部理论武装。通过分党校、党支部"三会一课"、教职工双周政治学习和制度化使用"学习强国""青年大学习"等平台，引导广大党员师生强化理论武装。

学院党委组织开展红色文化系列活动

三是创新学生思政教育。学院形成“学院领导联系＋辅导员指导＋导师团领路＋优秀集体领航＋朋辈先锋队领跑”的学生思政工作体系。打造“春晖”“满天星”党员志愿服务项目，推进“百园千企”“助力扶贫”“百名博士企业行”等实践活动；打造“龙图腾”“书香材料”“法语讲中国”等品牌活动；开展“学习用典微讲述”、“领航计划”精准扶困工程等活动，发挥学生党员的先锋模范作用；构建“乐学、辅学、督学、优学、勤学、导学、求学”七位一体学风建设体系，提升学生科研素养和创新创业能力。

四是加强师德师风建设。持续推进“一五八”工作体系，制定实施材料学院《师德师风建设实施办法》《师德师风工作考核实施细则》等制度，将课程思政、学生思想教育工作纳入教师考核指标体系。党政工青合作，纪委加强监督，“五位一体”推动师德师风建设工作有效落实，每年制定实施《教职工政治学习计划》，围绕多个专题设计学习内容，全面提升教师思政素养。坚持打造“信念真坚定、师德真高尚、育人真功夫、科研真创新、为人真清廉、身心真健康、集体真团结、成果真丰硕”八个“求真”开展主题教育系列活动，引领师德师风新风尚。建设期内，学院涌现出一批师德师风优秀典型，获校级以上各类奖励的教师逾 300 人次。

学院党委举办师德专题教育培训活动

三、实为贵，成绩引领发展，为创建高质量党建工作提供不竭动力

一是突出党支部赋能发展作用。通过“优化支部设置、配齐配强支委、加强制度建设、创新工作载体、发挥党员作用、服务事业发展”，强化支部规范

化建设。扎实做好基层党建工作“回头看”和巡视整改，及时调整人员超额支部设置，确保全部教师党支部“双带头人”配置。创建师生党支部联动机制，党委委员联系党支部，教师带动学生党支部，实现党建业务共提升。围绕“七个有力”，积极创建“特色党支部”，全院连续多年支部立项申报比例 100%。打造“教师党支部—科研团队—课程”融合发展体系，突出教师党支部在基层学术组织中的引领作用，一个党支部引领一个科研团队，一个科研团队讲好一个课程（群），提升育人效果。

二是发挥党员旗帜引领作用。坚持把好党员发展入口关，近三年发展党员 400 余名。扎实推动领导班子和党员学科带头人联系非党青年教师工作，逐个谈话加强引领。通过开展佩戴党员徽章、亮身份、设立党员岗位等活动，积极营造“比作为，创成绩”的良好氛围。校园封闭管理期间，90% 以上的住校教师是共产党员，上百名学生党员积极承担网格化管理责任，充分展示党员责任和形象。

学院党委坚持做好党建赋能事业发展各项工作

四、求实效，材料助推一流，为创建高质量党建工作汇聚强大力量

一是顶层设计打造载体，创建品牌激发活力。瞄准任务目标，扎实推进党建研究工作，不断创新机制、打造特色载体、创建工作品牌，形成一批机制完善、特色明显、效果显著的工作成果。打造“书香材料”（教育部中国大学生在线“悦读青春”全国百场特色活动、省十大“优秀阅读推广项目”），“龙图腾”（省大学生思政教育精品活动 A 类一等奖、省高校校园文化建设优秀成果一等奖），“满天星”“春晖”志愿服务项目，精准扶困“领航计划”，教职工“求真”发展系列活动，“学习用典”微讲述，“百千万”红色基因工程、“法语讲中国”、“中国精神”等活动，增强师生服务发展凝聚力。

二是聚焦问题深化改革，汇聚力量推动发展。抓好党建促发展，推进党建工作与事业发展深度融合，形成了学科实力稳步提升、人才培养质量过硬、科学研究成果丰硕、师资队伍实力增强、实验平台安全高效、交流合作广泛开展的良好局面。建设期内，材料学科在教育部第五轮学科评估中取得好成绩，材料科学学科排名首次进入 ESI 全球前 1‰。王国栋院士 / 袁国教授研究团队在 *Science* 上发表研究成果。学院建设的三个本科专业全部获批国家一流本科专业。

学院党委召开学院第二次党代会

（执笔人：张玉宝、刘梦）

铸魂育人抓党建　守正创新促发展

文法学院党委

稳舵以奋楫，笃行以致远。文法学院党委深入学习贯彻习近平新时代中国特色社会主义思想，认真学习习近平总书记关于教育的重要论述和在辽宁考察时的重要讲话和重要指示精神，坚持围绕中心抓党建，抓好党建促发展，为学院高质量发展提供坚强政治保证。学院党委入选辽宁省第三批党建工作标杆院系培育创建单位，被评为辽宁省高等学校先进党组织、辽宁省高校“校园先锋示范岗”、东北大学先进分党委，党支部获辽宁省党建工作样板支部等校级以上荣誉15项，师生党员获国家级青年人才项目、国家社科基金重大项目、“辽宁省教学名师”、省市优秀党员等荣誉近百人次。

一、强化党建引领，凝聚“强大合力”

一是提高政治站位，夯实思想基础。贯彻落实好习近平新时代中国特色社会主义思想，制定《文法学院学习贯彻党的二十大精神的工作方案》，坚持“结对＋小组”“讲授＋体验”“课堂＋故事”的好经验，开展党史学习教育等系列活动，认真学习贯彻《中国共产党普通高等学校基层组织工作条例》，推进党建与育人、教学、科研等工作深度融合，以高质量党建引领学院事业高质量发展。规范开展“三会一课”等工作，年均开展主题党日百余次、专题组织生活会20余次，认真落实“对标争先”建设计划。

二是突出政治引领，强化理论武装。文法学院党委依托校院网站、“We

党微家”“NEU 南小文”微信公众号等积极进行党建工作宣传，同时创建“阳光文法党建”微信公众号，充分发挥微信平台网络高效、开放、快捷的优势，展示学院党委、支部党建风采，将党的路线方针政策和党委的决策部署通过微信公众号及时推送给支部党员和师生，成为宣传党的主张的平台，传播主流价值观的重要平台。“阳光文法党建”微信公众号建立以来，发布消息 1200 余篇，累计阅读量数万人次，起到了很好的宣传示范作用。

三是彰显政治底色，发扬优良作风。严把人才引进政治关，落实《阳光人才奖励计划》《引进人才政治把关工作实施细则》，营造干事创业的氛围。扎实推进“引领 · 提升 · 共进”“1+1”专项活动，年均开展相关活动 10 余次。加强师德师风建设，实行师德失范一票否决制，对标需求加强师资队伍建设，形成教育、服务、典型、项目四个维度的党建育人特色，引导教师把教书育人和自我修养结合起来，做到以德立身、以德立学、以德施教。

文法学院党委理论学习中心组开展集中学习

二、落实立德树人，坚持“铸魂强基”

一是推进课程思政建设，构建思政工作体系。建立健全“三全育人”体制机制，把立德树人融入各环节，贯通学科、教学、教材、管理体系，构建全融通思政工作体系。锚定新文科建设，以“三项转变”升级课程思政，实现培养目标适应新形势，教学内容适应新技术，工作机制契合新需求。课程思政建设取得显著成效，截至目前，学院已建成校级课程思政示范专业 3 个，示范课程 15 门。

二是加强各类阵地管理，落实意识形态责任。实行分管领域对口管理，将教师党支部书记纳入学院教学督导组，加强教学督导政治把关。严格落实新闻媒体“三审三校”，规范哲学社会科学报告会申请、审批流程。组建党委书记牵头的学院教材工作审核组，完成四类教材的选用检查、摸底自查和使用跟进。

三是拓展文化建设成果，抢占学生思想高地。坚持“五育并举”，扎实推进“一五一十”思政文化育人一体化平台建设。以“文韵工程”为主线，创新活动形式，持续推进大型校史话剧《离离原上草》、“萃升演说家”等学生思政工作品牌，年均开展思政育人活动 50 余次。

开展“萃升演说家”思政育人活动

三、抓实基层支部，筑牢“稳固基石”

一是抓好基层组织，筑牢党建堡垒。打造“团队带头人、专业教师、专兼职辅导员、离退休教师、校友”五位一体育人共同体；全面实现党支部建在系所上，实现党建、学术“双带头人”全覆盖，构筑“党建引领、团队带动、科研突破”育人模式，通过信仰感召、思想教育和价值引领推动有发展潜力的“学术带头人”向“学术带头人＋党建带头人”转变，提升党建思政工作的吸引力。

二是守住廉洁底线，绷紧自律之弦。学院党委带头履行全面从严治党主体责任，党委书记切实担负起第一责任人职责，党委班子成员认真落实“一岗双责”，进一步落实党风廉政建设责任制。各支部结合工作实际，申报廉洁文化立项，包括集体学习《中国共产党纪律处分条例》、观看廉政视频、开展廉政影视配音活动及廉政文化作品大赛等。严格规范党风廉政建设各项规定，深入治理师生身边的“微腐败”和不正之风。严把小事、守好小节，切实把接受监督作为工作和生活的常态，习惯在监督下行使权力、在监督下开展工作。

文法学院班子成员重温入党誓词，牢记初心使命

四、牢记教育初心，发挥“政治引领”

一是推进学科建设，深化育人使命。学院在全校开创性实施“全程导师制”，认真落实“班级导师制”，加强专业建设和课程建设，加强对党员尤其是学生党员的政治引导。过去两年，学院获批国家首批一流本科专业 2 个，首批国家级一流本科课程（线上一流课程）4 门，本科生公开发表论文 100 余篇，省级及以上竞赛获奖 20 项。

二是聚焦国家战略，推进实践教育。依托中组部全国党员教育培训示范基地辽宁社区工作者学院等研究基地，聚焦国家战略，推进实践教育，服务社会。培训全省乃至全国社区干部促党建。在做好辽宁省内主体培训的同时，在河北省承德市、秦皇岛市，浙江省绍兴市、山东省泰安市等地建立教学中心，将辽宁社区工作者学院品牌建设成为辐射全国的社区培训基地，提升东北大学影响力。提高基层公务员能力素质促振兴。承担辽宁省公务员自主选学培训任务，围绕基层干部突发舆情事件应对能力、基层党建实务、东北振兴与文化自信、基层干部依法行政和创新能力等内容开展培训，年均覆盖人数 3000 余人。探索出“放眼西部、校府联动、评估献策”教育扶贫模式。在“三区三州”深度贫困民族地区、贵州黔南布依族苗族自治州贵定县、甘肃会宁县、云南昌宁县等地开展教育扶贫。

辽宁社区工作者学院培训开班式

辽宁省公务员“能力素质提升”自主选学培训班

潮涌催人进，风正好扬帆。文法学院党委积极把握“竞争力、执行力、向心力、亲和力、创造力”，努力推动党建与业务工作融合共进。坚持为党育人的初心、为国育才的立场，通过党建工作聚焦解决方向问题、价值问题、态度问题、共识问题、凝聚力问题，以实现全院思想上的统一、政治上的团结、行动上的一致，为做好各项工作提供政治保证和组织保证，让党建成为引领发展的最强大动力。

（执笔人：隋永强、孙宏伟、庄会虎）

标准化规范化强基 特色化引领 实现“一融双高”新突破

理学院党委

理学院党委以习近平新时代中国特色社会主义思想为指导，聚焦“五个到位”，强化学院班子和干部队伍建设，凝心聚力引领学院事业高质量发展；围绕“七个有力”，深入实施党支部标准化规范化和特色化建设，不断夯实基层党建基础和激发党建活力，推动党建工作与事业发展相融共进，凝聚全院师生深入实施基础学科提质工程思想共识，落实立德树人根本任务。学院党委入选辽宁省党建工作标杆院系培育创建期内，物理系和数学系教师党支部分别入选全国和辽宁省党建工作样板支部培育创建单位，化学系教师党支部通过辽宁省党建工作样板支部培育创建验收。学院入选国家一流本科专业建设点 1 个，获得辽宁省自然科学奖一等奖 1 项，获批省级一流本科课程 20 门，获省教学成果奖一等奖 3 项，新增国家级人才 2 人、省教学名师 1 人。

一、强化党委政治功能，凝心聚力引领学院发展

理学院党委将充分发挥政治功能作为主责主业，聚焦“五个到位”，强化党政班子和干部队伍建设，切实发挥办学治院的中坚骨干作用，凝心聚力引领学院事业持续高质量发展。

一是以政治建设为抓手，打造素质过硬领导集体。坚持党委理论学习中心

组集体学习和班子民主生活会制度，教育引导班子成员带头深刻领悟“两个确立”的决定性意义，增强“四个意识”、坚定“四个自信”、做到“两个维护”，宣传贯彻执行党的路线方针政策和上级党组织决定。坚持民主集中制，统一班子成员思想共识，不断完善集体领导、党政分工负责、协调运行的工作机制，建设团结奋进的领导集体，持续引领和推动学院事业高质量发展，学院连续多年年度考核结果为“优秀”。

二是以压实工作责任为抓手，全面加强政治监督。制定《理学院党委全面从严治党主体责任清单》《理学院 2022 年党风廉政建设工作要点》，召开全面从严治党工作会议，落实研究生招生考试全过程监督，压紧压实党委主体责任、基层党组织书记第一责任人责任和班子成员“一岗双责”。不断完善意识形态、网络安全、评奖评优、教材管理等工作的政治把关规章制度，成立专项工作领导小组，健全工作体系，明确工作流程和岗位责任，确保落实到人。

多层面多形式的大学生思想政治教育工作

三是以加强思想政治工作顶层设计为抓手，推动大学生思想政治工作走深走实。建立健全党委统一领导，党政班子带头、专业教师跟进、辅导员主抓、党委党校专题培训、学生党支部引领、分团委促进的各方面齐抓共管、协调配合的大思政工作格局，将“三全育人”贯穿办学治院全过程。党校针对大一新生、入党积极分子、预备党员、正式党员和党员骨干分类开展“信仰启航”“信仰领航”“信仰引航”系列思想教育活动。

二、强化党支部“三化建设”，落实立德树人根本任务

理学院党委牢固树立“党的一切工作到支部”鲜明导向，不断完善党支部“三化建设”工作体系：以党支部“四标准四规范”的标准化规范化建设，夯实基层党建基础，以结合党支部特点的“四维度”创新党建新载体特色化建设，激发基层党建新活力，通过压实基层党建责任“四条路径”，实现党支部标准化规范化和特色化建设，形成党支部建设百家争鸣的“对标争先”新局面，落实立德树人根本任务。

一是强化党支部“四标准四规范”建设，夯实基层党建基础。理学院党委以《中国共产党章程》《中国共产党普通高等学校基层组织工作条例》为遵循，以落实新时代党的建设总要求和新时代党的组织路线为目标，不断探索实践以组织设置科学合理、支委选优配齐、支委培训系统经常、领导保障有力，组织生活严肃规范、制度执行严格规范、发展党员严谨规范、工作记录完备规范为主要内容的党支部“四标准四规范”建设，夯实基层党建基础，逐步缩小各支部建设发展不平衡的差距，向党支部建设全面进步全面过硬迈进。

二是强化党支部“四维度”特色化建设，激发基层党建新活力。在特色化建设探索中，各党支部结合各自专业知识、具备的先进软硬件条件，以更高质量地服务人才培养、服务社会为目的，充分挖掘结合点打造党建新载体，加强支部特色化建设，激发基层党建新活力。指导物理系党支部将党建工作与人才培养深度融合，利用物理实验教学中心 VR 教室建成了“VR 党员教育示范基

学生党员和新生体验“红色 VR 党课”

地”，目前共服务170余个支部、2400余人参观学习“红色VR党课”，“创新红色VR党课，筑牢初心使命理想信念”建设经验获评“辽宁省高校党的基层组织建设创新案例一等奖”。

三是压实基层党建责任“四条路径”，实现党支部“三化建设”。学院党委根据党支部“四标准四规范”建设内容体系，制定《理学院党支部标准化规范化建设工作方案》，印制《理学院党支部标准化规范化建设工作手册》，供各党支部平时对照党支部标准化规范化建设要求逐项填写和进行自检自查。样板支部对创建工作梳理、总结、凝练和提升后，形成可复制的创建经验，在学院内部进行广泛交流学习，引导和带动其他党支部加强“三化建设”。学院党委坚持党支部书记例会和党支部书记年度述职评议考核等制度，压紧压实党组织书记抓基层党建责任制。学院党委通过上述党支部自检自查、学院党委监督检查、样板支部引领带动、抓实党建责任制“四条路径”、压紧压实党支部“三化建设”，推动党支部党建和事业高质量发展相融共进。

着力加强党支部标准化规范化建设

三、强化党委品牌活动建设，实现“一融双高”新突破

理学院党委紧紧围绕学校理科公共基础课教学任务，将“牢记教书育人使命，打造新时代高素质教师队伍”作为学院党建工作重点，建立健全人才引进、师德培育涵养、课程思政教育教学改革“三位一体”的高素质教师队伍建设体系，努力实现“一融双高”新突破。

一是严把人才引进思想政治关。出台《理学院引进人才政治把关工作实施细则》，成立引进人才政治把关工作小组。通过拟引进人才陈述、专家推荐信、访谈知情人、网络信息调查、专题谈话等五个环节，重点考察拟引进人才的政治表现、政治立场、政治态度、理想信念和思想品德等方面的表现情况，对政治上有相关问题的人员实行“一票否决”，2022 年引进教师 17 人，其中教授 4 人、副教授 7 人、讲师 6 人。从师资源头上把好为党育人、为国育才关。

二是强化师德培育涵养。院系两级党组织充分发挥师德培育涵养主体责任，围绕习近平总书记关于“四有好老师”“四个引路人”“四个相统一”等重要论述加强师德教育顶层设计，以“三会一课”、主题党日、教职工双周政治学习等为载体，开展了丰富多彩的学习教育。在各类表彰中，将师德师风作为首要条件，充分发挥师德先进典型的示范引领作用。发挥学院纪检队伍作用，广泛开展师德师风警示案例学习教育和常态化监督检查。学院教师优良师德师风为实现教书育人打下了坚实基础。

三是党政协同联动推动课程思政教育教学改革。学院成立了由党政负责人任组长、党委委员和教学指导委员会委员为成员的课程思政教育教学改革工作领导小组，统筹规划和合力推动学院课程思政建设工作。学院每年都进行课程思政教育教学改革立项工作，重点给予资金支持，引导鼓励和支持教师进行课程思政教育教学改革研究。目前，学院共建有校级课程思政示范课 21 门、校级课程思政示范专业 3 个、院级课程思政示范课 33 门，教师队伍的“主力军”都投入到课程建设“主战场”，充分发挥课程立德树人主渠道作用。

理学院师德师风建设

征程万里风正劲，重任千钧再出发。在推进强国建设、民族复兴新征程上，理学院党委将继续全面贯彻新时代党的建设总要求和新时代党的组织路线，锚定“五个到位”扎实推进党组织建设，不断取得“一融双高”新突破。

（执笔人：吴政新、李春梅）

以党建引领专业建设
融合特色　统筹推进支部建设

文法学院城乡公共治理研究所党支部

高校党支部是党组织系统的基本细胞，是贯彻党的教育方针的重要战斗堡垒。文法学院城乡公共治理研究所党支部是首批“全省党建工作样板支部”，多年来，一直以提升组织力为重点，突出政治功能，规范党支部建设各项工作。党支部深入学习贯彻党的二十大精神，抓住专业特色，以特色工作带动党建创新，以党建引领特色专业建设，融合特色、统筹推进，形成聚合效应，积极发挥样板党支部的带头示范作用。

一、落实“七个有力”标准

一是党员教育制度化。严格落实“三会一课”制度，通过线上线下多种途径开展“两学一做”学习教育。不断结合社会热点与支部实际工作开展主题鲜明的党日活动。

二是党员管理规范化。严格落实各项党员管理规定，实施“党员活动积分制”，使党员在教学及科研工作中能够亮出党员身份、争做表率。提高党员发展质量，近两年来共培养入党积极分子 4 人。

三是党员监督常态化。教育引导党员遵守党章党规党纪，遵守教师职业道德规范。积极落实谈心谈话制度，开展组织生活会和民主评议党员活动，每年年末向文法学院分党委报告支部工作，支部书记定期在支部党员大会上向支部党员报告工作情况。

四是党员组织实效化。支部利用各种平台组织党员学习习近平新时代中国特色社会主义思想，组织党员学习《中国共产党章程》《中国共产党支部工作条例（试行）》等制度规范，及时学习传达上级党组织的决议，做到组织党员有力。

五是宣传阵地多样化。落实立德树人根本任务，不断提高人才培养质量，在课堂教学等活动中能够坚持正确的政治立场，充分利用校院官网和“阳光文法党建”微信公众号宣传支部主要活动，发挥示范带动作用。

六是凝聚共识深入化。通过各种党课活动，不断凝聚支部党员共识，突出高校教师党支部专业特点，积极挖掘提炼各门课程中蕴含的思想政治教育元素，发挥“课程思政”育人功能，能够把思想价值引领嵌入到教学和科研工作中。

七是党员服务人性化。推进“阳光人才”计划，激励青年党员发展。通过组织参加文法学院“阳光讲坛”等讲座，提升支部党员综合素质。积极营造“透明、温暖、和谐、健康”的组织文化，支部多次组织开展关心关爱生病及退休党员活动。

多种活动促进支部组织建设

二、融合特色、统筹推进支部建设

城乡公共治理研究所党支部结合自身专业特色，发挥高校党支部的智力优势，在学校党委和学院党委的支持下，努力将支部党建与人才培养、科学研究、社会服务、校府合作工作相结合。

一是将支部建设与人才培养相融合。落实“本科生班级导师制”和“本科生全程导师制”，积极参与学生每月的特色“主题团日”活动，积极引导学生“跟党走、听党话”。鼓励学生参与课题研究、社会实践调研和社会志愿服务活动。完成省级、校级教改项目多项，教材建设多部，建设“社区治理”等国家一流本科课程 3 门，建设“国际关系学”等校级慕课多门，2021 年获评校级课程思政示范专业。

二是支部建设与科研工作相融合。党支部主要学术方向为社区治理，支部党员围绕专业特色，积极开展相关科学研究。支部党员发表高水平论文 20 多篇，2020 年获批国家社科基金项目 3 项，完成省部级项目 30 多项，出版专著 2 部。积极参与完成中组部和省部级社区党建课题多项。支部多年来不断尝试将支部建设与科研工作相结合，将支部建设与团队建设相结合，努力实现找真问题、促真协同、推真创新。

三是支部建设与校府合作相融合。积极与政府部门开展合作，参与沈阳市沈河区“两邻”创建指导和验收工作。完成委托的社区党建与社区治理课题多项，并建立了良好的校府合作关系，积极投身社区治理的经验总结及科学研究工作，发挥了智库作用。

四是支部建设与社会服务相结合。支部成员积极参与校内理论宣讲和扶贫工作，坚持送教下乡，定期为东北大学定点扶贫单位云南省昌宁县送教。支部成员还发挥自身专业优势，深入基层社区进行走访、调研，送教到基层，向基层普及党和国家最新的社会治理精神，助力基层社区治理创新，将学问书写在祖国的大地上。

支部成员积极参与社区调研、社区服务活动

三、彰显特色，打造支部活动品牌

一是以校史话剧《离离原上草》为载体，创新支部文化教育活动品牌。由支部党员作为主创的《离离原上草》取材自东北大学近百年的沧桑历史，获得了多项思想政治教育奖项。话剧把国家建设与民族和个人命运相结合，将党风政风、师德师风、家风学风相结合，以话剧艺术独特的育人优势，让受众在欣赏话剧的过程中与人物产生共情，在潜移默化中实现身份认同，并不自觉地将自身置于人物的场景中引发思考，从而加深对先辈们崇高信仰的崇敬，获得强大的精神力量。几年来，主创团队不断打磨剧本、台词和舞台效果，演出十余场，观看人数上万人次，成为东北大学的特色文化品牌。

二是以辽宁社区工作者学院为平台，打造支部党员教育服务活动品牌。发挥支部党员专业优势，积极参与辽宁社区工作者学院建设，完成全国党员示范基地的党员示范班的培训任务多期，完成辽宁省内社区党组织书记、副书记班和工作者班数十个班次。辽宁社区工作者学院充分发挥阵地作用，成为锻炼党性的熔炉、提升能力的阵地、社区党员干部成长成才的摇篮。支部成员在授课的过程中与培训学员教学相长，既对党的方针路线进行宣传教育，同时也不断提高自己的党性修养。

三是以东北大学城乡社区研究院为舞台，形成支部智库服务品牌。支部党员以民政部研究基地——东北大学城乡社区建设研究院为主要研究平台，充分整合校内外优质学术资源，以社区治理理论和实践创新作为研究特色，在社区治理研究领域取得了丰硕的理论成果，并运用于社区治理的实际工作中，产生良好的社会效益。

（执笔人：赵晶）

锻造学理论悟思想育新人的样板党支部

马克思主义学院马克思主义中国化研究所党支部

马克思主义学院马克思主义中国化研究所党支部始终坚持以习近平新时代中国特色社会主义思想为指导，将党建工作与落实高校立德树人根本任务有机结合，助力学校“双一流”建设。党支部着力把教师党支部队伍建设成为新时代高校党建与业务双融合、双促进的中坚骨干力量，在思政育人、理论研究、队伍成长、社会服务等方面取得显著成效，为推进学校事业高质量发展提供坚强组织保证。党支部先后被评为辽宁省样板党支部、辽宁省高等学校先进党组织、辽宁省高校“红旗党支部”。

党支部近五年来获得的主要荣誉称号

一、课程改革稳中有进，思政育人成效显著

作为从事马克思主义理论学科建设和思想政治理论课教育的教学科研基层组织，党支部全面贯彻党的教育方针，落实立德树人根本任务。党支部积极推动课程教学改革，系统谋划思政课改革路径，加强思政课建设、提高人才培养质量。

一是丰富课程资源，赓续红色血脉。2022 年 8 月，党支部承办学习习近平总书记在辽宁考察时的重要讲话精神暨辽宁省高校“习近平新时代中国特色社会主义思想概论”课集体备课会。党支部引领的教学科研团队在辽宁省率先实现全校开设“习近平新时代中国特色社会主义思想概论”课，邀请全国劳动模范、党的二十大代表等思政课特聘教授走进思政课课堂，为学生讲授“大思政课”，支部有 2 人主讲的课程获评沈阳市“党史教育示范课”；全面构筑“问题开启、目标导向、经典品读、学理优先、实践育人”的思政教学模式，教学团队连续两次入选东北大学优秀本科教学团队。二是建设示范课程，实现育人目标。支部成员获批全国高校思政课名师工作室、高校思想政治教育改革创新研究院、辽宁省高校思政课名师工作室。支部成员荣获全国教学展示活动特等奖，同时党支部有 4 人主讲的课程入选东北大学“课程思政”校级示范课程，4 人被评为东北大学青年岗位能手，3 人获得东北大学“江河奖教金”，3 人被评为东北大学“我最喜爱的老师”“研究生心目中的好导师”。三是坚守立德树人，全力打造思政“金课”。党支部按照新时代思政课改革创新的要求，扎实推进思政课特聘教授进课堂制度，充分发挥榜样引领示范作用，增强思政课的思想性、理论性和亲和力、针对性，全力打造学生终生受益的思政“金课”，支部教师承担的“毛泽东思想和中国特色社会主义理论体系概论”课程入选第二批国家级一流本科课程。

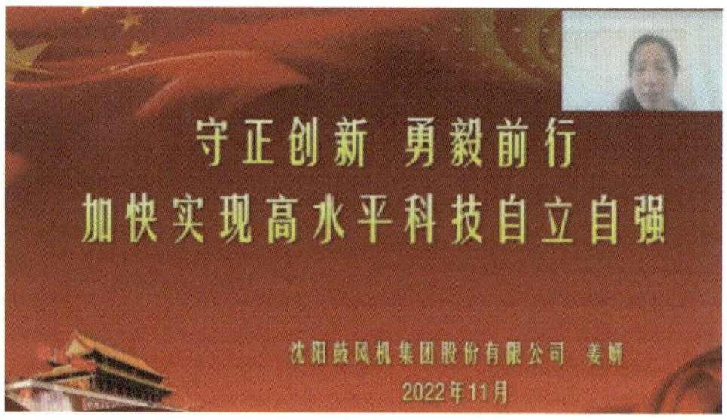

思政课特聘教授进课堂

二、坚持党建引领业务，深耕理论成果显著

马克思主义中国化研究所党支部始终坚持党的创新理论与思政课教学改革同步推进，坚持学理探究与实践升华同步推进，坚持科研兴校、科研兴教，以研促教。

一是以提升组织力为重点，突出政治功能。党支部大力推进标准化规范化建设，推动党支部和党员队伍建设整体再巩固、再加强，锻造一支立场坚定、教学精湛、求实创新的新时代铸魂育人的党员队伍。二是深耕理论沃土，融合推动创新。近 5 年来，支部党员曾先后在《中国社会科学》《马克思主义研究》《思想理论教育导刊》《新华文摘》《人民日报》《光明日报》等发表文章 100 余篇，CSSCI 论文 50 余篇，SSCI 论文 3 篇，支部党员曾受邀参加中国共产党成立 100 周年庆祝大会及理论研讨会。先后获批国家社会科学基金重大项目 1 项、国家社会科学基金重点项目 1 项和青年项目 2 项、思政专项 1 项，荣获省部级哲学社会科学研究优秀成果一、二、三等奖近 10 项。三是充分发挥理论创新优势，积极开展理论宣讲。党支部成员中有 4 人入选东北大学学习宣传贯彻党的二十大精神宣讲团和学习贯彻习近平新时代中国特色社会主义思想主题教育宣讲团，围绕学习贯彻习近平新时代中国特色社会主义思想和党的二十大精神等主题，先后到政府机关、高校、企业、乡村开展理论宣讲 100 余场。支部成员所作的《小康梦、强国梦、中国梦，归根到底是老百姓的“幸福梦”——学习领会习近平总书记在辽宁考察时的重要讲话精神》理论宣讲报告入选中宣部 2022 年基层理论宣讲“优秀理论

支部党员受邀参加中国共产党成立 100 周年庆祝大会及理论研讨会

宣讲报告”，并获评中宣部全国基层理论宣讲先进个人，先后被“学习强国”、《中国教育报》、光明网等多家主流媒体宣传与报道。

支部 3 名教师党员作为主讲人参加“讲述・东大人的故事”典型推介会

三、增强创新创造能力，队伍建设成效显著

党支部始终提高政治站位，坚守为党育人、为国育才使命，注重加强人才队伍建设。加大全国领军人才的培养力度，全力培养教学科研骨干，支持访学进修，下大力气全面提升支部教师业务能力。

一是坚持守正创新，建设高素质专业化创新型教师队伍。支部 1 人入选教育部高等学校思想政治理论课教育教学指导委员会“习近平新时代中国特色社会主义思想概论”课教学指导委员会委员；1 人获评中宣部基层理论宣讲先进个人；2 人入选国家级项目人才称号；1 人获得宝钢优秀教师特等奖。二是坚持科学规划，促进教师全面个性化发展。支部 2 人获得“辽宁省五一劳动奖章”，3 人入选辽宁省思想政治理论课中青年骨干教师，1 人获评“辽宁最美青年”，2 人获得“辽宁省向上向善好青年”荣誉称号。三是聚焦党建业务双提升，增强队伍核心竞争力。党支部注重优秀人才队伍建设，通过完善人才机制，增强创新人才队伍的活力；通过优化人才环境，凝聚创新人才队伍的智慧；通过更新目标激励，增强创新人才队伍的动力，队伍建设效果显著。党支部坚持以党建为引领、以创新为核心、以问题为导向，努力做好新时代理论宣讲工作，让党的创新理论飞入寻常百姓家，为实现社会主义现代化和中华民族伟大复兴提供强大的精神动力和智力支持。

（执笔人：张志元）

发挥外语专业优势 精准打造样板支部

外国语学院大学英语教研一部党支部

外国语学院大学英语教研一部党支部按照“七个有力”标准加强党支部建设各项工作，以“基础工作规范化，特色工作高质化”为建设思路，不断提升支部的组织力、凝聚力和战斗力。

一、扎实推进支部工作规范化，夯实党建工作基础

大学英语教研一部党支部对照东北大学教师党支部规范化建设指南，基于“三定”“四有四落实”完善各项工作制度，有计划、有步骤、有重点地开展党员教育管理，做到年初有计划，年中有检查，年末有总结，各项活动有记录，确保党建工作的规范化、科学化。认真落实“三会一课”制度，严格按照党章的要求，定期召开支部党员大会、党支部委员会议，党支部书记、副书记定期上党课，积极推进“两学一做”学习教育常态化制度化，突出政治学习和党性锻炼，坚定中国特色社会主义道路自信、理论自信、制度自信、文化自信。积极为支部书记及支委委员提供学习培训机会，有力促进支部党建工作水平提升，按年度组织党员参加集中学习培训，学习时长超过标准。通过组织生活会和民主评议党员制度，开展批评与自我批评，认真查摆和解决问题，坚持谈话提醒制度，教育引导教师党员遵守教师职业道德规范、践行学术道德、严守纪律底线。落实谈心谈话制度，党支部书记、副书记、委员、党员之间进行立体化全覆盖谈话，其中书记与其他党员同志谈心谈话年均超过 15 次。相对固定

每月的第一个周三开展主题党日活动，组织党员集中学习、过组织生活、进行民主议事、开展志愿服务等活动。重要事务及时对外公布，征求意见，接受广大党员、群众的监督，切实推进党支部党务工作的透明度和党建工作水平提升。

定期认真组织召开支部党员大会、党支部委员会议

二、切实找准支部工作切入口，打造特色活动

在国际坐标上，如何以最基本、最深沉、最持久的力量来传播中国声音，讲好中国故事，阐释中国特色，是大学英语教研一部党支部所关注的焦点之一。党支部充分发挥外语人的专业优势，有针对性、创造性地解决师生普遍关注的重点、难点问题，并围绕该主题认真谋划、布置和实施，定期监控进度和效果。在特色支部创建、“1+1”活动示范性党支部建设等工作中，不断打造支部党建工作的“独特品牌”，提高支部党建活动的效果。建设工作突出师生主体地位，强化师生为本理念，激发学生的语言学习动机，并通过老师的反馈建议来调整自身的学习策略，从而提升他们外语的综合运用水平；帮助师生基于

双语传承中华优秀传统文化，提升语言表达和翻译能力，在深入学习过程中感受中国立场、中国智慧和中国价值，提升文化身份意识。

三、重点聚焦育人总目标，激发组织活力

党支部结合党的政策方针、结合当下时事热点、结合教师切身需要开展工作，教育引导教师党员努力成为“四有好老师”“四个引路人”“四个相统一”的表率。大力加强师风师德建设，把思想价值引领贯穿于支部党员教学改革、科研立项等工作全流程中。教育引导师生在课堂教学、论坛讲座等活动中坚持正确的政治立场、政治方向、政治原则、政治道路，建设校院级优质精品课程，引导教师深入挖掘提炼课程教学内容中的思政元素，发挥“课程思政”育人功能，弘扬社会主义核心价值观，增强“立德树人”“育心铸才”的责任感和使命感，提升了思想引领和价值观塑造在教师教学科研中的实效性。

党支部团结带领广大教师落实立德树人根本任务，不断提高人才培养质量。依托团队合力，建设适应新时代英语学习需求的多维课程资源，编写本土化与国际化相结合的国家级规划教材，构建支持学生智慧学习的资源平台，自主建设大规模学习者语料库，为实施个性化、智能化的教学模式奠定了坚实的基础。通过构建深度融合新型教育理念和信息技术的大学英语智慧教学体系，满足学生的自主性、个性化需求，激发学习兴趣和热情，实现了从“考”生到“学”生的角色升级，实现学生从应试英语到交际能力的升级，提高了他们的外语综合运用能力、跨文化意识、思辨能力和创新能力。在过去几年里，东北大学学生获全国大学生英语竞赛决赛全国特等奖、一等奖的数量名列辽宁省高校前茅，在全国大学生科研英语演讲总决赛、全国英语创新挑战赛、全国大学生英语辩论赛、全国英语阅读写作大赛等比赛中也取得了历史性的突破。

四、全面构建教研共同体，助力教师能力提升

党支部以强化服务功能作为创新和改进工作的着眼点，以“落实人文关怀、服务教学科研”为宗旨，构建学术交流平台，把党支部建成党员之家、教师之家，提升归属感和获得感。通过构建“教师共同体”，提升教师的专业发

展、教学发展、个人发展、课程发展和组织发展，形成一支结构合理、教学和科研相结合的优秀教学团队；与支部青年教师就教学、科研、学科建设等开展交流讨论，促进青年教师能力提升。通过教学、教材和资源开发等一系列合作项目，建立课程团队、教学团队和科研共同体。近年来，支部党员先后获批国家社科基金项目、教育部人文社科基金项目、省社科基金重点和一般项目、全国高校教学科研项目重点课题等项目，发表数十篇核心或 CSSCI 期刊论文，出版国家级规划教材和学术专著 30 多部。大学英语教研一部有课程获评国家级、省级一流本科课程，国家级精品在线开放课程，并获得辽宁省本科教学成果奖；获评辽宁省劳动模范、辽宁省本科教学名师、沈阳市领军人才等。

“辽宁省样板支部”培育创建情况测评

大学英语教研一部党支部充分发挥专业优势，通过小而精的项目，找准党建工作切入点，以小见大，以点带面，打造支部特色，促进党建质量提升。聚焦育人使命，通过鲜活主题和事例，讲好中国故事，厚植家国情怀，提升育人实效。

（执笔人：王勃然）

强基固本 协同共建 彰显新时代青年新风尚

冶金学院学生工作办公室党支部

冶金学院学生工作办公室党支部坚持以立德树人为根本，以理想信念教育为核心，以社会主义核心价值观为引领，扎实推进“两学一做”学习教育常态化制度化。党支部立足理论水平提升、协同机制建设、实践教育引领等三方面内容，创新思政工作模式，全方位强化提升思政育人工作水平，进一步深化“三全育人”综合改革，彰显思政工作特色。

一、强基固本，练就思政工作硬本领

做实“三会一课”保质量。党支部深入贯彻落实“三会一课”制度，以党支部建设规范化推进“两学一做”学习教育常态化制度化，对标全省党建工作样板支部建设要求，每月进行工作总结并报送，每半年进行 1 次自检自查；支部严格规范主题党日制度、谈心谈话制度、民主评议党员制度，每周开展党日活动、每半年开展一次谈心谈话、每年底进行民主评议党员；党支部每学期向上级党组织报告 1 次工作，各项记录做到及时、真实、完整、规范。

做活学以致用促提升。以学促研讨，每周二上午，党支部组织召开学习研讨会，每周由一名辅导员对近期的学习成果进行交流分享，其中涌现出了《零基础学生干部的培养》《基于心理咨询视角的辅导员谈心谈话工作实效提升研究》《最熟悉的陌生人——大学生宿舍人际冲突个案研究》等优秀专题报告；以学促实践，党支部邀请校心理健康教育中心负责同志到支部开展心理健康教育案例讲座，解决辅导员工作中的实际困难，不断提升支部全体党员的心理健康教育水平和工作质量；以学促支部“六个一”工程顺利实施，即每人一个专业研究方向、每周一个专题讲座、每月一本好书、每季度一次座谈讨论、每学期一篇论文、每年一项课题。建设期内，党支部累计参加教育部、省、市等各级各类业务培训 100 余人次，撰写发表工作论文 30 余篇，申报省、市、校各级各类研究立项、课题 42 项，承担各类教育教学工作 49 人次。

抓牢思想引领厚情怀。组织支部全体党员先后到东北陆军讲武堂纪念馆、沈阳二战盟军战俘营旧址陈列馆、沈阳市劳动模范纪念馆参观学习，厚植了党员的爱国情怀；党支部“足迹”来到沈阳市玖伍文化城、东北大学 VR 党建活动室，红色文化的力量、身临其境的感受筑牢了党员的发展情怀；走进沈阳市儿童福利院、沈阳市启智幼儿园、东北大学社区，那充满期待的眼神、无私奉献的快乐诠释了党员的大爱情怀。几年来，冶金学院学生工作办公室党支部持续开展“党员足迹行”活动，不断把对党和人民的感情转化为爱岗敬业、服务师生的深深热忱和浓厚情怀。

二、协同共建，汇聚价值引领新活力

建好网络阵地强发声。顺应时代发展要求，冶金学院学生工作办公室党支部积极构建新媒体矩阵，支部党员联合学生党员骨干打造了一支思想过硬、技术过硬的“微队伍”，先后建立了“东大冶金”微信公众号等多个媒体平台，不断强化思想引领，扩大教育辐射面。截至目前，“东大冶金”微信平台发文数 3200 余篇，阅读量突破 100 万。通过新媒体平台的持续建设，党支部不断创新工作模式，进一步增强了思想政治教育工作的亲和力和针对性。

激活团队优势增效能。党支部率先在全校提出“团队班导师”育人举措，以更好地实现辅导员队伍和专业教师协同互补的育人模式，形成一年级班级由专任教师个人担任班导师，二、三、四年级班级由“研究所”集体担任班导师的育人工作格局。通过引入“阿里钉钉”平台对班导师工作进行考评，不断完善冶金学院特色班导师协同育人体系。党支部经常性组织召开班导师工作会议，加强辅导员与团队班导师的沟通，根据学生在不同阶段的不同特点，探讨富有层次、科学合理、针对性强的育人方式，营造“三全育人”的良好局面。

兼职辅导员工作交流分享会

选配典型引路壮队伍。党支部坚持本科生硕士生联合共建，首创“本硕学生党支部”与学院“兼职辅导员”工作模式。本硕学生党支部的建设解决了低年级本科生中没有党员的客观问题。兼职辅导员协助专职辅导员面向本科生开展日常教育管理工作，每名兼职辅导员对接 1~2 个本科生班级。四年中，共有 41 名优秀硕士生党员担任学院兼职辅导员，党支部实现了兼职辅导员队伍建设与本硕学生党支部建设、学生思想政治教育工作的有机结合，为本科生党建工作提供了有力保障，为学生更好地成长成才创造了有利条件。

三、注重实践，彰显新时代青年新风尚

打造品牌活动长才干。冶金学院学生工作办公室党支部组织学生党员骨干成立“红色梦想”社会实践团，利用四年时间先后到延安、井冈山、遵义、西柏坡等爱国主义教育基地进行实践学习。2019 年，“红色梦想”社会实践团再次启程，开启学习改革开放之旅。学习内容包括聆听《改革开放四十周年成就——深圳的改革与创新》报告等专题理论学习；前往珠江展览馆、深圳博物馆、前海展示厅、深圳东江纵队纪念馆、大包干纪念馆、沈浩同志先进事迹陈列馆等基地参观学习；开展寻访签订“大包干”协议的严立华老先生，聆听小

岗故事等调研实践学习。党支部全力打造“红色梦想”品牌育人活动，真正做到“把红色资源利用好，把红色传统发扬好，把红色基因传承好”，活动共收集个人学习汇报 18 篇，完成学习成果汇编 1 部。

“红色梦想”社会实践团开展实践学习

深化思想宣传聚力量。党支部组织学生党员骨干到国家博物馆参观“伟大的变革——庆祝改革开放 40 周年大型展览”，感受中国改革开放 40 年取得的伟大成就。党支部与学院关心下一代委员会联合组织学生干部骨干到抚顺雷锋纪念馆学习雷锋精神，传承共产党人“为人民服务”；到大梨树村学习毛丰美“干”字精神，教育学生脚踏实地，真抓实干；到平顶山惨案遗址纪念馆参观，告诫学生勿忘国耻，用自己的实际行动为祖国未来的建设添砖加瓦。党支部组织召开“‘冶金青年行’故事分享暨冶金学院实践育人总结大会”，扩大实践育人的教育引导与成效辐射范围，丰富实践育人模式。

推进“五育并举”树成效。党支部成员作为负责人建设的冶金学院“钢铁脊梁”学风涵养工作室入选中国科学技术协会 2022 年度学风传承行动项目立项名单；工作室组建“青・听”宣讲团，组织青年学生讲述靳树梁、邱竹贤、陆钟武等科学家的故事，制作的宣传片获得中国科协“风启学林”社区推送，浏览量近 4 万次。党支部成员申报的工作立项获批 2021 年度辽宁省社会科学规划基金项目（高校思政专项）。1 人获评“辽宁省高校优秀组织员”荣誉称号。

勇挑工作重任显担当。在校园新冠疫情防控工作中，党支部严格落实教育部和学校疫情防控工作部署，全员住校坚守，闻令而动，冲锋在前，用一桩桩实实在在的战“疫”行动诠释着属于他们的使命与担当。党支部利用“NEU职涯云课”“师说思语”等平台录制“基层就业的情怀与职业发展”等精品微课4门；发布《新型冠状病毒疫情防控指南》《致全院班长、团支书的倡议书》等系列专题教育推送40余篇；开展“研师讲坛”“云端自习室”“云端毕业启航典礼”等线上特色活动10余项。五级防控、问卷调查、问题台账，他们用爱与责任让这生硬的字符变得格外暖人；云端指导、网络家访、助困帮学，他们用网线搭起爱的桥梁；亦师亦友、浓情守护，98个班级、3682名学生的健康平安是他们感到最幸福的事情。

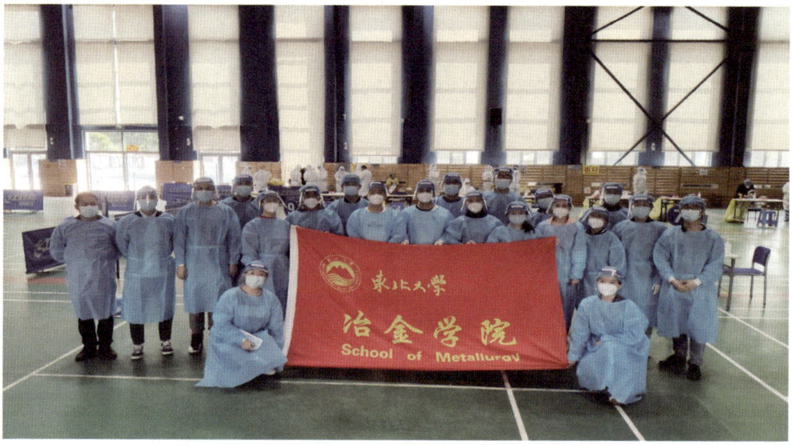

冶金学院学生工作办公室支部党员积极参加学校核酸检测志愿服务

总结过往，立足当下，东北大学冶金学院学生工作办公室党支部将认真贯彻落实党的二十大精神，不断探索总结，以党建带动育人，以党建促进育人，以党建强化育人，不断为培养中国特色社会主义合格建设者和可靠接班人贡献力量。

（执笔人：陈旭东、杜宇）

样板党建引燃高质量发展“红色引擎”

材料科学与工程学院本科生第一党支部

材料科学与工程学院本科生第一党支部以习近平新时代中国特色社会主义思想为指导，全面学习贯彻新时代党的建设总要求，以思想教育为主导、以组织建设为基础、以特色活动为重点，支部党建工作紧跟新时代、新思想，适应党建新常态、新要求，探索工作新模式、新机制。凝聚合力，创先争优，点燃“红色引擎”，赋能党建工作高质量发展；打造“战斗堡垒”，夯实党建工作基础。在学校和学院党委的全面领导下，材料科学与工程学院本科生第一党支部获评首批“辽宁省党建工作样板支部”“东北大学党建工作样板党支部”等荣誉称号。

一、以思想教育为主导，激活“红色基因”

材料科学与工程学院本科生第一党支部高度重视思想教育工作创新，把学习宣传贯彻习近平新时代中国特色社会主义思想作为首要政治任务，增强“四个意识”、坚定“四个自信”、做到“两个维护”，牢牢把握正确的政治方向，坚持多措并举、科学谋划、精心组织，深入开展学习贯彻习近平新时代中国特色社会主义思想主题教育，认真学习贯彻党的二十大精神，做到学深悟透、入脑入心。

一是用好用活“学习强国”平台。创新学习载体，依托“学习强国”平台，开展“线上＋线下”“个人＋支部”“支部＋全员”等多种学习模式，使学习教育形式“活”起来，学习教育质量“实”起来。“学习强国”挑战赛支部内参与度100%，以党员喜闻乐见的形式真正用好用活“学习强国”平台，将其作为提高政治理论水平、实现全面提升的重要途径，打造高水平理论学习新阵地。

二是打造品牌化“学习用典”微讲述。通过对习近平总书记系列重要讲话中引经据典的分享，既学习习近平新时代中国特色社会主义思想，又传承和弘扬中华优秀传统文化。截至2023年7月，已推送97期，累计阅读量、转发点赞量达10000余人次，材料科学与工程学院本科生第一党支部参与录制分享率达100%。在提升个人思想水平的同时有效发挥了新媒体的传播效应，增强思想政治教育的实效性、创新性、广泛性，推进“两学一做”学习教育常态化制度化。

三是搭建主题“红色”党课。为切实推动学习宣传贯彻党的二十大精神和学习贯彻习近平新时代中国特色社会主义思想主题教育，使青年紧紧跟随党的脚步，材料科学与工程学院本科生第一党支部组织动员党员、积极分子认真学习领会习近平总书记重要讲话精神，并秉承“走出去”“请进来”的理念，邀请知名学者、思政教育专家、全国劳模讲党课，提高思想认识和政治站位，确保党员理论武装取得扎实成效。

二、以思想教育为主导，打造“红色堡垒”

党员是党组织的生命力载体，党员队伍建设是党的建设的基础工程。材料科学与工程学院本科生第一党支部党建工作始终重视发挥学生党支部的“堡垒”作用、党员的“旗帜”作用和积极分子的“先锋”引领作用，切实夯实高举旗帜、听党指挥的思想根基。

一是细化优化党建工作机制。党支部建设以“1+5+6”工程为基础，组内实行“1+1+3”模式。“1+5+6”工程即一个支委会、五个事务小组和六个活动中心，“1+1+3”模式即组内设置一名党员组长，一名发展对象副组长和三名积极分子组员。年级横向建设，学院纵向培养，通过横向纵向相结合的工作模式，严抓基层党建创新，助力支部工作阶梯式、个性化开展，优势互补并极大提升低年级学生党员质量，打造一支创造力丰富、凝聚力牢固、战斗力持久的党员队伍。严格落实“三会一课”制度，实施量化考核，健全支部组织生活，严格党员管理，加强党员教育。

二是网格化推动学院党建管理工作。建立网格化管理体系，网格化管理与学生党建工作相结合，充分发挥学生党员在学校、学院疫情防控工作中的先锋作用，形成党组织与广大学生的桥梁纽带，实现更加立体、交互性更强的党建模式和管理模式。疫情期间，支部网格管理员及时跟进和掌握支部、班级同学动态，通过走访寝室谈心谈话、定期开展支部大会交流负责寝室情况等方式，线上线下相结合，做到全方位、无死角。网格负责人各司其职、综合监管，在学习、生活、科研等多方面发挥榜样引领作用，建立制度化、规范化、常态化的长效机制，加强整体联动，实现党建精细化。

“春晖”学生党员特色活动

三是“春晖”党员志愿服务队筑牢战斗堡垒。“红色青春行，大爱似春晖”，材料科学与工程学院于 2014 年成立“春晖”志愿服务队。在新冠疫情发生后，支部成员积极响应，参与到“春晖”党员志愿者抗疫突击队，投身于基层防疫志愿服务中，协助学校、学院掌握学生的动态，及时宣传防疫知识、提醒健康打卡，监督在校同学按时完成核酸检测，组织志愿者参与快件消杀工作，进行共享单车规范摆放、会议室清洁等工作，累计达600余人次，总志愿时长达3000小时。切实推进抗疫工作有效进行，为上万人的健康安全提供了保障，受到了高度赞扬和广泛好评。

三、以特色活动为重点，注入“红色能量”

材料科学与工程学院本科生第一党支部以“厚德为料，铸智成材”为目标，积极转变观念，变“管理”为“服务”，探索服务型学生党支部建设新路径，并围绕这一核心开展特色活动，助力校企合作，传播红色文化，传递奉献精神。

一是打造“红色梦想”实践团。“红色梦想”实践团自2014年成立以来，以重要时间点、重大事件、关键地点为线索，构建“党校+基地”党性教育培训新模式，充分整合党性教育基地红色文化资源，挖掘其中蕴含的教育价值和育人功能，打造党性教育特色品牌，形成“理论+实践”的立体化党员教育“红色矩阵”。实践团赴兰考、井冈山、延安等地沉浸式体验红色文化、镌刻红色基因、发扬红色精神。

二是扬帆远航“领航”计划精准扶困。材料科学与工程学院本科生第一党支部以“组织育人”为目标，以“领航计划”为依托，启动了学生党员“领航计划”精准扶困工程。采用“多对多”式引导、“多对一”式帮扶、“一对多”式传授等多种方式相结合的帮扶方式，力争做到精细识别、精心帮扶。截至2023年4月，“领航计划”技术导师团10余人，讲师团60余人，已举办学业帮扶类活动80余期，涉及高等数学、英语、大学物理、专业课、专题党课等10余门课程，不及格学生数明显减少，不及格率大幅降低，累计受众3000余人，受到同学广泛好评。

三是积极推动“高校与企业”“高校与地方”深度融合。积极组织支部成员参与社会实践团、“春晖”志愿服务队交流共建项目，赴上海、厦门、天津等地走访知名企业30余家。助力学院先后与多家企业达成人才培养意向及实习基地建设，与沈抚改革创新示范区李石街道第一书记党建联盟结对共建，在李石街道建立“春晖”党员志愿者服务基地。

“红色梦想”实践团特色活动

四是开设“红色讲坛”系列活动。制作《讲述东大故事》系列微视频，激励广大师生走进东大、感知东大、热爱东大；开展一二·九运动纪念活动等爱国主题教育，继承和发扬了革命先烈不怕牺牲、英勇斗争的精神和强烈的民族使命感、责任感。注重以文化人、以文育人，以优秀传统文化为切入点，积极开展“书香材料”“龙图腾”系列教育活动，举办“弘扬中华文化，传承民族精神”传统文化体验集市、文化讲座、传统文化讲堂等活动，助力学校、学院美育建设，落实“五育并举”。

浩渺行无极，扬帆但信风。材料科学与工程学院本科生第一党支部将持续深入学习贯彻党的二十大精神，探索样板党支部特色党建工作的有效路径，从筑牢思想教育、强化组织建设、打造特色活动三个维度，不断聚人、聚心、聚气、聚力，增强党支部的号召力、凝聚力、影响力，以样板党建引燃高质量发展“红色引擎”，以优异成绩迎接东北大学建校100周年。

（执笔人：商淼、董磊、王卓）

以支部党建促匠心教书育人

机械工程与自动化学院工程图学教学与研究中心党支部

机械工程与自动化学院工程图学教学与研究中心党支部始终坚持以习近平新时代中国特色社会主义思想为指导，坚持新时代党的建设总要求和新时代党的组织路线，支部紧紧围绕“立德树人，教书育人”的根本任务开展党建工作，突出基层支部的政治功能，促进基层工作的全面发展，提升教师的教学科研水平，以精湛的业务能力助力学校一流大学建设。

一、凝心聚力促发展，党建工作有特色

工程图学教学与研究中心党支部始终坚持“三会一课”制度，认真落实习近平总书记在全国教育大会上的重要讲话精神，学习贯彻党的二十大精神，积极交流心得体会，开展了以“立德树人，教书育人”为根本任务的党建工作，用特色党建提升教师的工作能力，为学校人才培养贡献力量。

党支部按期组织教师党员开展专题组织生活会和民主评议党员，通过专题活动提升党支部的组织力，强化党支部政治功能，查找和解决支部建设中存在的问题，严肃认真开展批评和自我批评，推进教师党员自查、相互检查，对照党章标准查找出自身不足，在后续学习中有针对性地改进和提高。定期召开支部支委会和党员大会，传达和学习上级党委的工作安排，落实工作实施方案。通过开展“大学习、大检查、大规范、大提升”活动，推动支部建设标准化、规范化。结合支部建设及支部所在基层学术组织的业务情况，开展“发挥教师

党员模范带头作用”“提升党员教师奉献精神层次”支部立项活动，以实际行动切实有效地贯彻“围绕中心抓党建，抓好党建促发展”的工作原则。在支部建设过程中，支部全体教师党员无论是思想觉悟还是实践水平均有大幅提升，支部也多次获学校、学院先进教职工党支部称号。

工程图学教学与研究中心党支部组织党员开展集中学习

二、课程思政进课堂，立德树人有方法

党支部牵头开展课程思政教学，把课程思政和教学有机融合。党支部所在的基层组织负责“画法几何及机械制图”“工程制图”等课程，这些课程是机械类和非机械类等工科专业大学生最先接触的重要基础课，在课程育人中具有先导性，对专业课程的学习效果有重要影响。支部通过开展课程思政建设，深度挖掘该课程自身所蕴含的思政教育元素，将思想政治教育融入课程教学全过程，在课堂教学中传播思想政治理论和道德价值观念，培养学生的责任感、使命感和良好的职业道德素养，帮助学生快速地适应大学生活，引导学生建立正确的人生观和世界观，支部教师承担的课程不仅具有传授专业知识、技能的作用，还具有价值引领的功能。

在党员的带动下，全体任课教师在教学过程严格遵守相关规定，使学生养成了遵守国家规章制度和行业规范的意识。由于本课程是实践性、实用性较强的课程，教师积极引导学生“每一次作业都仔细做好、每一张工程图都认真画好”，逐步培养起学生的工匠精神。实施课程思政过程中调整课程内容外延，将工程图学发展史、鲁班学艺、大国工匠、匠心筑梦等内容引入到课堂教学中，增强了学生文化自信、激发了爱国情怀。

支部教师党员为学生讲解重难点

三、无私奉献克时艰，网上教学有保证

疫情期间的网络授课给工程图学类的教学及实践环节提出了新的要求，党支部牵头教学团队积极研讨线上教学工具的使用方法，做好线上开课遇到各种问题的处理预案。经过支部多次组织的培训和讲解，所有教师都建立了针对自己所教课程的完备方案，线上教学效果得到了有力保证。

长期以来，支部党员作为骨干力量指导东北大学学生参加各种学科竞赛，由于疫情的影响，指导教师不能对学生进行面对面的指导，培训工作很难开展。党员教师不怕困难、甘于奉献，及时调整工作安排，坚持在线上对学生进行定期的跟踪和辅导，完成了参赛选手的网上培训和选拔，保证了大赛准备工作的顺利进行。支部党员教师指导学生竞赛获得国家一等奖 15 余项、二等奖 20 余项，省级一等奖 20 余项，全国大学生创新创业训练项目立项 7 项。

四、探索教学新方式，教书育人有匠心

支部教师党员代表李小号是东北大学优秀教职工共产党员、东北大学优秀教师、东北大学三育人先进个人、东北大学本科教学标兵，连续多年获东北大学“我最喜爱的老师”称号，教学方法和教学模式改革被中央电视台新闻频道新闻周刊栏目等多家国家级和省市级媒体深度报道。他将课堂全程讲授模式逐步改革转变为“引导＋研讨”模式，创新了教学方式，将学生熟悉的、感兴

趣的引导性内容进行融合讲授，根据知识点类型有意识地、主动地、恰当地设置相应的情景，激发学生的关注力与兴趣点，引导学生高质量完成课程学习。

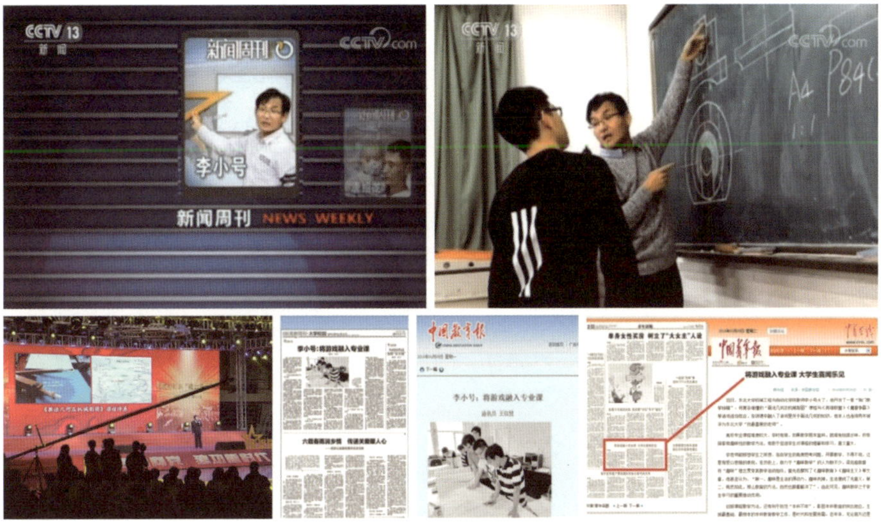

教师党员教学事迹被媒体广泛报道

在样板支部建设过程中，教师党员结合教学改革规划，组织主编了普通高等教育本科国家级规划教材，深耕教材内容，同时对教材内容进行拓展、补充、创新，引入启发式教学思想，转变教师“教教材”到学生“用教材”，强化学生持续学习能力的培育。

工程图学教学与研究中心党支部始终坚持教学改革和实践创新，深刻践行新时代对高校教师提出的新标准、新要求。担当时代重任，在今后的教学科研工作中，支部的全体党员教师将继续砥砺前行，磨砺匠心，教书育人，不负教师岗位的光荣使命。

（执笔人：李小号、赵薇）

创建"学—思—践—悟"模式 打造坚强有力战斗堡垒

计算机科学与工程学院计算中心党支部

计算机科学与工程学院计算中心党支部牢牢把握新时代党建要求，坚持以习近平新时代中国特色社会主义思想为指导，以创建"全省党建工作样板支部"为契机，以"立德树人，服务师生"为抓手，将支部党建工作与教学改革、人才培养、服务师生等工作深度融合，创建"学—思—践—悟"的支部党建模式，选准工作所需、党员所盼、群众所求、支部所能的结合点和突破口，全面提升党支部的党建质量和水平，增强育人力、凝聚向心力。

一、强化学是基础：筑牢思想根基，提升理论素质

计算中心党支部严格落实"三会一课"制度化，开展党课学习、主题党日活动、参观红色革命教育基地，集体学习、交流学习、"学习强国"等系列学习活动，持续推进"两学一做"学习教育常态化制度化，抓好习近平新时代中国特色社会主义思想的学习，引导党员读原著、学原文、悟原理，不断提高党员政治素质和理论水平。创建样板支部以来，支部请专家、名师、领导讲党课 5 次，支部书记上党课 7 次，召开支部大会 15 次、支委会 27 次。以主题党日形式组织参观东北抗联史馆、毛丰美纪念馆、辽阳雷锋纪念馆、丹东抗美援朝纪念馆。以党史、校史、安全生产为主题开展 4 次有奖知识答题活动；利用

"学习强国"平台在支部开展"比、学、赶、帮、超"的学习竞赛活动，营造比有对手、学有榜样、赶有方向、帮有伙伴、超有目标的浓厚学习氛围，进一步提高党员理论水平。各党小组根据小组特点分别侧重不同方向开展分组理论学习，着力推进理论、业务素养提升，教研室党小组重点围绕加强师德师风建设，改进教学方式方法，坚持教书育人等方面展开学习。机关党小组重点围绕加强作风建设、提高工作效率、坚持管理育人等方面展开学习。实践部党小组重点围绕强化业务能力、提高服务意识、坚持服务育人等方面展开学习，既做到了用党的思想进行统揽，又根据职能进行了末端细化。

计算中心党支部组织党员参观学习

二、强化思是关键：反省自身，塑造自我

在"学而思"中沉淀理念。计算中心党支部推进以"如我所思"为主题的自我剖析分享，围绕自身发展提升，进行深刻思考。党员从学习、思想、工作、生活等方面对自身进行更加深刻的思考与自省，使每名党员对自己在理论素养、专业水平、道德修养等方面的问题有清醒的认识，对自己的工作有准确

的定位。

党支部通过组织生活会，摆事实，讲道理，既要弄清问题，又要团结同志，把党支部组织生活会开得有态度、有温度、有深度，增强党支部组织生活的政治性、时代性、原则性、战斗性，营造风清气正的政治生态。坚持把纪律和规矩挺在前面，监督党员履行义务、遵规守纪及时到位，引导支部党员遵守教师职业规范、践行学术道德、严守纪律底线。针对党员反映的问题和提出的建议，逐一检查落实，提出改进措施和方向。

计算中心支部召开党员大会

三、强化践是目的：践行知行合一，践行服务能力

党支部践行使命、责任，以学校、学院创建一流大学与一流学科为目标，加强与各方的沟通、配合，坚持“凝聚人心、服务教研”的服务意识，通过丰富多彩的党支部活动，让党员与普通教师员工积极融入学院大家庭，构建和谐愉快的教学科研环境。党支部积极支持教师课程教学及研究工作，帮助教师建立教学、科研团队，开展教材建设，切实开展“3+X 计算机基础课程体系”

改革工作，提升教师教学科研工作水平。

校园疫情防控期间，党支部时刻坚持“人民至上，生命至上”的理念。通过各种方式和渠道把防疫政策、防疫通知及时、准确地传达到支部每名成员。支部党员积极参加所在社区、村屯防疫、防控志愿者行动，与当地防疫人员一起值班、巡逻，与全国人民一起风雨同舟、众志成城，构筑起疫情防控的坚固防线。

服务学生工作，支部教师党员积极响应学院号召担任各年级学生的班导师工作，从学习、思想、生活等方面提供帮助和指导，通过建立学生走访、谈心机制，引导学生树立正确的专业学习目标和正确的择业观；帮助学生规划升学深造和职业生涯。2020 年 6 月，在毕业生不能返校的情况下，支部党员参加为毕业生打包邮寄行李的“党员突击队”活动，克服气温高、劳动强度大等困难，积极发挥教师党员的带头作用，为学生提供细心、暖心、贴心的周到服务，让每一名学生都能满意、顺利、安全收到自己的行李物品，让毕业生感受到学校、学院的温暖。

四、强化悟是升华：领悟意义，立德树人

悟：一是对理论学习的“悟”；二是对自我反思的“悟”；三是对实践行动的“悟”。以“学—思—践—悟”的“四维”创建体系，开展样板支部建设，努力使支部党员做到学而思、思而践、践而悟，最终使支部党员养成理论学习成为一种思想自觉；反省自我成为一种品德修养、一种境界追求；践行立德树人成为一种自我提升。在样板支部创建的两年时间里，党支部教师先后获得国家级教学成果二等奖 1 项，辽宁省教学成果一等奖 3 项，东北大学教学成果二等奖 1 项，国家级精品在线课程 2 门，中国高校计算机教育 MOOC（慕课）联盟建设课程 2 门，东北大学校级慕课课程 2 门。支部教师所指导的学生获第四届全国高校云计算应用创新大赛二等奖 1 项，中国大学生计算机设计大赛三等奖 2 项。党支部 1 名教师党员被评为“辽宁省优秀教师”，先后有 11 人次被评为校级和院级“优秀共产党员”“优秀党务工作者”；计算中心党支部被评为学校特色党支部、学院先进党支部。

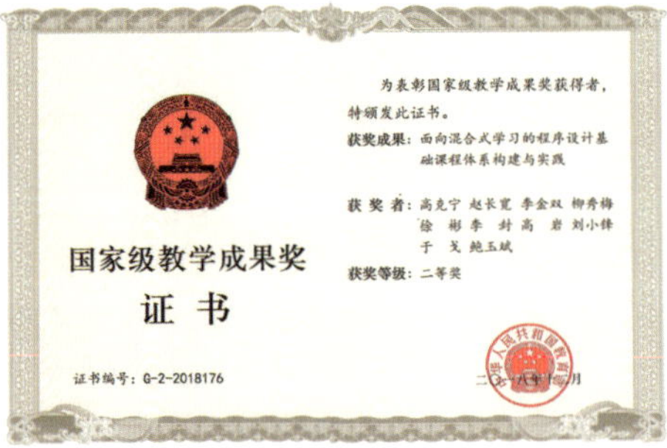

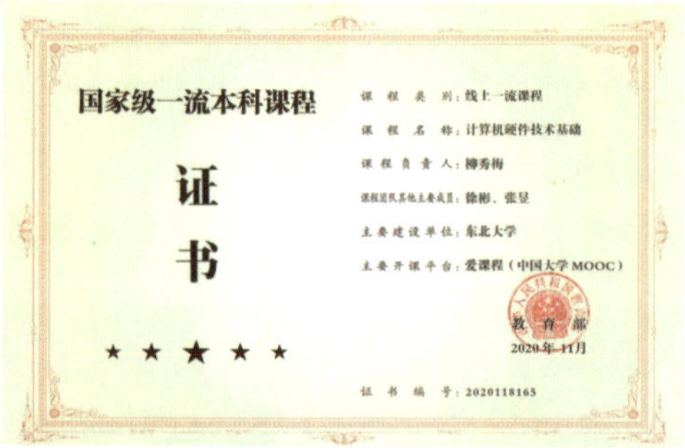

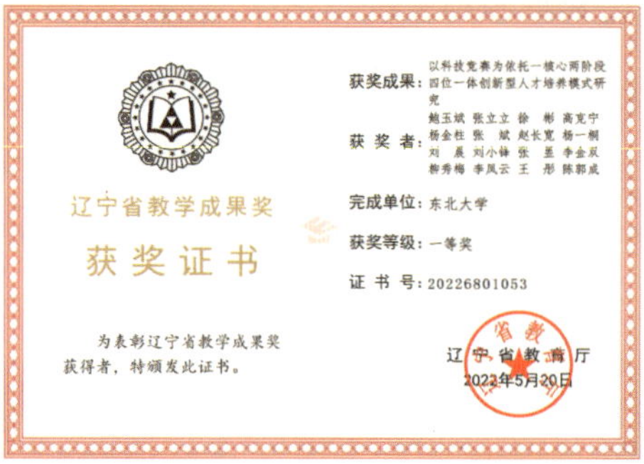

计算中心党支部多名教师党员获得省级以上荣誉奖项

面向东北大学建校 100 周年，计算中心党支部将继续增强党支部政治功能和组织功能，初心不改，奋勇前行，坚持以习近平新时代中国特色社会主义思想为指导，认真贯彻落实党的二十大精神，增强“四个意识”、坚定“四个自信”、做到“两个维护”，将党支部活动与学校、学院的实际工作相结合，进一步提升党建工作科学化、规范化水平，充分发挥党支部强有力的战斗堡垒作用，以优异成绩向东大百年校庆献礼。

（执笔人：林天亮）

“七个有力”促进党建与业务工作深度融合

软件学院学生办党支部

软件学院学生办党支部由基层一线辅导员队伍组成，自 2018 年入选首批“全省党建工作样板支部”培育创建单位以来，支部以“四个结合、三个提升、三个互相、三个聚焦、三个维度、三个结对、三有三找”为抓手，抓实“七个有力”建设，建立党建与业务工作深度融合机制，以党的建设统领中心工作，实现党建工作与业务工作“同频共振”，着力打造一支政治过硬、作风优良、业务精湛的辅导员队伍，为落实立德树人根本任务提供了坚实的队伍保障。

一、“四个结合”推进“教育党员有力”

软件学院学生办党支部形成“个人自学和集中学习相结合、线上学习与线下学习相结合、理论学习与实践活动相结合、研讨交流与学习分享相结合”的学习模式，开展阅读原著、专题党课、研讨交流、实践活动等一系列活动。

支部组织党员参加中央宣讲团成员、教育部党组书记、部长怀进鹏所作党的二十大精神报告会，参加学校领导讲授的二十大精神报告会，参加“钟南山院士——新冠疫情动态及应对”全国高校抗疫大讲堂，组织党员赴首都博物馆参观“伟大征程——庆祝中国共产党成立 100 周年特展”，进行党史学习教育。

赴首都博物馆参观“伟大征程——庆祝中国共产党成立 100 周年特展”

二、“三个提升”推进“管理党员有力”

软件学院学生办党支部着力推进党员“思想政治素质提升、职业能力素质提升、工作创新素质提升”的管理模式，引导党员把个人理想、育人工作和教育事业紧密联系在一起。

支部建立“辅导员主题”论坛，学习习近平新时代中国特色社会主义思想。邀请全国高校辅导员年度人物讲授“如何做好辅导员工作”，组织党员聆听专家学者作主题报告。实施辅导员“五个一”工程，即辅导员每年与全体学生谈心一次、每学期将学生全部课程查课一遍、每月深入全部学生寝室一次、每年

邀请全国高校辅导员年度人物讲授党课

参与一项课题研究、每年撰写一篇工作论文。

三、“三个互相”推进“监督党员有力”

软件学院学生办党支部着力推进“互相监督、互相指导、互相提高”的监督机制，严格用党章党规党纪规范党员行为，教育引导党员遵守教师职业道德规范，严守纪律底线。

支部为每名党员设立“党员示范岗”，亮出党员身份，接受师生监督。召开以问题为导向的专题组织生活会，开展民主评议党员，深入开展批评与自我批评。支部书记讲授“不忘初心、牢记使命，做延安精神新时代的传承人”“新时代教师职业行为十项准则”“深刻领会中国式现代化的中国特色和本质要求”主题党课。

软件学院学生办党支部召开组织生活会

四、“三个聚焦”推进“组织师生有力”

软件学院学生办党支部聚焦党建品牌活动与育人工作的协同配合、聚焦网上思政教育与网下思政教育协同配合、聚焦校内思政队伍和校外思政队伍协同配合，不断凝聚全方位育人的合力。

支部紧紧围绕立德树人根本任务，扎实推进学生知行社区“一站式”建设，形成全员全过程全方位育人格局。打造党团共建工程、“讲述软件人的故事”青春故事会、“SWC HOPE 能量站”、学生创新创业成果体验中心等思政教育平台，构建班导师、辅导员校内思政队伍，构建优秀校友、优秀企业人士、学生家长校外思政队伍。

“讲述软件人的故事”青春故事会

五、“三个维度”推进“宣传师生有力”

软件学院学生办党支部分“全体学生维度、学生党员维度、青年团员维度”宣传习近平新时代中国特色社会主义思想，引导广大学生在学习生活中更好地培育和践行社会主义核心价值观。

支部开展“为梦想领跑——先进事迹报告团”“院长报告会”“入党启蒙教育”“名家讲坛”“优秀辅导员讲师团巡讲”等活动，受众学生 7000 余人次。组织学生党员、发展对象、入党积极分子赴辽沈战役纪念馆、雷锋纪念馆等参观学习，受众学生 3000 余人次。实施以“青年马克思主义者培养工程”为龙头的“知行”团校英才培养计划，推行“党员进团日”主题党日活动，受众学生 4000 余人次。

六、“三个结对”推进“凝聚师生有力”

支部党员与学生党员结对子、与特殊班级结对子、与学生团队结对子，通过课程讲座、主题沙龙、谈心谈话、社会实践、志愿服务等多种途径与学生交流互动，增强思想引领和价值观塑造的实效性。

支部制作《党员帮扶任务清单》，拟定帮扶措施、帮扶时限、预期效果，开展班集体建设立项“五育”工程。构建“3+4”社会实践与志愿服务育人模式，建立“分阶段实施、分类别立项、分层级指导”的社会实践和志愿服务工作体系，形成贯穿全年的“暑期＋日常＋寒假＋专项”的实践育人工作格局。

七、“三有三找”推进“服务师生有力”

党支部积极推进“有建议找支部、有困难找支部、有问题找党员”的帮扶模式，把解决思想问题和解决实际问题相结合，常态化做好联系、服务师生工作。

党支部以学生思想动态座谈会、走访寝室、辅导员谈心谈话、网络媒体调查等形式，围绕学生成长成才需求，深入了解学生的思想状况。支部积极推动学校各方资源为患病学生募捐，共募捐50余万元，并多次到医院进行探望。打造以服务学生为内核的“学生之声”生态圈，开通“学生之声”信箱，举行学生接待日活动，听取学生对学院工作的意见和建议。

软件学院学生办党支部组织开展学生接待日

（执笔人：李奇）

打造新时代基层党建示范基地
推动专业技能培养与劳动育人有机结合

生命科学与健康学院生物技术研究所党支部

东北大学“环保酵素生态园”占地3亩，是生命科学与健康学院生物技术研究所党支部获批辽宁省首批“党建工作样板支部”和东北大学党建工作样板支部的重点建设内容，被列为“东北大学新时代劳动教育实践基地”暨“东北大学全国党建工作示范高校劳动教育示范点”。自2018年开始建设以来，从原有的一片荒地建设成了可以种植和丰收的生态园。环保酵素生态园在运行过程中，完全遵循生态环保理念进行运营，用环保酵素浇灌土壤。棚外种植了黄瓜、丝瓜、芸豆、豇豆、辣椒、茄子、秋葵、小白菜等十几种有机蔬菜和葡萄，每年都喜获丰收；大棚内全部为草莓。

“环保酵素生态园”在建设过程中，定期组织学生参与到生态园的各种劳动实践、蔬菜或农作物的种植过程，以及丰收采摘活动中。每次活动吸引院内外学生广泛参与。每次义务劳动实践日的报名和劳动现场都很火爆，学生们的劳动热情非常高，在劳动中切身感受到“劳动最光荣、劳动最崇高、劳动最伟大、劳动最美丽”。

一、主要做法

“环保酵素生态园”丰收采摘日。2018—2021年“环保酵素生态园”种植的有机蔬菜、葡萄和草莓获得了全面的丰收。为了让师生们体验收获的快乐，支部定期组织丰收采摘日活动。每次活动采摘现场氛围都十分热烈，活动也吸引了浑南校区很多其他学院师生员工，烈日高照，却没有阻挡大家采摘的热情。“环保酵素生态园”的建设既惠及了师生员工又美化了校园环境，对浑南校区环境建设起到了积极促进作用。同时也丰富了师生们的业余生活，更增强了广大教职工的爱校情怀以及凝聚力和集体荣誉感。党员们更是身体力行地参与到活动中来，用自己的行动践行环保的理念，树立用“劳动托起中国梦”的强大正能量来建设“美丽中国”的信心和决心。

学生参加“环保酵素生态园”丰收采摘日活动

参加“环保酵素生态园”义务劳动学生合影

“环保酵素生态园”义务劳动实践日。定期组织学生参与到生态园的建设和蔬菜或农作物的种植过程中，以义务劳动的形式招募学生志愿者。活动形式在培养学生专业意识和素养的同时，也贯彻了习近平总书记对广大青少年寄予的殷切期待："要通过各种措施和方式，教育引导广大青少年牢固树立热爱劳动的思想、牢固养成热爱劳动的习惯，为祖国发展培养一代又一代勤于劳动、善于劳动的高素质劳动者"。广大学生在参与的过程中能将所学专业知识应用到实践中来，也能切身感受到"建设美丽中国"的意义所在。

增加生物工程专业本科生实验教学内容。在生物工程专业本科生的"普通生物学"等实验课程中，增设制作环保酵素的内容，不但丰富了课堂教学形式，提高了动手实践能力，也调动了学生们参与课程实验、为环境保护作贡献的积极性。

学生与自己制作的环保酵素合影

作为学生毕业论文课题和创新实验项目开展科学研究。在指导本科生和研究生毕业论文选题、国家大学生创新实验项目立项过程中，把"环保酵素对土壤的改良作用及菌群响应特征的研究""环保酵素对植物生长的影响及分子生物学机制研究""不同植物环保酵素主要活性成分分析"等作为学生毕业论文题目开展探索性研究，为环保酵素更好地应用于农业生产实践提供重要的理论依据。

为全校通识选修课提供课外实践基地。"环保酵素生态园"也是生物工程专业为全校学生开设的一门通识性选修课"植物的诉说"进行课外实践活动的基地。在授课的过程中，结合植物环保酵素的制作及对植物生长的影响和对土壤的改良作用等内容，组织学生到环保酵素生态园进行实地观察和体验。让学生能够更加直观地了解植物生长过程中对于环保酵素的应答反应以及在农业生产中的应用前景。

教师党员现场指导通识性选修课学生进行课外实践活动

接待全国青少年夏令营营员参观实践。2021 年 7 月，东北大学组织了“全国青少年夏令营”来校学习实践活动。生物技术研究所党支部负责接待来自辽宁地区的所有营员到“环保酵素生态园”进行参观、劳动实践和现场采摘活动。该活动的组织和开展使所有参加的高中生营员在对参加田园劳动和植物学的知识学习方面都有很大的收获。

“全国青少年夏令营”营员到“环保酵素生态园”劳动实践后合影留念

指导东北大学“We党微家”学生社团成员劳动实践。为进一步培养学生党员和学生干部的马克思主义劳动观，加强学生党员和学生干部的劳动教育、提升社团成员的实践能力，“We党微家”新媒体工作室于2021年5月10日和7月2日赴“环保酵素生态园”开展了劳动实践活动，部分学校基层党建媒体矩阵通讯员与社团成员们共同参与。

“We党微家”学生社团成员参加“环保酵素生态园”劳动实践

二、工作成效

生物技术研究所党支部从2018年样板支部的创建工作开始，即联合学院本科生党支部共建东北大学浑南校区“环保酵素有机生态园”，并完成了一期基础条件建设，把原有的一片荒地建设成了生态园。2019至2021年又在原有的基础上，完成了二期、三期和四期的建设，对园内的土地进行了重新翻整、补建了占地面积近1亩的大棚，增加了园内蔬菜和水果的种类，同时也进行了园内外宣传的设计和建设。目前，环保酵素生态园已经初具规模，被列为“东北大学新时代劳动教育实践基地”暨“东北大学全国党建工作示范高校劳动教育示范点”。在建设过程中取得了良好的育人成效，同时也为特色支部创建工作起到了良好的示范作用。

支部建设也取得积极进展和成效。2018至2021年共获评辽宁省第二批高校“双带头人”教师党支部书记工作室、东北大学先进党支部等荣誉和奖励6项。

三、经验启示

生物技术研究党支部在支部建设过程中，把坚持“五育并举”和践行党的十九大提出的“生态文明建设”重要战略思想紧密结合，充分发挥专业优势，把“环保酵素生态园”全力打造成集劳动、公益、绿色、环保于一体的劳动育人、劳动实践的载体和平台和新时代基层党建示范基地。

同时，积极响应习近平总书记“让‘劳动光荣、创造伟大’成为铿锵的时代强音”的要求，有效推动了生物工程人才的专业技能培养与劳动育人的有机结合。

（执笔人：刘佩勇）

医工融合构建一流学科

医学与生物信息工程学院生物医学信息学系党支部

医学与生物信息工程学院生物医学信息学系党支部以习近平新时代中国特色社会主义思想为指导，紧密围绕“七个有力”重点任务，逐步形成“一条主线，四项工程”的支部党建特有模式。以医工融合作为党建活动主线，在增强支部凝聚力的同时，调动非党员教师积极性，从规范模范工程、凝心塑神工程、奉献服务工程和立功创业工程四个方面丰富党建活动形式，逐渐形成了组织生活常态化、规范化，党员思想坚定化、统一化，组织活动多样化、创新化，建设成效鲜明化、实质化的支部建设特点。

一、规范模范工程

为加强支部组织生活常态化、规范化，生物医学信息学系党支部按照党章党规的要求，认真落实“三会一课”制度。

学习教育常态化制度化。积极推进“两学一做”学习教育，按期组织党员集中学党章党规、学系列讲话，做合格党员。按期开展组织生活会，结合党员自身的教学、工作、学习情况，积极进行思想交流和经验总结。

加强党员教育管理。开展师德师风警示教育活动，认真学习《教职工行为规范与警示案例》，引导全体教工党员牢固树立底线意识，遵守教师职业行为十项准则，坚守为党育人、为国育才的初心，不断涵养高尚师德，以德施教、以德育德，成为塑造学生品格、品行、品味的“大先生”，做党和人民满意的

"四有"好老师。

开展组织生活会及民主评议党员

二、凝心塑神工程

为提升支部党员思想坚定化、统一化，生物医学信息学系党支部进一步提升党员的政治修养和思想觉悟。

学党史回顾百年征程。回顾建党百年砥砺奋进的伟大历程，解读百年征程中所蕴藏的初心和使命，发扬党的优良传统和作风。积极开展党史学习教育读书班计划，集中学习《论中国共产党历史》《中国共产党简史》，系统回顾中国共产党团结带领中国人民不懈奋斗的光辉历程，以及党在各个历史时期创造的理论成果、积累的宝贵经验和铸就的伟大精神。

开展"党史学习教育读书班计划"活动

领悟党中央的最新精神。全体支部成员参加学院党委理论学习中心组（扩大）学习会议，学习《马克思主义的纲领性文献和行动指南》，深刻理解把握《决议》精神，进一步把握历史发展大势，坚定理想信念。认真研读党的二十大精神，深刻领悟“三个务必”精神，牢记使命，坚定历史自信，增强历史主动，谱写新时代中国特色社会主义更加绚丽的华章。

学习《马克思主义的纲领性文献和行动指南》

与校外党支部开展学习党的二十大精神交流分享

三、奉献服务工程

为推进党员志愿服务机制化、常态化，生物医学信息学系党支部培养打造服务学生、服务家长、服务社会的党员志愿者服务队伍。

服务学生精准助学。支部开展“爱心帮扶　精准助学”系列爱心助学活动，建立28名学困生与帮扶教师的对接机制，建立困难学生档案，全面掌握学习困难学生的信息，了解学生的困惑，做到有的放矢、因材施教，帮助学生提升学习能力和学习成绩。

支部制定了详细的学困生帮扶活动规划。在辅导员的协助下建立困难学生档案，分析学生的困难症结，对学生的生源地、家庭结构、气质类型、行为方式、学习动机、特长爱好等情况进行全面了解，做到因人制宜、精准帮扶。支部建立了28名2016级学困生与信息系15名教师的对接机制，每名教师对接1~2名学困生，教师党员发挥先锋模范作用，对接成绩最靠后的学生。帮扶教师根据各自对接学生的特点制定帮扶策略，支部定期组织交流会分享优秀方案，逐渐形成了形式多样、因材施教的帮扶模式。此外，支部每学期安排1次面向学生的专业讲座，引领学生的专业兴趣；召开1次帮扶经验分享会议，了解学生学习问题的变化并分享优秀做法；组织 1 次帮扶效果总结会议，对帮扶学生的成绩进行汇总梳理，动态掌握进步明显学生和重点关注学生。

“爱心帮扶　精准助学”交流会

四、立功创业工程

为促进支部建设成效鲜明化、实质化，以立功创业活动为载体发挥党员旗帜作用。

医工融合促发展。生物医学信息学系党支部将医工融合共建作为落脚点，与北部战区总医院核医学科党支部联合举办党日活动，通过支部共建进一步加强交流合作，实现党建和业务工作双促进。

信息学系党支部将医工融合共建作为落脚点，基于前期与医疗机构党支部的合作基础，开展了一系列共建活动，以党建活动不断提升团队的奉献精神、创优意识，激发彼此在合作中发展、在创新中进步的思想认知和创新潜能。支部与北部战区总医院第八总支核医学科党支部先后组织多次“医工融合促发展”系列主题党日活动。双方立足于合作共赢的出发点，坚持将思想引领和价值观塑造有机融入教师教学科研。支部共建使双方党员自身修养不断提升，以信息学系教师为核心团队申报的本科新专业“智能医学工程”成功获批并顺利招生；教师党员国家自然科学基金等国家级项目获批率达 87.5%、高水平论文发表数量年均增长 56.3%，联合培养的本科生在国际顶级期刊发表学术论文。形成业务与党的工作有机结合的良好局面。

联合北部战区总医院开展“医工融合促发展”系列党日活动

（执笔人：刘赫）

创建支部 3.0 助力民族特色乡村振兴

文法学院行政管理系党支部

文法学院行政管理系党支部坚持不懈用习近平新时代中国特色社会主义思想凝心铸魂，在服务推进中国式现代化中彰显担当作为。以夯实党支部能力为基础，以支部共建互动发展为载体，以助力乡村振兴为突破，以省样板党支部为标尺，构筑“自主学习、共建赋能、融入实践”的提质赋能 3.0 学习模式，充分发挥新时代高校党支部的引领示范作用，为服务地方经济社会发展贡献高校党支部的力量。

一、组织自主学习，夯实主题学习教育根基

行政管理系党支部在培育创建工作中，基于自身任务使命和崇高的责任意识，不断推动学习形式新突破、不断争取深入实践出成果。

一是抓制度建设，健全党员学习教育的长效机制。以“三会一课”和“两学一做”为核心，定期召开党员大会，宣讲党的重大制度建设和习近平总书记最新重要讲话精神。围绕“百年党史”等系列主题，多次开展支部学习，通过党课学习、交流讨论等方式营造浓厚的党支部学习交流氛围，提升支部成员的思想认知和理论素养。二是学习型支部，全面提高党员素质。借助各种学习平台，鼓励党员严于律己，向先进看齐，多次组织支部成员赴沈阳铁路陈列馆等爱国主义教育基地开展集体参观学习活动，引导和促进党员增强使命感和责任感。支部为辽阳市五层砬子风景旅游区搭建党史长廊，推动了百年党史学习活

动。三是深入实施“校园先锋工程”，打造工作优秀先锋汇聚地。教育引导师生党员在日常教学科研生活立起先进标尺、树立先锋形象，支部教工 100% 获得国家科研立项，承担科研资金量超过 500 万元，发表科研成果 100 余篇，党政咨询 50 余份，10 名教师担任国家和省市政府部门咨询委员等，开创党支部建设成果新高度。

行政管理系党支部迎接建党百年庆祝活动

二、发挥专业优势，支部共建助力乡村振兴

行政管理系党支部注重组织间互动学习，拓宽党员学习视野，积极倡导支部共建活动，以支部合作协议探索制度化的合作共建机制，探索专业与乡村振兴融合的党建实践新方法，为乡村发展贡献智力。

一是深入开展支部共建，发挥智力优势。行政管理系党支部从 2018 年开始与灯塔市大河南镇朝鲜族特色村——新光村共建，与新光朝鲜族村党支部开展智力帮扶与合作，在智慧扶持、现代物流和营销、乡村规划以及产品宣传方面，发挥学科优势，促进新光村农业产业和服务业不断提质增效。二是发挥咨询决策价值，助力农村发展。2020 至 2021 年，行政管理系党支部积极发挥智力优势，为新光朝鲜族村党支部提供了 3 次发展咨询策划活动，撰写了多套建设方案和多项项目申报书，通过搭建助农（企）、支农（企）、富农（企）的平台，助力民族特色乡村振兴和农民致富。三是搭建信息平台，提出共性话题。以互联网为载体，推动乡村振兴工作的智慧化和网格化，搭建线上线下沟通交流平台，助推民族特色乡村振兴宣传工作。支部依托灯塔市新光村、辽阳县五层砬子风景旅游区等服务对象，引导大学生开展创业策划，获得辽宁省大学生挑战杯、“互联网 +”大赛等一、二等奖多项。

行政管理系党支部与新光村党支部探索合作共建

三、学习融入生产实践，赋能地方发展

行政管理系党支部鼓励支部成员进入乡村、社区等生产一线，实现党支部与基层生产一线党支部对接，通过发挥支部优势赋能基层发展，把学习党的创新理论成效体现在“田地头”“矿区里”“商铺上”。

一是打造学习实践转化平台。党支部学习成果，发挥党支部能力优势，面向基层群众和生产领域党支部学习和发展需要，以具体问题为导向，推进党支部走出去。在国家实施精准扶贫进程中，党支部积极参与智力扶贫活动，率先与建昌县石佛乡梅仗子村合作，派出 3 名党支部成员为其养牛提供政策咨询，并就发现的问题提供政策分析和管理建议。二是构筑学习实践合作新途径。党支部积极推进支部共建活动，与校外党支部之间结对子，合作解决基层党支部理论不足以及高校党支部缺少经济主战场实践环境的问题，共同推进党支部党建工作取得实效。组织支部党员分别考察灯塔葡萄基地和辽阳吉洞乡长寿沟林果种植园，邀请郭明义团队来文法学院讲课交流，通过签署相互合作协议持续开展与郭明义团队互动共建。采取开放共建方式，深化与中国移动辽宁公司离退休处支部、中建三局支部共建，深入发掘合作资源，为教师党员和博士生党员开展调研素材和了解社会发展提供平台、促进大学生就业。

聚沙成洲，奋发超越。新征程上，行政管理系党支部在党委的领导下，将继续发挥基层党组织战斗堡垒作用和党员干部先锋模范作用，积极探索高校党支部提质赋能学习 3.0 模式。从“自主学习”到“共建赋能”再到“融入实践”，推动高校党支部学习教育从内容到形式不断创新，从学习成果到具体价值转化渐进式升华，彰显新时代高校党支部提质赋能建设的使命价值和创新活力，为实现基层党建质量提升、以高质量党建引领事业发展提供实践路径。

行政管理系党支部与中国移动辽宁公司离退休处党支部联合共建

（执笔人：陈德权、熊志强、蒙士芳）

党建美育互融互促　内修外引联学共建

艺术学院环境设计系与视觉传达设计系党支部

艺术学院环境设计系与视觉传达设计系党支部作为第二批辽宁省党建工作样板党支部、东北大学首批新时代党建样板党支部创建单位，在支部建设中充分发挥政治功能，将党建工作与教学科研工作相互结合、有机融入，积极推进事业发展，充分发挥艺术设计专业特色，把党组织的领导力和组织力转化为推进中心工作的强大动力。环境设计系与视觉传达设计系党支部促进党建与教研工作协调发展，在长期实践中形成了“以党建抓科研、以科研促党建”的传统，充分发挥艺术设计专业特色，争先锋、树典型，开拓“美育党建”创新思路。

一、严格对标样板党支部建设标准，认真履行基层党建工作责任

党的教育主题与专业教研主题高度契合。主题党日、专题党课、宣传教育等是开展党建工作的主要抓手，环境设计系与视觉传达设计系党支部在规划组织生活时，注重发挥党建与美育的联系，选择与美育方向高度契合的主题，将主题教育与专业教育有机结合。支部先后开展学术交流会、学科建设研讨会等，深受师生党员欢迎，成效显著。

破解“课程思政”难题，“美育党建”有效创新。党支部凝聚师生有力。党支部统一思想、凝聚人心、增进共识，将思想引领和价值观塑造有机融入教

师教学科研、学生学习生活。支部教育引导党员深入挖掘提炼各门课程中蕴含的思想政治教育元素，发挥“课程思政”育人功能，让教师党员努力成为“四有好老师”“四个引路人”“四个相统一”的表率。

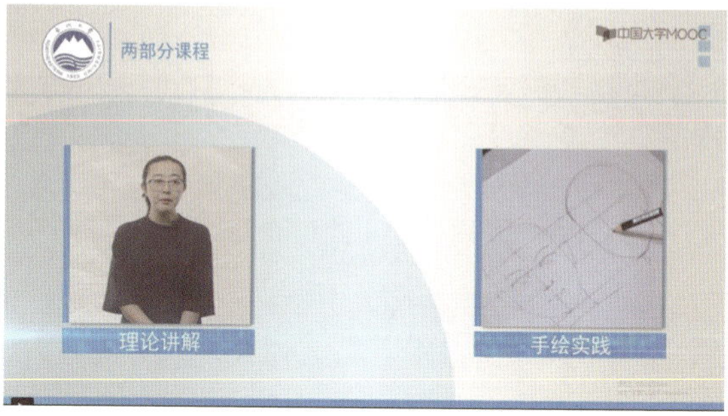

课程研讨及成果

党支部开展“一个思想引领品牌活动”——“党史学习进课堂”，以推动党史学习教育走深走实，让专业课和党史学习有机结合，让学生在接受专业课训练的同时，学习党史，重温党的发展历程。在“品牌设计”课程中，通过设计实践项目，传承好红色基因，在加强专业素养的同时也促使学生身体力行地去感受中国共产党光辉且艰辛的历史。支部教师党员申报并获批东北大学第二批“课程思政”校级培育课程 2 门，院级培育课程 2 门。支部教师党员先后获批 1 门首批国家级一流本科课程（线上一流课程），1 门国家级精品课，3 门省级精品课、慕课，15 门东北大学人文选修课课程建设，公共艺术教育课程体系建设取得成效，国家级、省级慕课建设数量在同类专业处于全省领先。

二、创新艺术党建思路：“精准扶贫”“文化扶贫”特色鲜明

发扬专业精神，“昌宁文化扶贫”深入人心。环境设计系与视觉传达设计系党支部以党建为引领，发挥艺术设计专业优势，开展了“挖掘非物质文化遗产与地域文化品牌，助推云南昌宁县文化扶贫”特色文化扶贫活动。支部教师党员先后为企业设计标识 2 件，设计蜂蜜产品包装标贴 8 套，设计包装礼盒 6 套。产品上线“昌宁扶贫助农平台”，昌宁当地企业也将此次由艺术学院设计的蜂蜜产品推向全国市场进行营销。

教师党员为昌宁“稼依蜂业”设计 VI 形象

教师党员为昌宁“稼依蜂业”设计的
“扁木菁花”“扁木梵花”“扁木书花”多款蜂蜜产品包装

提出“精准援建策略”，助力昌宁乡村振兴。围绕“昌宁县卡斯镇龙潭社区大泺部乡村振兴示范项目”的落地实施，支部 3 名教师牵头与昌宁县卡斯镇人民政府联合签订了《昌宁县卡斯镇龙潭社区大泺部乡村振兴示范项目任务书编制》技术服务合同，获批横向科研课题经费 5 万元。

“特色支部”挖掘党员亮点，谱写党建新篇章。支部与东北大学驻沙金台乡东窑村工作队联合组织师生赴康平县沙金台乡开展“手绘社会主义核心价值观，助推沙金台乡文化扶贫”等创新党建活动 3 次。其中，1 人荣获“辽宁省优秀志愿者”称号；7人荣获“千村美丽，万村整洁”系列活动优秀志愿者；7人荣获“千村美丽，万村整洁”遇见美丽乡村短视频征集评选三等奖。

支部党员参观了解昌宁县耈街苗族服饰国家级非物质文化遗产

三、开拓支部建设思路：“艺术惠民”“美育党建”特色鲜明

勇担教育重担，“艺术惠民”成效显著。环境设计系与视觉传达设计系党支部以绘画设计作品为载体，以展览的形式进社区艺术惠民，丰富了社区居民的文化生活，走进社区开展“艺术惠民进社区，绘画设计作品展”活动。艺术作品内容丰富、形式多样，包括“两学一做”“三严三实”“廉政文化建设”“社会主义核心价值观”等多个主题，展览展出了绘画、设计、激光雕刻等作品。至今共对接东大社区等4个社区，共展出绘画、设计作品累计500余件。“艺术惠民进社区”抒发了师生党员热爱党、热爱祖国的情怀，展览受到社区居民的一致好评。

国庆辽宁彩车设计投标，为祖国七十华诞温情献礼。环境设计系与视觉传达设计系党支部把社会主义核心价值观培育践行贯穿教师设计实践过程中，不断发挥专业特长，发挥模范带头作用，积极参与国庆辽宁彩车设计方案投标，为祖国七十华诞献礼。

“艺术惠民”进社区——廉政文化作品展

砥砺奋进唱响百年辉煌，把歌声送给最可爱的人。为庆祝中国共产党成立100周年营造浓厚氛围，2021年6月5日，环境设计系与视觉传达设计系党支部与艺术学院学生党支部联合开展“音乐党史”主题党日活动，走进沈阳市公安消防支队南湖中队，把歌声唱给可敬可爱的消防员。学校相关部门负责同志以及50余名消防战士观看了演出。

“音乐党史”主题党日活动现场

坚持政治属性、政治功能为党支部的第一属性、首要功能，将教研工作、教书育人作为党支部的重点任务、中心工作，党支部围绕立德树人根本任务，从发挥政治功能、履行育人使命、借鉴党建典型、强化教研内功四个方向全面推进党建教研互融互促，努力为推进学校一流大学建设贡献力量。

（执笔人：樊强强）

坚持“四个相统一” 构建特色教师思想政治工作体系

理学院化学系党支部

党的十八大以来，以习近平同志为核心的党中央高度重视高校思想政治工作，提出“坚持教书和育人相统一，坚持言传和身教相统一，坚持潜心问道和关注社会相统一，坚持学术自由和学术规范相统一”的“四个相统一”教育理念，为构建高质量高校思想政治工作体系指明了方向。在“全省党建工作样板支部”培育创建中化学系党支部以坚持“四个相统一”为着眼点，以“涵养师德，教书育人”为主线，将教师的思想政治教育、师德师风锤炼教育、廉洁文化教育紧密融合，构建特色鲜明的教师思想政治工作体系，高质量推进铸魂育人工作的开展，取得了一定的成效。

一、养师德、促师风，为树人甘于奉献

育人先育己，立己方可树人。化学系党支部通过“初心使命”教育、“学术诚信”教育以及“服务意识”教育系列主题活动，建立师德师风建设的长效机制，培养一支心清身正、坚守初心、甘于奉献的高素质的教师队伍。

不忘初心，方得始终。支部推行双周政治理论学习制度，学习贯彻习近平新时代中国特色社会主义思想，以《中国共产党普通高等学校基层组织工作条例》为遵循，巩固深化“不忘初心、牢记使命”主题教育成果，提升基层党组

织组织力。采取集中学习、召开座谈会、邀请专家学者讲授党课、教育基地实地研学等多种形式，增强党员的历史使命感和工作责任感。支部印制《新时代高校教师职业行为十项准则》手册，作为教师的案头书，常翻常看，成为教师行为的基本规范。广大党员也正是在这润物细无声的教育中保持清醒，时刻不忘回归教育的本心。

化学系党支部全体党员重温入党誓词

做好学问，诚信为本。化学系党支部学习邹承鲁院士的《我的科学之路》系列活动持续开展了近十年。教师们通过不断地学习、交流、座谈，深刻体会老一辈科研人坚守诚信、坐得冷板凳的科研精神，并将此精神薪火相传，与研究生党支部联合举办“学术诚信教育”专题讲座，将遵守学术道德和科研规则牢记于心。

服务师生，甘于奉献。化学系党支部通过组织党员参观本溪抗联纪念馆、大梨树村党员教育基地和抚顺雷锋纪念馆，赴沈阳市儿童福利院送温暖、法库东湖第二中学开展支教活动等方式，号召广大教师党员，在不忘教育初心、牢记育人使命的同时，还应时刻奉献社会。

2020 年毕业季，受疫情影响，很多大四学生无法顺利返校，为保证毕业工作正常进行，支部全体党员帮助毕业生细致分类整理物品，使得全院 400 名学生的行李物品安全无虞地快递到学生手中。2022 年，学校再次因疫情封校，教师党员主动请缨，深入校园防控一线，与学生并肩作战。每天面对数百人的实验需求，迎难而上，默默守护好化学系百名学生的实验安全。

讲战“疫”故事、悟初心使命——讲述身边的战“疫”故事

二、学廉政、促正气，为铸魂廉洁从教

化学系党支部将廉政教育融入教师思想政治工作体系，通过形式多样的主题和专题活动，强化廉洁从教意识，培养廉洁自律精神。

廉政学习，常抓不懈。化学系党支部将中纪委、教育部以及校、院两级印发的 13 项廉政建设的相关文件，汇编成《理学院廉政文化建设宣传手册》，全院教师人手一本，坚持廉政学习常态化。

清廉从教，厚植于心。支部组织全体教师开展“忆党史，寻访红色印记，践行动，坚守廉洁初心”主题党日活动，实地参观了“沈南第一党支部”和“沈阳市档案馆”，组织拍摄了《廉政故事大家讲》微视频，组织全体党员观看了爱国影片《横空出世》，组织开展了“学党史、讲廉政、扬师德、树正气”党规、党史及廉政知识竞赛。使廉洁自律成为一种精神、一股力量，自觉地将师德原则、师德规范内化于心，并把这种精神融入到教学科研中，培养以教为志、以教为荣、以教报国的精神。

化学系党支部整理汇编《理学院廉政文化建设宣传手册》，全院教师坚持廉政学习常态化

"学党史、讲廉政、扬师德、树正气"党规党史及廉政知识竞赛

三、迎春风、化细雨，为育人润物无声

思政教育，培根铸魂。教育大计，教师为本，高质量的教师决定高质量的教育，高质量的教育才能培养高质量的人才。在支部的组织和引导下，全体教师将思想引领和价值观塑造有机融入教学和科研实践，深入挖掘提炼课程蕴含的思想政治教育元素，发挥"课程思政"育人功能，16门化学类课程获评东北大学校、院两级课程思政示范和培育课程，1门课程获评校级课程思政优秀课程，5门课程获评国家级一流本科课程，22门课程获评省级一流本科课程。应用化学专业作为校级思政示范专业，基于学生成长的不同阶段开展系统思政教育，获得辽宁省本科教学成果奖3项，被评为国家一流本科专业建设点。

凝心聚力，成绩斐然。化学系党支部发挥支部的战斗堡垒作用和党员的模范带头作用，让支部成为凝心聚力的党员之家、教师之家，凝聚师生，形成合力，引领带动全体师生积极投身化学学科的建设与发展。近两年，化学学科新增国家级人才计划入选者 2 人，省级人才计划入选者 4 人，省教学名师 4 人，获辽宁省自然科学奖一等奖 1 项。

化学系党支部被评为东北大学先进教工党支部，化学系获得东北大学理学院学科建设先进集体、教书育人先进集体、教育教学优秀团队等荣誉称号。面向未来，化学系党支部将深入学习贯彻习近平新时代中国特色社会主义思想，践行为党育人为国育才使命，奋力续写建功立业新篇章。

（执笔人：张霞、杨婷）

党建与中心工作深度融合
引领矿业工程学科向 A 类迈进

资源与土木工程学院矿物工程系党支部

资源与土木工程学院矿物工程系党支部坚持以习近平新时代中国特色社会主义思想为指导，全面贯彻新时代党的建设总要求，以提升组织力为重点，突出政治功能。结合矿物工程系党支部的特点，贯彻东北大学“围绕中心抓党建，抓好党建促发展”的党建工作原则，紧密围绕师德师风及学风建设、学科建设和人才培养的中心工作，以人为本，打造规范化、学习型、服务型、创新型党支部。以突出党史学习、加强党员队伍建设、提高党员素质、增强服务功能、增强党组织的战斗力和凝聚力为重点，以特色建设为抓手，加强思想政治引领，充分发挥党支部在推动发展、服务师生、凝聚人心、促进和谐中的战斗堡垒作用和模范带头作用，树立联系实际、创新发展意识，推动学科建设和人才培养工作高效开展，助力一流学科建设。

一、深入凝练成熟有效的党建工作创新制度体系和机制

矿物工程系党支部立足实际，不断创新模式，通过支部共建、活动引领等措施，围绕师德师风学风、学科建设、人才培养等开展卓有成效的工作，取得良好的效果，打造以党的政治建设为引领，以师德、师风、学风建设为核心，以学科建设和人才培养为中心，以教工支部为纽带，以丰富多彩的活动为载

体，以特色文化建设为助力，实现党建与学科建设、人才培养等中心工作深度融合，助力党建工作和中心工作共同发展的工作格局。

党建工作创新制度体系和机制研讨

二、以师德、师风、学风建设为核心，打造高素质队伍

结合专业教师的特点，支部围绕师德、师风和学风建设，通过多种形式，强化党员队伍的职业操守、学术道德和学术诚信教育，发挥先进典型的引领作用，树立良好的教师风范，提升党员的综合素质。加强支委建设，建设完善党员活动室，形成了党员教育、活动的固定场所，扎实推进“两学一做”学习教育常态化制度化，认真落实“三会一课”制度，通过打造素质过硬的党员队伍，带动高素质教师队伍建设。

同心抗疫勇担当，党员带头树先锋

三、以学科建设和人才培养为中心，助力“双一流”建设

矿物工程系党支部紧密围绕学科建设和人才培养等中心工作，充分发挥党员先锋模范作用，积极探索教育新模式，以改革创新的精神面貌全面加强支部建设。围绕学科建设、人才培养等中心工作，在专业认证、实验室建设、课程体系建设等方面，充分发挥党员的先锋模范作用，取得了良好的效果。通过组织青年教师参加教学基本功大赛，组织学生参加全国比赛，邀请外国专家参加本科生答辩等，以赛促学，全面提高教师、学生素质和能力。通过学术交流、本科生企业行，开阔师生视野。

开展科普宣传，助力学科跃升发展

师生党员积极参与创新创业比赛

四、以教工支部为纽带，构建全方位、立体化服务平台

积极探索适应新时期师生特点的工作模式，通过与本学科离退休教工、博士生、硕士生和本科生党支部建立“多级联动纵向党支部”，打造校—院—系、老—中—青、师—生之间全方位、立体化的服务模式；建立党支部线上交流阵地，形成集中学习与分散学习相互支撑，全方位的党员教育体系。

五、以丰富多彩的活动为载体，带动师生全面发展

通过组织党员赴辽宁抚顺雷锋学院、辽宁省档案馆开展党员教育，“传承红色基因、牢记初心使命”主题党日、主题观影，师生篮球赛、师生羽毛球赛等活动，实现支部之间的多级联动和支部共建，拉近师生距离，增进师生交流，强化团队合作精神，实现共同发展。

党员师生联合开展系列主题教育

六、以特色文化建设为助力，发挥文化引领、典型示范作用

围绕党建工作、学校办学理念以及学科发展现状等，制作了主题鲜明、素材丰富的展板，形成了集宣传性、知识性、教育性、艺术性于一体的特色文化走廊，打造特色文化品牌。深入挖掘师生身边的先进典型，树立党内外具有较大影响力和代表性、可学习、可复制的典型经验、典型人物和典型事迹。采取宣讲报告、座谈交流等形式广泛宣传，树立先进典型，充分发挥先进典型的

孙传尧院士与新时代选矿青年的面对面交流

先锋模范作用和示范带动作用，营造积极向上、创先争优的浓厚氛围，形成良好的师德、师风和学风，增强师生员工的大局意识和责任意识。

矿物工程系党支部坚持以“高端引领、全面提升、和合共进”为主线，建立健全党建工作体系，不断提升党员综合素质，充分发挥党支部在推动发展、服务师生、凝聚人心、促进和谐中的战斗堡垒作用，并且围绕中心工作取得了显著成绩。近三年，矿物工程系党支部入选辽宁省第二批“全省党建工作样板支部”，获东北大学“先进教职工党支部”“样板党支部”称号，支部党员牵头承担国家重点研发计划项目 5 项（其中青年科学家项目 2 项），获批国家自然科学基金重点项目 3 项，国家自然科学基金面上项目 14 项，青年项目 8 项，科研总进款破亿元，发表高水平国际论文 250 余篇。支部党员中，获国家科学技术进步奖二等奖 4 名，入选国家级人才 1 人、国家级青年人才 4 人、国家级优秀青年骨干 2 人。

科研与教学相长，教改同思政偕行

目前，党支部通过高端引领、全面提升、和合共进，促进了党建工作和中心工作稳步开展，在教育部组织实施的第五轮学科评估中，矿业工程学科取得佳绩；并通过党建创新，取得了显著工作成效，建成了组织强、作风硬、本领高、成效好的创新型战斗堡垒，为学科发展和学校一流大学建设贡献力量。

（执笔人：赵冰、张小龙）

多措并举全面提升党建质量
着力打造“两基五翼”支部特色名片

冶金学院有色金属冶金第一党支部

冶金学院有色金属冶金第一党支部坚持以习近平新时代中国特色社会主义思想为指导，开展以“发挥党员的先锋模范作用、发挥支部的战斗堡垒作用”为基，以“强化师德师风师能培养、加强党风廉政建设、发扬东大铝冶金文化、培养学生人文素养、深化全方位思政建设”为翼的“两基五翼”特色建设，多措并举全面提升党建质量，深入落实“七个有力”。党支部先后获得辽宁省样板党支部、东北大学样板党支部、东北大学先进党支部等荣誉称号。

一、以“1+1”示范支部建设为引领，强化师德师风师能培养

有色金属冶金第一党支部每年以《教职工“引领·提升·共进”“1+1”专项活动的指导意见》为指导，积极响应对标“四有”老师要求，大力加强师德师风师能建设。

建立常态化长效化学习机制，深入学习贯彻习近平总书记关于教育的重要论述、习近平总书记最新重要讲话精神和重要指示批示精神，积极开展党史学习教育、党的二十大精神专题学习研讨，加强理想信念引领。

加强师德师风方面的规章制度学习，通过观看视频、交流座谈等形式学习

黄大年、张桂梅等优秀教师的先进事迹，树立学习榜样；组织参观抚顺市雷锋纪念馆、沈阳劳动模范纪念馆，陶冶教工党员情操；学院领导、支部书记讲授师德师风方面的党课，大力加强支部师德师风建设。

组织青年教师走进名师课堂，着重发挥老教师的传、帮、带作用，让青年教师学习名师们先进的教学理念和教学方法，感受名师们的授课感染力；组织教工党员之间互相听课，取长补短，共同提高；组织优秀教师与教工党员座谈，传授授课经验，扎实提升业务能力。

通过各种举措，强化师德师风师能培养

二、加强党风廉政建设，营造风清气正的廉洁氛围

有色金属冶金第一党支部多年来注重廉政文化建设，认真落实全面从严治党、党风廉政建设主体责任，丰富廉洁教育的渠道和形式，提高教育的针对性

和实效性，营造风清气正的廉洁氛围。

认真落实全面从严治党，每年节假日前夕对教工党员进行纠治“四风”工作提示；支部纪检委员每年都讲述廉政方面的党课，融入警示案例，组织党员参观辽宁省反腐倡廉展览馆，加强警示教育。

每年均配备廉政方面书籍武装党建图书角，努力营造廉政学习氛围；组织集中学习《中国共产党延安时期廉政建设史论》《习近平关于党风廉政建设和反腐败斗争论述摘编》等著作，并开展多期廉政相关的作品诵读与讲解，大力加强对党员同志的廉政教育。

积极参加学校组织的廉洁文化建设创新工程立项和廉洁文化作品大赛，先后获批学校立项三次并获得廉政文化建设创新工程优秀成果一等奖、二等奖，并多次获得廉洁文化作品大赛奖项。

大力加强党风廉政建设

三、传承邱竹贤先生精神，弘扬铝冶金文化

有色金属冶金第一党支部通过组织活动让师生党员深入了解东大铝冶金的

光辉历史，学习铝冶金先驱们笃行实干的科研精神和爱国爱校的高尚情怀，从中汲取信念和力量，化作攻坚克难的内在动力。

凝练和发展邱竹贤精神内涵，通过各种形式弘扬和宣传邱竹贤精神，进一步提高东北大学在熔盐电化学和铝冶金领域的国内外影响力。在冶金馆三楼正厅中央竖立邱竹贤院士雕像，弘扬“邱竹贤精神”；联合冶金学院“青·听”宣讲团，以《我靠炼铝以渡，也将奋斗不已》为主题，讲述邱竹贤先生的生平，弘扬邱先生勤勉好学的科研态度和敢为人先的探索精神；围绕邱竹贤先生百年诞辰纪念活动，召开铝工业技术与发展国际会议，彰显东北大学铝冶金人的使命与担当，厚植东大铝冶金人的专业情怀。

通过组织报告、座谈会等活动，传承和发扬以邱竹贤院士为代表的老一辈铝冶金人吃苦耐劳、敢于争先的伟大品质，化为支部师生党员的内在精神力量。组织开展《邱竹贤传：我的父亲和他经历的年代》品读活动，引导支部党员深入了解其笃行实干的科研精神，深厚的爱国、爱校情怀，以及宁静致远的处世哲学，将邱竹贤精神铭记于心。

通过支部“党员园地”宣传东大铝冶金先驱们的先进事迹，坚定师生奉献科研的信念，激发大家奋发向上、攻坚克难的内在动力。

传承“邱竹贤精神”，弘扬铝冶金文化

四、传播书香文化，提高学生人文素养

针对支部同志将绝大多数时间和精力用于科研活动，人文意识相对欠缺这一现状，采取一系列活动传播书香文化，弘扬正能量，提高理工科师生党员的人文素养，增强党员同志的“文化自信”。

开展“读书日”特色活动，由一名党员同志进行专题讲解，向支部其他同志讲述其感触较深的一本书的心得体会，通过学习和交流，实现弘扬先进文化、提升人文素养的目的。

开展“朗读者”特色活动，每期由一名党员同志选取一篇弘扬正能量且对自己影响较深的文学作品，进行相关的背景介绍和专题讲解，然后节选进行朗读，感染其他党员同志，促进支部文化建设。

为党建图书角配置人文类书籍，为党员同志阅读人文著作、培养阅读习惯以及营造支部书香环境创造了良好条件。

传播书香文化，提高人文素养

五、强化思想引领作用，深化全方位思政建设

有色金属冶金第一党支部注重思想引领，坚持全面育人，奋力将支部打造成教育引领的前沿阵地，让支部成为学生成才的温暖摇篮。

深化课程思政建设，深入发掘课程思政元素，充分发挥课堂思政功效，并积极组织召开课程思政研讨会，把党的二十大精神等实事要点融入课程思政，实现课程思政在广度和深度的协同发展。

扩大育人过程的思政外延，在学生的实验、实训、实习、实践、学术交流与讨论等环节，加强思政元素融入，尤其在导师对研究生日常科研指导过程和对本科生的科研训练、“大创”指导、科技竞赛指导，以及班导师对接引领本科生的过程中，注重引入思政教育，实现思政教育在广度上的进一步拓展。

深化全方位思政建设

风劲扬帆正当时，奋楫争先再出发。冶金学院有色金属冶金第一党支部将以“全省党建工作样板支部”培育创建验收通过为起点，全面提升党支部组织力，严格落实“七个有力”，持续打造闪亮的“两基五翼”支部特色名片，为冶金学科的发展和东北大学的“双一流”建设贡献力量。

（执笔人：胡宪伟、刘风国）

聚焦人才培养　立德树人　服务师生

材料科学与工程学院材料物理与化学系党支部

立德树人是教育的根本任务。材料科学与工程学院材料物理与化学系党支部在学校和学院党委的正确领导下，按照新时代党的建设总要求，主动融入学校“双一流”建设。聚焦人才培养，直面材料物理专业建设存在的问题和学生成长发展需求，组织动员师生党员，探索建立了一套适合材料物理专业特点的人才培养机制，通过吸引增“材”、科学养“材”、助力成“材”等一系列扎实有效的工作，高质量完成人才培养任务，使党员先锋模范作用和党组织战斗堡垒作用在人才培养中得以凸显，充分展现了基层党组织工作的创新性和实效性。

一、立足专业实际，打造“纵合横通”工作机制

一是全面提升专业教师育人能力。每月召开教工党员和系里教师全体会议，每双周周三组织开展教师政治学习，督促教师夯实专业课教育，提升教书育人责任感。定期组织开展课程建设和教法创新改革研讨会，全面推进课程思政建设，提升育人能力。结合学生实际，严格教育教学要求，不降低课程难度，不放过学生没听懂的问题，不放弃后进学生，有效提升育人质量和效果。

二是建构“党支部—学生工作组”模式。为拓展党员作用发挥平台、创新党员作用发挥有效途径，支部依托两个党小组，着力建构材料物理专业学生工作组模式。在支部委员指导帮助和党小组长全力带动下，秉承“明确一个身

份、发挥一次作用、形成一个堡垒”工作理念，引导组内教师和博士生党员增强“四个意识”、坚定“四个自信”、做到“两个维护”，明确党员身份和职责，以实际行动落实合格党员的标准要求，常态化开展理论学习、宣传教育、学风建设和服务帮扶活动，全面引领专业各年级学生成长成才。建立良好的教师服务学生、学生服务教师、学生服务学生的互动机制，各工作组与所在专业各年级师生建立密切工作联系，切实发挥党员先锋模范作用。

三是完善“党支部—专业班导师”联系机制。针对大类专业分流后，本科生班级出现的学风建设问题，以材料物理专业各年级为平台，以班导师为纽带，积极探索党员作用发挥新平台新途径，落实党建“三个一”（支部特色工作围绕一项主题、支部支委各联系一个班导师、党小组活动针对一个年级），党员作用发挥更具针对性。近三年毕业生就业、升学面临更大挑战，支部组织专业老师在讲授知识的同时，引导学生正确认识当前升学和就业形势，结合个人兴趣和特长，端正心态，树立正确的职业理想和良好的就业择业观，确定合理的就业择业标准。此外，定期组织高年级同学与低年级同学深入开展升学、就业和课程学习经验交流。

四是创新“党支部—多部门”联动机制。统一系里教师思想、凝聚人心、增进共识，将思想引领和价值观塑造有机融入教学科研工作中。结合工会“三育人”立项，邀请校工会主席、学院领导和专业教师为本科生开展学习生活方面的指导交流，有效提升学生专业学习兴趣，增进学生对专业未来发展的信心。党支部坚持通过和学院学生工作办公室、团委思政教师联合举办班会，与关工委共同发起退休老教师座谈会等形式，巩固立德树人成果，发挥协同育人功能。

二、立足专业特色，凝练“三全育人”工作亮点

一是吸引增“材”。自 2015 年大类招生以来，由于学生对材料物理专业不了解，在大二专业分流时难以受到学生青睐，使得材料物理专业往往成为最后选择，只有很少一部分学生自愿选择到该专业学习。“第一志愿率低、学生绩点低”成为该专业建设和人才培养工作面临的主要问题，部分教师也对课堂教学质量不满，对专业未来前景表示担忧。对此，党支部通过建立支部党员同系

里专业教师的联系机制，组织系里老师认真分析原因，讨论解决方案，开展了一系列专业解读主题活动。自2018年起，每年邀请专业领域资深专家学者和专业教师为各年级本科生开展学业领航活动，详细分析解读专业课程设置，深度剖析课程价值；邀请本专业在保研、考研、就业等方面表现突出的学生代表分享成功经验，介绍专业优势，多角度加深学生对材料物理专业的了解，从而减轻压力、树立信心。近五年来，专业有4门课程获批省一流本科课程、2门课程上线中国大学慕课，获批辽宁省、学校、学院教改项目7项，专业教师发表多篇教改论文。2022年，材料物理专业获批国家一流专业。随着专业吸引力和影响力的显著提升，主动选择到该专业学习的学生越来越多，大类招生分流进入该专业学习的学生多为第一志愿。

材料物理与化学系党支部组织开展专业解读主题活动

二是科学养“材”。由“第一志愿率低、学生绩点低”的学生组成的班集体，存在学习压力大、学习动力不足、成长目标不明确等问题，把这样的学生培养好成为党支部的重要职责。通过定期召开学习交流和主题研讨会，提升教师专业水平和思想素质的同时，组织专业教师和高年级学生为低年级学生“传经、解惑”。

支部定期召开学习交流和主题研讨会

邀请老教师和高年级学长向大二同学解读专业背景和发展方向

高年级学长和 2021 级新生进行分享交流

三是助力成“材”。围绕提升人才培养质量这一核心问题，党支部依托两个党小组、班导师、工会小组、学院学生工作平台等在材料物理专业广泛开展理论学习、宣传教育、专业引导、创新创业等活动，尤其是专业的传统特色活动——毕业生经验分享会，以切身实例安抚大家在学习、成长特殊时期的情绪，帮助同学们坚定努力方向，针对性解决学业困难，引领学生成长成才，在这一系列薪火相传式的活动影响下，近三年，材料物理专业毕业生均保持较高就业率。

三、立足专业发展，凸显“一融双高”工作成效

近年来，材料物理专业学生积极参加国际、国家级竞赛并获奖 20 余项；年均毕业读研人数保持在专业学生人数的一半以上，其中大多考取或保送进入北京大学、上海交通大学、哈尔滨工业大学、中国科学院等知名高校和科研机构，本校研究生报考数量稳步增加。

举办退休教师座谈会和专题班会

材料物理与化学系党支部坚持立德树人初心使命，秉承构建服务型党支部理念，扎实做好人才培养工作，以高质量党建引领高质量发展，实现党建工作与事业发展深度融合，打造了具有新时代高校党建工作特色和示范效应的基层党组织工作品牌。一切源于学生，一切为了学生，从吸引增“材”到科学养“材”再到助力成“材”，支部将持续加强自身建设、创新工作机制、凝练经验特色，以高质量人才培养汇聚助力学院学科发展的强大动力。

（执笔人：张林、刘永利、石锋）

不忘科研报国初心　践行科技扶贫担当

信息科学与工程学院电气工程系第一党支部

在学校、学院党委的领导下，信息科学与工程学院电气工程系第一党支部深入学习习近平新时代中国特色社会主义思想，发挥样板支部示范带动作用扎实推进乡村振兴，帮助发展乡村特色产业，拓宽农民增收致富渠道。党支部充分发挥科研优势，为云南省昌宁县田园镇达仁村完全小学安装高效、节能的空气源热泵制热设备，解决完全小学在校师生的洗澡问题，改善山区学生教学质量并节约成本；党支部为云南昌宁县姬松茸的种植制定了智能监控采集与分析系统建设方案，结合乡情实际，不断探索科技扶贫新路径。

一、弘扬科学家精神，助力国家创新发展

云南省昌宁县是东北大学定点扶贫单位。近年来，东北大学始终坚持“问题导向、精准施策、扶育并举”的工作方针，充分发挥科研、人才等优势，对接昌宁需求，拓展合作领域，积极开展教育培训、科技帮扶、产销对接等工作，为昌宁的美好未来作出新的贡献。为进一步助力昌宁发展、推进精准扶贫工作，充分发挥党支部人才优势、科技优势，将科技成果转化为现实生产力，电气工程系第一党支部积极与昌宁对接，为田园镇达仁村完全小学安装空气源热泵制热系统，解决了完全小学由于阴雨多云及梅雨天气导致的洗浴用水温度过低问题，有效弥补了太阳能热水器的自身缺陷。

电气工程系第一党支部发扬了团队多年来孕育的“黄大年式”楷模文化精

神，以担当奉献严谨治学的科学态度，不忘科研报国初心、践行科技扶贫担当，将科研成果转化为现实生产力，助力全面建成小康社会的奋斗目标。云南昌宁县现有的姬松茸种植产业，生产过程仅靠人工经验，造成产量不高，受天气影响严重。党支部与学校驻地挂职干部联系，经过与大棚农民多次对接，制定了大棚的智能监控采集与分析系统建设方案，结合乡情实际，不断探索科技扶贫新路径，发展科学栽种姬松茸。

二、项目牵引促党建，科技扶贫结硕果

一是推进能源扶贫计划，改善云南昌宁条件。云南省昌宁县田园镇达仁付完全小学共有 20 余名教师和 200 余名学生寄宿。学校原有太阳能加热器由于地处山区加热效果不佳，经常不能达到洗澡时舒适的水温，给寄宿师生造成不便。电气工程系第一党支部了解到这一情况后，于 2019 年 7 月份，前往完全小学进行实地调研，并根据实际情况设计了 10 余套解决方案。

为最大限度地减轻完全小学的经济负担，最终决定选择运行成本最低、可靠性和制热效果最好的空气源热泵方案。随后，党支部又对装设空气源热泵制热装置的楼宇和运输道路进行了实地考察，初步拟定施工方案，为后续施工和建设提供了支撑。

党支部进行实地考察

在信息学院党委的大力支持下，电气工程系第一党支部再次前往完全小学，进行空气源热泵制热系统的安装调试工作。党支部教师党员积极发挥自身优势，与安装调试人员协作，改善了山区学生的教学质量，节约了设备的运行

成本，大大提高了师生生活条件。

党支部进行空气源热泵加热系统的安装调试工作

支部党员考虑到整套装置为屋顶安装，人员攀爬维护不方便且存在安全隐患，增加了手机端和PC端操作的远程控制监测服务，授权用户即可访问登录，用于实时了解设备运行状态、调整水温和开关机。

捐赠证书

DONATION CERTIFICATE

全国高校“双带头人”教室党支部书记工作室

东北大学信息科学与工程学院电气工程系第一党支部：

热心公益事业，支持科技帮扶，奉献爱心，无私捐助空气源热泵等制热设备，谨代表受助学校和学生表示感谢。

谨呈证书，以兹永志。

昌宁县田园镇达仁村完全小学

2019年11月5日

空气源热泵捐赠证书

党支部把正方向盘，以党建工作为中心促进各项能力提升。党支部处在科技扶贫第一线，是党在农村各项方针政策的宣传者、贯彻者和实践者，从增强党支部的能力和党员队伍弘扬科学家精神入手，有效提升师生的生活条件和物质保障。

第一党支部捐赠助学物资

二是发挥科研优势，创新科技扶贫项目。姬松茸属于名贵的食用菌，在美容、保健、医药等行业具有重要价值。种植姬松茸生长周期短，见效快。云南昌宁县现有姬松茸大棚约 15000 座，是昌宁县农民一项较大的收入来源。

党支部打赢主动仗，以扶贫项目为关键增加集体经济收入。与驻村干部联系以后，党支部始终把发展产业项目、壮大村级集体经济作为增强农村基层党组织组织力、决战决胜脱贫攻坚的“关键一招”。面对制约乡村产业发展的瓶颈，党支部想方设法，在姬松茸种植大棚建成智能监控采集与分析系统，通过无线传输，将子站采集的各类环境监测信号输入主站，由主站连接云端服务器，服务器系统分析多元生态环境数据，监控姬松茸生长过程，提供精准姬松茸生长周期所需的最佳环境参数。

姬松茸大棚的智能监控采集与分析系统

安装智能监控采集与分析系统之后的姬松茸大棚

通过这次试点，为科学化、标准化、数据化、智能化菌菇种植和管理打下基础。

该技术有望进一步推广到全昌宁县姬松茸大棚，以点带面，拓宽群众致富道路，夯实经济支撑，摘除穷根穷帽，巩固精准扶贫成效。

三、党建科研相融合，建功立业新时代

党支部在科技扶贫路上发挥学科优势，求真务实，效果明显，结合云南省昌宁县的实际情况，围绕科技扶贫这个主题，一步一个脚印地开创了崭新的局面。党支部一贯坚持脚踏实地，求真务实的工作态度，积极主动地配合工作，为当地老百姓办了实事、好事，通过这些工作，党支部在积累经验和培训上都取得了一定的实效，促进了区域教育和经济社会的和谐发展，同时起到了实施项目、宣传项目、推广项目的作用。

教育部教师工作司负责同志听取科技扶贫汇报

党支部要在科技创新与扶贫工作中发挥重要作用，相关工作开展磨砺了党员意志，增强了党员的责任感和使命感，让每一名党员在为人民服务的工作实践中更加坚定理想信念、敢于担当，真正成为“四讲四有”的合格共产党员。在今后的工作中，电气工程系第一党支部将继续把党建工作与科技创新及扶贫工作有机结合，进一步加强党员队伍建设，让党建引领科技创新与扶贫，让科技创新与扶贫工作促进党员队伍素质提升，进一步把党支部的各项工作推上新的台阶，为昌宁县老百姓脱贫致富以及生态文明建设和农业产业转型与发展贡献新的力量。

（执笔人：杨东升、刘鑫蕊）

“三聚焦”深挖“本—研”贯通活力 “三原色”绘就支部发展蓝图

马克思主义学院本科生党支部

为深入学习贯彻习近平新时代中国特色社会主义思想，全面贯彻落实党的二十大精神，马克思主义学院本科生第一党支部以新时代党的建设总要求为根本遵循，积极落实校、院党委有关要求，创新“本—研”贯通式学生党支部建设模式，以“三聚焦”深挖活力，聚焦组织建设，破解党员发展难题；聚焦理论学习，扎实开展党史学习教育；聚焦深入服务，做好校园疫情防控期间的思想引领工作。以“三原色”绘就党支部发展蓝图，用“信仰底色、专业特色、校园暖色”，不断夯实基层党组织战斗堡垒作用，推动支部建设高质量发展。

一、以研促本，聚焦建设，书写支部党员“信仰底色”

高校学生党支部作为高校党的基层组织，是开展大学生理想信念教育的前沿阵地，承担着强化大学生理想信念教育和价值引领、保障“三全育人”长效机制运行的重要职责。支部坚持把组织建设摆在突出位置，坚持抓班子，促发展，充分发挥“一个支部一个堡垒，一个党员一面旗帜”的示范引领作用。

一是选优成员，配强班子。2019 年 10 月，按照学院关于探索组建“本—研”贯通式党支部的部署，优化学生党支部设置，打破年级壁垒，破除沟通障碍。选派“有担当、有作为、能奉献”的硕士、博士研究生党员担任支部书记、副书记，定期组织召开支部工作例会，明确工作任务、交流工作经验、提升工作成效，增强支部的组织力和行动力。二是落实制度，创新形式。严格按照程序落实“三会一课”、组织生活会等制度，确保支部在活动开展的过程中有标准、可执行；丰富组织生活形式，开展微宣讲比赛、辩论赛等，在做好学生党员思想引领的同时，促进学生德智体美劳全面发展，以学生喜闻乐见的形式增强组织生活的感染力和号召力。三是严抓发展，力争表率。严把党员发展“入口关”，将政治标准放在首位，对发展党员工作流程进行严格落实，确保新发展党员队伍素质；创新教育形式，通过实地参观、红色观影、主题实践等形式，提升学生的政治意识和理论素养，力争做到“思想觉悟站位高、理论学习提升快、勇于担当作表率”。

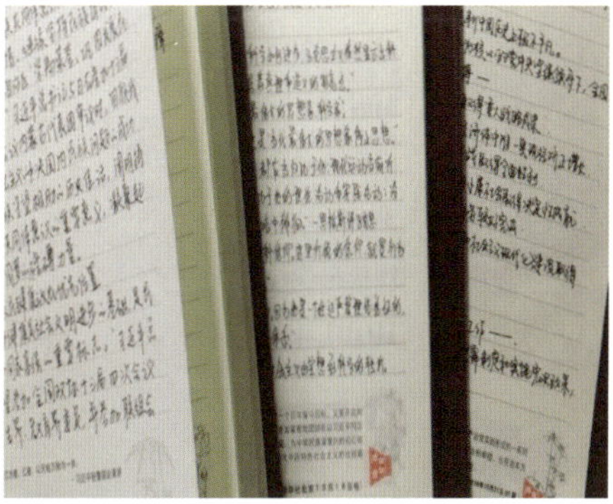

党支部严格落实“三会一课”制度

实施三年以来，马克思主义学院本科生第一党支部立足工作实际和人才培养需求，对标对表新时代党的建设新要求，围绕“选优配强、刚性落实、严抓发展”，让“党员身份亮起来、党员管理抓起来”成为支部的新风尚，书写支部党员榜样引领的“信仰底色”。

二、以研带本，聚焦教育，擦亮党史学习“专业特色”

党支部在学院党委统筹规划下，结合学院实际，持续创新学党史、悟思想的“打开方式”，明确“规定动作”不走样，“自选动作”求特色，以多种形式掀起党史学习教育热潮，开创党史学习教育新局面。

开展“献礼百年庆华诞·口述四史忆初心”微宣讲活动

开展“献礼百年庆华诞　口述四史忆初心”四史微宣讲活动。一是先学一步，打造品牌。为了让党史学习教育有特色、有深度、有味道、有效果，支部充分发挥专业优势，打造“五月书香·十月书韵”品牌读书活动，推出“献礼百年庆华诞·口述四史忆初心”微宣讲，把党的光辉历程、伟大成就和历史经验讲新、讲实、讲活，让支部成员在党史学习教育中汲取力量、坚定信念、鼓舞斗志。二是深学一层，用活资源。围绕党史学习教育内容开展沉浸式主题教育。把握重要时间节点组织党员集体前往抗美援朝烈士陵园、“九·一八”历史博物馆等红色教育基地，以理论学习和实地参观爱国主义教育基地相结合的方式，激励学生党员在参观中学习党史，集聚奋勇前行的力量。三是多学一遍，营造氛围。充分利用“报、网、端、微、屏”等学院全媒体传播手段，积极协同校内各媒体平台，形成矩阵效应，确保党史学习教育宣传贯穿全年、保持热度。在学院公众平台打造“支部风采”板块，推出“学党史、守初心、担使命”百年党史领学诵读荟，在支部内部营造多维度、全方位的浓厚学习氛围。

积极投稿　扩大辐射面

党支部灵活运用校、院级媒体，形成矩阵效应。自党史学习教育开展以来，支部紧盯“学史明理、学史增信、学史崇德、学史力行”的总目标，对标对表、突出特色，用好特色品牌、用活周边资源、营造浓厚氛围，推动党史学习教育不断走深、走实，擦亮支部党史学习“专业特色”。

三、本研联动，聚集服务，坚守疫情防控“校园暖色”

支部坚持深入开展“我为同学办实事”活动，冲锋在前、凝聚力量、展现担当，面对学校严峻的疫情防控形势，闻令而动、尽锐出战，坚持“快”字为先、“严”字当头，用责任和担当筑牢校园疫情防控安全网，守护全院师生生命健康和校园平安。

一是党员下沉，聚沙成塔。迅速启动“学校—学院—支部—党员”四级网络，第一时间组织召开疫情防控工作支部大会，传达学校、学院疫情防控工作会议精神，线上线下相结合全面了解支部成员学习、生活情况，倾听意见诉求，传递学院和支部对学生的关心与爱护之情。二是责任落实，闻令而动。支部坚持发挥党员先锋模范带头作用，发挥支部书记“领头雁”作用，率先撰写签署疫情防控“请战书”，组建疫情防控志愿服务队；参与学院防疫物资发放工作，覆盖全院 568 名学生，发放战“疫”加油包 341 份，凝聚共同抗疫力量。三是典型宣传，凝聚力量。支部坚持做好疫情防控典型宣传工作，参与制作出品抗疫短视频《战“疫”——静态校园里的生动大思政课》，坚定广大师生战胜疫情的决心和信心，所创视频先后在《人民日报》、《光明日报》、中国新闻网、央视频等权威媒体推送，浏览量超 10 万。

疫情防控常态化以来，支部坚持从快部署、从严要求、从细服务，做到“班级中有党员，学生中有榜样”，闻令而动，做疫情防控的“暖心人”和“热心肠”，坚守疫情防控“校园暖色”。

党支部积极投身学院疫情防控一线

马克思主义学院本科生党支部锚定建设标杆学生党支部这一目标，实现支部引领与学生成长成才同频共振、支部建设与党员发展同向而行、支部优化与党员能力同步提高。

（执笔人：马煜淳）

以高质量党建助推高质量育才育人

外国语学院英语系党支部

高校是教育、科技、人才的聚合地，高校党支部是联系师生、服务师生的桥梁和纽带，是保证党的方针、政策、路线、任务落地生根的具体执行者，必须以高质量党建为引领，担当起为“强国建设、民族复兴”育人育才的责任使命。外国语学院英语系党支部带领党员紧紧围绕“为党育才”“为国育人”设计开展工作，将高质量党建与一流专业建设、一流人才培养紧密融合，以实绩实效，实现党建与育人的共同进步。

一、夯实理论基础，营造良好师德师风氛围

一是加强基层党支部理论学习，全面提高教师党员的思想政治素质。英语系党支部始终把学习贯彻习近平新时代中国特色社会主义思想作为首要政治任务，深入学习贯彻习近平总书记关于教育的重要论述、习近平总书记最新重要讲话精神和重要指示批示精神，积极学习贯彻党的二十大精神。一方面严格执行双周政治学习制度，推进“两学一做”制度化和常态化，另一方面注重学习形式多元化，灵活运用学习强国、党建网站、微信公众号等多种载体，使党员随时随地都可以进行理论学习。

二是大力开展师德师风学习教育。育人者必先育己，身不修则德不立。教师的职业道德水平决定着人才培养质量，教师在世界观、人生观、价值观方面的任何偏颇，都会影响到学生正确世界观、人生观、价值观的形成。支部充分

利用学校和学院开展的各种师德师风学习活动，以支部的“三会一课”和双周政治学习为契机，将师德教育列为教师思想政治教育的重点内容，引导教师党员做社会主义核心价值观的积极践行者、倡导者和传播者，潜心做好“三全育人”工作。利用主题党日活动，针对违反师德师风的典型案例开展思想交流，以案示警，警钟长鸣。同时，充分发挥党员教师的示范引导作用，在教师中大力弘扬爱岗敬业、为人师表、无私奉献精神，树典型、立标杆，以点带面。在支部活动中，邀请深受学生爱戴、在学生评教过程中排名前 20% 的优秀教师，分享育人典型事迹。用身边人讲身边事，用身边事教育身边人，多层次开展形式多样的师德教育，使良好的师德规范转化为广大教师的自觉行为，转化为广大教师的人格品质。

党支部组织开展主题党日活动

二、全面推进课程思政建设，实现“三全育人”

一是充分挖掘各门课程的“思政元素”，提升课堂教育教学质量。通过课程教学大纲和教师授课方式的重构，将理想信念教育、思想品德教育有机融入到专业技能培养和科学知识传授之中，达到教书育人的完整统一。让课程教学既要契合学科专业的人才培养要求，更要紧密符合高校立德树人的战略定位。

党员参加实地研学活动和重温入党誓词活动

师生座谈会，听取学生对课程建设的建议和意见

二是切实加强教师课程思政能力建设这一核心，紧抓教师队伍素质建设。党支部坚持把课程思政建设作为提升教师队伍素质建设提升工程，不断拓宽思政育人的新途径，着力打造以提升学生的批判创新思维为中心的课程思政育人模式，获东北大学课程思政示范课程 3 门、培育课程 3 门，教师参与度达

100%。同时，着力优化升级课程的内容与体系，获辽宁省一流本科课程 3 门、东北大学精品骨干课 5 门和教学成果一等奖 1 项。《新视野英语教程听说教程》（思政版）获“十三五”职业教育国家规划教材，《研究生口译概论》获辽宁省教材建设奖。

三、统筹推进党建工作和业务工作，实现党建工作与业务工作深度融合

一是发挥党员先锋模范作用，构建一流教学科研团队。英语专业教师党员始终在教育教学和科学研究等方面发挥共产党员的先锋模范作用，在“国家一流本科示范专业”建设、“辽宁省一流本科专业”建设和高等学校“慕课”资源建设等方面发挥重要引领作用，在国家社科基金立项、教育部人文社科立项、辽宁省社科规划基金立项、辽宁省本科教改立项等重要项目的申报和建设中发挥主干作用，带动和影响全体教师积极工作，取得更大的教学和科研成果。

二是以支部立项为契机，求真务实，不断提高人才培养质量。2021 年，支部把立项重点确定为“搭建校企合作平台，服务专业人才培养”。同年 6 月，学院与翻译公司签署了校企合作协议。截至目前，参与实习人数已经超过 300 人；与出版社构建“师徒合作式”和“教师引领式”的翻译产业育人模式，出版《口译研究概论》《启发思维的数学小书》等 5 部译著；融入翻译公司的本地化项目管理体系，共建 O2O 混合课程，使学生能在字幕、广告等领域实现“互联网 + 项目管理”的创新实践；与翻译公司共建线上翻译实习平台，与会展公司共建线下会展和会议翻译平台，提升学生数字化翻译能力和专业化翻译知识的实践效果。2022 年，为培养学生学术能力，英语系党支部以“服务师生”为目标，以“打造优质交流平台，培养学生学术能力”为立项主题，构建了以 QQ 群为载体的三个学术平台，涵盖语言学、文学和翻译三个方向，截至目前，三个平台均运行良好，平台总人数达到 337 人（有交叉）。

三是以赛促教，以赛促学，联结育人。英语系坚持以赛促教、促学、促新的育人管理理念，全体教师党员积极投身竞赛指导和教学大赛，显著提升了英

语人才的国际化培养能力和创新能力。两年来学生在全国口译大赛总决赛中获一、三等奖各1人、区级赛一等奖2人，其他省级翻译竞赛一、二、三等奖9人，口译人才培养成绩位居东三省之首；在外研社杯系列比赛中，获得国家级三等奖2人和省级特等奖2人、一等奖4人、二等奖2人。教师党员获全国高校教师教学创新大赛二等奖2项（辽宁省仅4项、全国外国语言文学仅2项）、省级一等奖1项、蝉联两年校级一等奖。

2022年，英语系党支部获批成为第三批“全省党建工作样板支部”培育创建单位，以此为契机，充分发挥党支部在育人成果建设过程中的政治引领作用和组织保障功能，将支部建设与“立德树人”紧密结合，加强师德师风建设，突出高校教师的育人使命，逐步形成党建同育人互促互进、有机融合的党支部建设新模式，全面提升党员队伍素质、发挥教师党员的价值引领作用，谱写“三全育人”新篇章。

（执笔人：邓建华）

党建引领数学学科高质量发展新模式 全面构建“三全育人”大思政新格局

理学院数学系党支部

理学院数学系党支部坚持以习近平新时代中国特色社会主义思想为指导，以强烈的政治责任感和使命感贯彻落实党的二十大精神和习近平总书记关于教育的重要论述，引领数学学科持续稳步高质量发展。支部紧紧围绕“七个有力”标准要求，不断夯实党建基础，全面落实立德树人根本任务，深入推进全面从严治党。党支部不断强化教师师德师风教育，全面提升教师的思想政治素质和职业道德水平，持续增强教师队伍活力。全力推进党支部规范化建设，发挥党支部的政治引领作用，成功入选东北大学样板党支部和辽宁省党建工作样板支部培育创建单位名单，为全面构建“三全育人”大思政格局提供坚强政治保障，为东北大学双一流建设贡献力量。

一、高站位加强政治建设，高标准开展组织生活

党支部坚持把政治建设摆在首位，严格落实“三会一课”制度，高质量做好党员理论学习和教职工双周政治理论学习工作。通过多种活动方式，开展常态化思想教育，不断增强党组织的凝聚力和向心力。

一是严格落实“三会一课”制度，强化政治思想引领。党支部把学习贯

彻习近平新时代中国特色社会主义思想和《中国共产党普通高等学校基层组织工作条例》作为理论学习的核心任务常抓不懈。制定教职工政治理论学习计划，建立党员组织生活情况记录，不断提高教师的思想政治素质和理论水平，巩固深化“不忘初心、牢记使命”主题教育成果，凝心聚力不断实施基础学科提质工程。

二是丰富党日活动载体，思想教育长效化常态化。党支部采取外出实践考察、观看红色影片、开展志愿服务等多种方式，丰富党日活动载体和内容，引导全体教师学时事、懂时局。组织教师广泛开展谈心谈话，深入了解教师队伍中的思想状况，针对典型事例和代表性问题，通过文件学习、集中讨论等多种方式，辩明事理，澄清认识，从思想上正本清源，不断提高党员意识和党性观念，增强党支部的凝聚力。

专门召开党风廉政建设学习活动，支委会常态化聚焦重点问题，强化监督机制。支部纪检委员对数学系相关决策实施进行监督，全程参与数学系评奖评优、考试考务等相关工作，真正起到监督作用。常态化组织学习违反中央八项规定精神的典型案例，教育引导教师受警醒、明底线、知敬畏。

支部组织参观中共满洲省委旧址实践活动现场

二、高质量开展教学改革，高水平打造标杆课程

一是支部委员带头开展课程思政教学改革。数学系党支部书记、支部委员率先带领所在课程团队开展课程思政建设，通过精选教学案例、创新教学方式、思政元素共享等方式打造了多门课程思政精品课程。目前，数学系有 5 门课程获批校级课程思政示范课程，其中本科课程 3 门，研究生课程 2 门，《数值分析》课程获批“东北大学课程思政校级标杆课程”，数学与应用数学专业获批院级课程思政特色专业。

二是支部组织推广宣传课程改革优秀做法。数学学科多门课程、多名教师开展“课程思政”，取得一系列优秀成果。支部组织“课程思政”教师总结实践经验，专门印制了《数值分析课程思政案例汇编》《数学专业课程思政案例汇编》，支部党员在各类期刊上发表近 20 篇“课程思政”教改论文。

支部多次组织教师通过线上线下会议方式交流思政建设心得，分享建设经验。通过多门课程多名教师之间的教学研讨，不断拓宽课程建设思路，推动“课程思政”建设工作纵深发展。

支部印制的课程思政案例汇编和学习材料

三、广泛开展廉洁文化教育，全面加强师德师风建设

数学系党支部以廉洁文化建设为主题，从自身特点出发，创新活动内容，从思想上正本清源，教师廉洁意识不断增强，全面加强师德师风建设成效显著。

一是印发廉洁文化学习材料，打造师生学术诚信体系。党支部广泛收集师德师风、学生培养等方面的廉政素材，为全系教师印发廉洁文化学习材料。通过介绍黄大年、张桂梅、钟杨三位教师的伟大事迹，激发全系教师全力投入工作，为数学学科发展贡献自己的力量。通过引入党风廉政警示教育典型案例和《中华人民共和国学位法草案》中关于学术不端处理办法，告诫和警醒全系教师，必须要严谨治学、注重诚信，努力打造风清气正的数学学术生态。

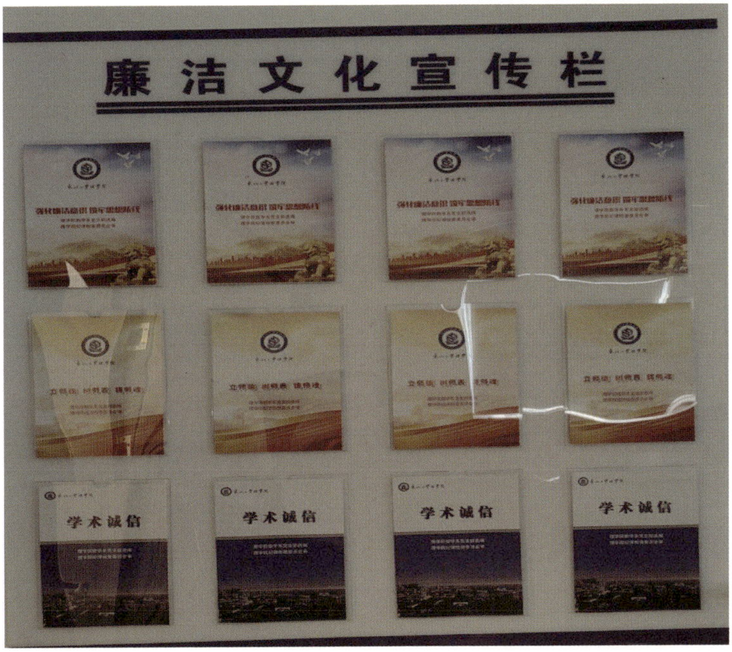

支部制作的廉洁文化宣传栏

二是举办廉洁文化知识竞赛，创新廉政文化宣传方式。不断创新廉政文化宣传方式，一改往日支部书记讲、党员听的传统模式，将学用知识相结合，增强学习效果。党的二十大召开前夕，党支部举办了新时代廉洁文化建设知识竞赛。广大教师通过准备知识竞赛，心灵得到了进一步洗礼，真正认清违法违纪的严重危害，进一步筑牢拒腐防变的思想防线。

支部组织新时代廉洁文化建设知识竞赛现场

四、聚焦数学科研水平提升，发挥支部科研引领作用

支部结合数学系教师的科研方向，依托国家自然科学基金，组建多个科研团队。支部选择由经验丰富的骨干教师担任团队负责人，充分激发团队成员向研究领域的广度和深度进军的积极性、主动性和创造性。支部带领教师深刻学习和领会老一代功勋科学家的高贵品德和探索精神，鼓励教师围绕国家重大需求团结合作、资源共享、集体攻关、勇攀新峰。支部广泛利用各种资源，开展数学系科技沙龙常态化，促进数学系教师形成良好科研氛围，推动数学学科整体科研水平稳步提升，打造科研团队的人才高地和创新高地。

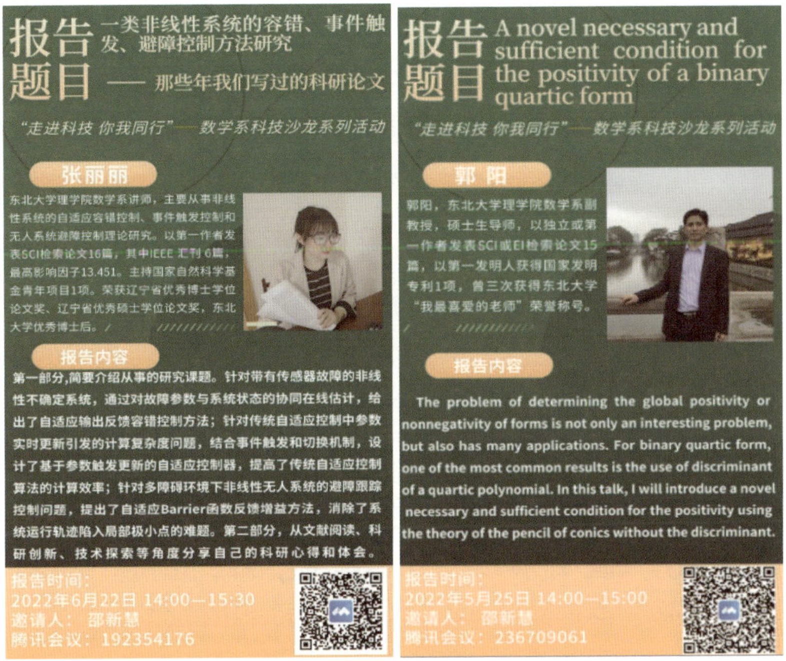

支部组织党员作学术报告的海报

星光不问赶路人，时光不负奋斗者。数学系党支部将继续高举习近平新时代中国特色社会主义思想伟大旗帜，在学校党委和学院党委的坚强领导下，躬身入局，实干担当，不断开创党建引领数学学科高质量发展新局面，全面构建“三全育人”大思政新格局，为谱写新时代新东大更加出彩的绚丽华章贡献全部力量！

（执笔人：冯男、邵新慧）

聚力“党建+”赋能新时代拔尖创新人才培养

资源与土木工程学院土木工程系党支部

资源与土木工程学院土木工程系党支部聚力“党建+”，采用“蓄能—赋能—释能”的工作机制打造“三能”型党支部。首先，对标“七个有力”，厚植党建根基，积蓄发展的势能，将支部打造成坚强战斗堡垒；其次，聚焦立德树人根本任务，通过“党建+育师”和“党建+育人”进行赋能，激活党建新动能，助推高质量人才培养；最后，面向教师和学生进行释能，增益党支部建设的效能。师生共同成长，教师成为“大先生”、“四有”好老师和学生的“四个引路人”。同时，努力把学生培养成能够担当民族复兴大任的时代新人。

一、蓄能——打造强有力战斗堡垒

通过加强支部内涵建设，打造坚强战斗堡垒，增强党组织的凝聚力。一是通过规范化建设，强化政治功能。坚持“制度化、规范化、科学化”建设。比如“三会一课”制度、支委会改选制度、党费收缴和使用制度等。重点以“两学一做”学习教育、党史学习教育常态化长效化为抓手，加强支部规范化建设，强化支部政治功能，发挥支部的主体作用，做到组织健全、制度完善、运行规范、活动经常、档案齐全、作用突出。二是开展有温度的思想政治工作，让支部成为党员的“家”。通过集体过政治生日，民主评议支部，民主评议党员，我为支部工作和系所工作献言献策，党员奉献日活动，为退休教师举行特殊的纪念仪式，建立生病教师、家庭困难教师慰问制度等，促进支部和谐建设。三是创特色、铸品牌，加强支部的文化建设，凝心铸魂。打造“红砖大讲堂”、“书香土木”读书节、绿色教师节等品牌栏目，加强支部文化建设。以“54 煤”精神、“可可托海的东大人”精神为内核，全面发挥红色基因育人铸魂作用，营造传承红色经典、繁荣校院文化的浓厚氛围。

二、赋能——助推高质量人才培养

结合高校教师党支部工作特点，党建和中心业务深度融合，主要有“党建＋师德师风”“党建＋专业学科”“党建＋教学科研”“党建＋人才培养”。支部的工作重心是坚持两手抓，一手抓“育师”，一手抓“育人”，通过“党建＋”模式，赋能人才培养。

加强支部文化建设

打造“党建＋育师”模式，赋能高质量人才培养。一是“强思想”。组织教师赴延安、井冈山等红色教育基地研学。近年来，学院深挖近百年办学历程中形成的特色文化，凝练了以“54 煤”精神、“可可托海的东大人”精神为核心的学院特色文化精神谱系。在此基础上，不断创新党员教育形式，切实提升先进文化引领一流发展的育人实效。此外，开设“红砖大讲堂”，邀请钱七虎院士等知名专家学者作报告，抓学习，强思想。二是“建平台”。着力强化“课程思政”平台建设。组建“红砖”课程思政教研室、辽宁省课程思政教育联盟和教育部“土木工程专业课程思政研究虚拟教研室”。三是“提能力”。依托平台建设，通过示范引领和教师培训，实现对传统基层教学组织的质量提升和内涵拓展，对高水平教学团队的继承发展和传承创新，用信息化手段切实提升教师的教学能力。

课程思政平台建设

组织开展教师培训

打造“党建＋育人”模式，赋能高质量人才培养。一是加强课程思政建设。着力构建“课程思政”工作体系，着力强化“课程思政”平台建设，着力实现“课程思政”全面覆盖，推动实习实践和校企合作协同育人，深挖特色文化，党团协同育人。通过党建引领，依托课程思政的三大平台，建设“融合式”的教师队伍，提高教师的教学能力。聚焦立德树人根本任务，一体化设计了土木工程专业课程思政建设体系，结合专业认证，将思政元素融入培养计划。系统推进，聚力“三全育人”；内生融合，实现“五育并举”；第一课堂和第二课堂相结合，培育学生的核心胜任力。二是落实班导师工作。党建引领，创新开展天天经典、大学“声”、趣味学党史——我画你猜、“万众携手同行，共渡疫情难关”、师生篮球赛等班导师活动；推行本科生导师制和朋辈学习模式，举办“学长学姐带你飞”、云端校友论坛、开学第一课、毕业云寄语、“三封信”等特色活动。三是组织号召科研竞赛。践行科研育人，使学生在参与科研和竞赛的过程中，培养科研能力、科学精神，培育健全人格，树立正确世界观、人生观、价值观，服务党和国家建设发展。开展本科生科研训练、本科生进实验室、博士生学术沙龙、大学生创新创业项目，指导学生参加各级各类竞赛。

三、释能——增益党支部建设效能

通过采取“三能”型支部建设工作机制，支部建设成效显著。一是土木工程系党支部集体获得了多项荣誉。如入选第三批“全省党建工作样板支部”培育创建单位、东北大学“先进教职工党支部”、“东北大学‘1+1’活动示范性党支部”培育党支部、特色支部创建工作成果一等奖、“三育人”先进集体、“青年文明号”等；二是党员个人也获得多项荣誉称号。如辽宁省高校“校园先锋示范岗”（党员）、东北大学“我最喜爱的老师”、优秀教师、“三育人”先进个人等；三是在学生培养成效上成果显著。如本专业学生积极参加“全国大学生党史知识竞答大会”；参与录制央视网《红色文物青年说》《旗帜·中国青年说》；选择去偏远地区支教，荣获学生创新创业“校长奖章”等。

土木工程系党支部采用“蓄能—赋能—释能”工作机制，打造“三能”型党支部。实施“一体两翼”工程，将党建势能转化成人才培养的动能，一手通过强思想、建平台、提能力抓“育师”，一手通过课程思政、班导师工作、科研竞赛抓“育人”，聚力“党建+”模式，助推高质量人才培养，增益党支部建设效能。

学生全面发展凸显育人成效

支部通过多种方式推进立德树人

（执笔人：康玉梅）

践行立德树人根本任务
加强党建与科研工作深度融合

冶金学院钢铁冶金第二党支部

冶金学院钢铁冶金第二党支部始终坚持以习近平新时代中国特色社会主义思想为指导，要求教师党员严守新时代“四有”好老师标准，要求学生党员努力成为德智体美劳全面发展的社会主义建设者和接班人。强化政治意识和责任担当，不忘立德树人教育初心，牢记为党育人、为国育才崇高使命，肩负把我国建设成为钢铁强国的重要职责；瞄准国际科技前沿和国家重大需求，充分发挥基层党组织战斗堡垒和党员先锋模范作用，攻坚克难，敢为人先，以取得具有国际一流水平的原创性科研成果和研制我国重大装备用系列“卡脖子”特殊钢材料为目标，打造一支国际一流的技术创新队伍，培养一批高水平冶金人才，为把我国建设成创新型国家而不懈奋斗。

一、政治提升学习为本，严格要求规范建设

钢铁冶金第二党支部认真贯彻落实党的二十大精神，贯彻落实习近平总书记系列重要讲话精神，严格落实“三会一课”制度，结合“创先争优”活动要求，突出实践特色、行业发展需求，扎实推进“两学一做”学习教育常态化制度化。

钢铁冶金第二党支部将推进学习宣传贯彻党的二十大精神作为重大的政治任务。认真执行“三会一课”、组织生活会及民主评议党员等制度，结合学院

党委每月第一、三周周三的组织活动和党日活动，灵活运用微党课、实景体验等方式，健全党建活动机制，规范党员队伍建设。为解决因出差等造成的集中学习困难，充分利用微信等平台建设网上党支部，保证党支部活动不落一项、不缺一人。

常态化制度化开展党支部活动

二、为人师表，时刻践行立德树人根本任务

国无德不兴，人无德不立。钢铁冶金第二党支部所在基层组织教工多年来认真贯彻党的教育方针，落实立德树人根本任务，彰显“实干报国”新时代东大冶金文化。始终坚定理想信念，胸怀大爱，为人师表，始终不忘作为共产党员身份和高校教师的初心，时刻践行为国家培养德才兼备高端人才的崇高使命。

优良的师德师风是凝心铸魂、立德树人的基础。支部传承靳树梁、李殷泰和杜鹤桂等老一辈冶金科学家数十载勇攀钒钛磁铁矿冶炼世界高峰的精神，组织学习杜鹤桂教授专著《铸剑扶犁七十年》，将“为国担当、艰苦奋斗、开拓创新”作风根植教师心灵。一切以学生为中心是教育工作的出发点，支部所在基层组织在科研和办公室用房紧张的情况下，优先改造了7间本科生和研究生自习室，为每名学生配备了带个人名牌的工作服，同时配备了空调和净水器，全年免费提供饮用水。

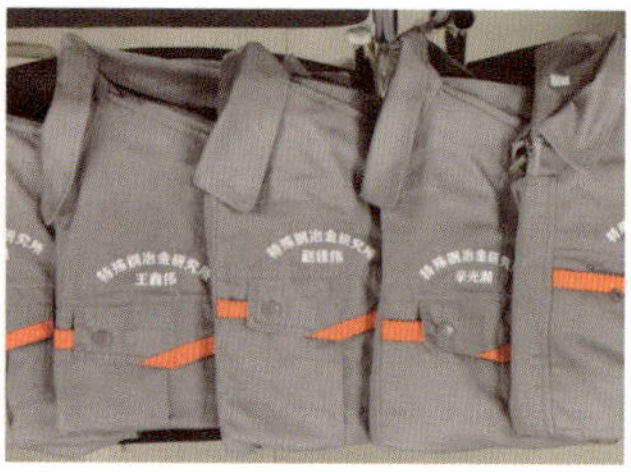

建设学生自习室

党支部注重校风、教风、学风的建设。形成了实现钢铁强国、助推东北振兴的团队文化。支部所在基层组织教师始终把以德立身、以德立学、以德立教，模范践行社会主义核心价值观贯穿于整个教学活动中。鼓励学生树立自信，勇攀科技高峰，勇敢地面对压力和挑战，塑造学生自强不息、知行合一的精神。以授课教师、班导师、科技竞赛指导教师等角色采用多元化的方式深入联系学生，以身作则引导学生树立工业报国的志向，投身于实现高水平科技自立自强的伟大事业。广大学生到基层建功立业的愿望强烈，形成了“到基层去、到艰苦地区去、到祖国需要的地方去”的就业氛围，学生对学科归属感强，用人单位对毕业生认可度高，多篇论文获得辽宁省优秀硕士学位论文、东北大学优秀博士和硕士学位论文，多人获得“辽宁省优秀毕业生”“东北大学优秀毕业生”荣誉称号。2022 年支部成员指导的硕士论文又有 2 篇被评为辽宁省优秀硕士学位论文。同时，支部所在基层组织获得“2022 年辽宁省首届优秀研究生导师团队”荣誉称号。

荣誉证书
HONORARY CREDENTIAL
张树才：
您的博士学位论文《超级奥氏体不锈钢 S32654 的制备及组织与性能研究》被评为 2021 年中国冶金教育学会优秀博士学位论文。
特发此证。
中国冶金教育学会
2021 年 12 月

LNED
辽宁省优秀学位论文
证　书
论文作者姓名：张树才
指导教师姓名：
学位授予单位：东北大学
为表彰辽宁省优秀学位论文作者及导师，特颁发此证。

荣誉证书
HONORARY CREDENTIAL
张蕾
您的《稀土 Ce 对 2101 双相不锈钢组织和性能的影响研究》被评为 2020 年辽宁省优秀硕士学位论文。
编号：LNYS2020075
二〇二一年五月九日

LNED
辽宁省优秀学位论文
证　书
论文作者姓名：陶学信
指导教师姓名：耿鑫
学位授予单位：东北大学
为表彰辽宁省优秀学位论文作者及导师，特颁发此证。

支部党员获奖证书

三、敢为人先，开拓创新，加强党建与科研工作深度融合

大国有重器，百炼淬成钢。怀着将核心技术牢牢掌握在自己手中的信念，钢铁冶金第二党支部所在基层组织教师团队紧密围绕国家重大需求，开展产学研用合作，数十年甘坐冷板凳，取得了一系列具有国际领先或先进水平的原创性科研成果，解决了我国重大装备所需高端特殊钢材料制备的系列“卡脖子”问题，为我国特钢技术的发展和钢铁强国建设作出了重要贡献。支部成员在2019年获得国家科学技术进步奖一等奖的基础上，于2022年，“高性能系列超级不锈钢关键制备技术开发及应用”项目获得辽宁省科技进步奖一等奖。

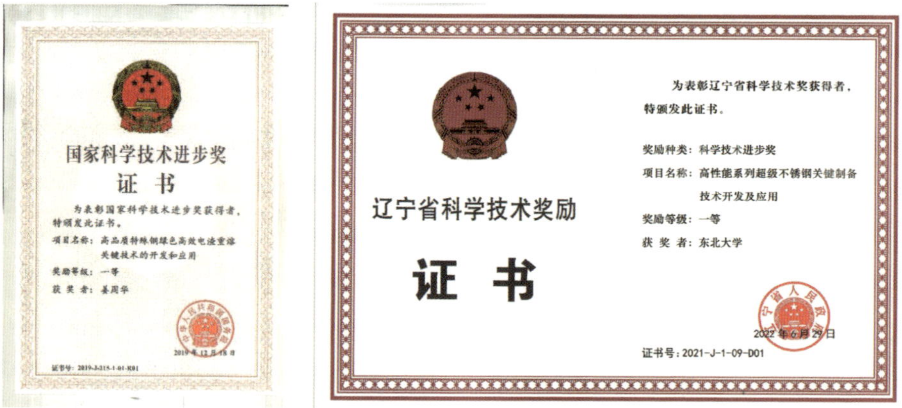

国家和辽宁省科技进步奖获奖证书

四、强化警示教育，从严治党不松懈

一是注重理论学习，筑牢思想防线。支部以规范“三会一课”为抓手，定期召开组织生活会，先后组织召开了“党的二十大精神学习、贯彻落实”“习近平总书记系列重要讲话精神学习”“科研与道德警示教育大会”“习近平总书记廉洁文化重要讲话精神学习”“积极落实院党委全面从严治党、廉洁自律的各项指示精神”“廉洁知识网络问答”等系列活动，做到廉洁教育全覆盖，不留死角。

二是以“史”为鉴，强化警示教育。支部多次组织学院对接党委委员、支部书记等为支部党员讲党课——廉政警示教育；开展“党史故事100讲”学习

系列活动——以史为鉴、防微杜渐；开展党史学习心得汇报系列活动，号召每名党员参与汇报活动；组织观看以史为鉴、警钟长鸣警示教育视频。

三是积极组织，有效落实，疫情期间充分发挥支部战斗堡垒作用。在支部的号召及组织下，在学校封校期间，支部所在特殊钢冶金研究所成立了“特钢所安全督导小组”“特钢所实验室安全日查打卡群”。支部党员积极参与社区的疫情防控工作，收到社区发给学院党委的感谢信，支部党员获得了沈阳市“同心抗疫　保卫城市”志愿服务证书。

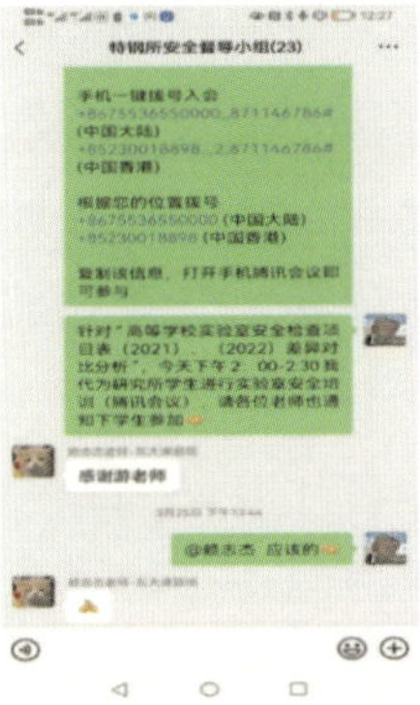

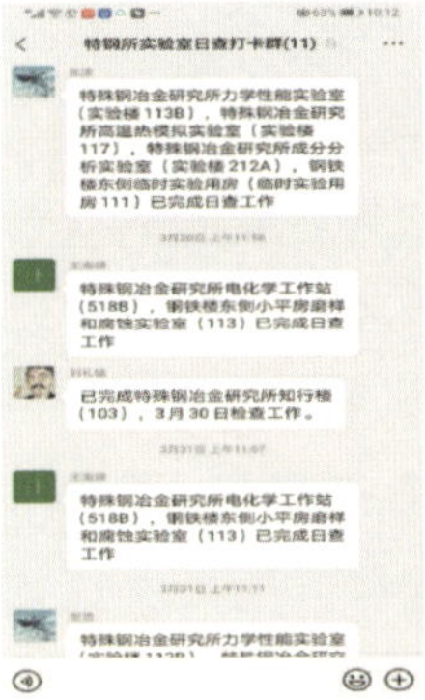

（执笔人：耿鑫、李阳）

传承老科学家精神 落实立德树人根本任务 肩负科技创新重任 培育时代新人使命担当

信息科学与工程学院工业人工智能与自动化系第二党支部

习近平总书记在党的二十大报告中强调："坚持大抓基层的鲜明导向，把基层党组织建设成为有效实现党的领导的坚强战斗堡垒，激励党员发挥先锋模范作用，保持党员队伍先进性和纯洁性。"管党治党，重在基层。作为第三批辽宁省样板支部，信息科学与工程学院工业人工智能与自动化系第二党支部始终坚持以习近平新时代中国特色社会主义思想为指导，全面贯彻党的二十大精神，认真落实新时代党的建设总要求。在工作中不断加强党建工作的内涵建设，探索党建工作新思路、新举措和新载体，积极发挥党组织的政治保障作用。支部坚持以一流大学建设为主线，着力筑牢思想政治工作"生命线"，积极推进和保障"互联网+"型党支部建设，突出传承和弘扬科学家精神的特色支部内涵，坚持紧紧围绕高等教育中心，主动服务大局，努力推动研究所在"双一流"建设中迈上新台阶。

一、落实"三会一课"制度，探索新时代师生联合党支部建设

工业人工智能与自动化系第二党支部始终将"三会一课"作为基层党建工作的重要内容，作为增强党支部创造力、凝聚力、战斗力的重要载体，作为保

持党组织和党员队伍先进性、纯洁性的有力抓手。以习近平新时代中国特色社会主义思想为指导，深入学习贯彻落实党的二十大精神，结合实际工作，支部依托“教工政治学习”“主题党日活动”“引领 · 提升 · 共进‘1+1’”专项活动等，建立健全“互联网 +”型党支部。

党支部组织开展政治学习及党史知识学习

一是学习为要、政治为先。支部定期组织召开“三会一课”，不断提高师生党员自我净化、自我完善、自我提高的能力；建立发展积极分子、发展党员、支委会委员改选、师生党员信息采集及管理等规范化管理制度；做到政治学习和支部活动有考勤、有记录，各项活动有计划、有组织、有总结、有宣传。坚持“读经典　品书香”，有计划地组织师生党员开展读书学习活动，不断增强理论学习的吸引力和实效性，结合“品东韵书香，读百年党史”读书活动、“发展对象讲党史故事”活动等，交流心得体会。把政治学习与读书活动贯穿于支部学习教育工作之中，把学习成果转化为推动研究所和学院学科发展的强大动力，全面提升科技创新能力，推动“十四五”高质量发展。

二是红色演讲、党史分享。支部书记和支委委员定期结合党委培训和党史知识学习，通过讲党课、录制微党课、邀请老党员座谈等形式，不断提高师生党员的政治觉悟和工作水平。定期组织博士生党员学习中央文件精神，带领博士生党员学习习近平总书记的重要讲话精神，通过观看讲话视频、提炼重要讲话要点、解读金句、党员发表感悟和交流讨论等形式，使党员深刻地领会和把握讲话的重大意义、丰富内涵、核心要义、实践要求，切实把思想和行动统一到讲话精神上来。

三是同心战“疫”、携手互联。新冠疫情以来，为进一步发挥基层党支部战斗堡垒作用，大力推进“互联网 +”型基层党支部建设。通过党建信息化平台，在校园疫情防控特殊时期，把支部党员纳入党组织进行有效管理和服务。通过线上线下活动的联合开展，丰富了学习和交流的形式和内容，推动了“互联网 +”型新时代党支部的建设。组织开展同心战“疫”结对帮扶“五个一”计划，“三言两语”记录抗疫活动，开展“同上一堂党课”线上微党课学习教育，举办线上专题报告，依托“学习强国”平台，组织收看《这就是中国》等思想政论节目的学习活动等。通过建设和推广，使得支部师生都乐于参与“互联网 +”型党支部的建设，师生党员实现 100% 覆盖。支部坚持做到把过好组织生活作为凝心聚力、激发斗志的重要抓手，从严从实抓好党员教育管理的每一段时间、每一个环节。

党支部积极推进“互联网 + 党支部”建设

二、传承科学家精神，营造潜心研究的科研环境，激发师生创新创造活力和潜力

工业人工智能与自动化系第二党支部的前身是控制理论与导航技术研究所党支部，是张嗣瀛院士等老一辈科学家曾经带领中青年教师奋斗过的集体，具有深厚的科学发展和严谨治学、潜心育人的优良传统。支部一贯注重建立科研的保证机制，让广大师生把主要精力投入科技创新和研发活动，在新时代发展进程中，广大教师正以饱满的热情和不懈的努力奋斗在教学科研第一线。

开展特色活动推进党支部建设

一是讲述榜样、传承精神。在学院党委“弘德工程”推动下，支部教师广泛开展继承和发扬老一辈科学家优良传统的宣讲行动。包括研究所所长为自动化类 2009 班学生“践行科学家精神”作专题报告，勉励东信学子勇于创新与创造、敢为人先、甘于奉献。支部书记以《一生家国情，满腔报国志——讲述中国科学院院士张嗣瀛的故事》为题为学院自动化 1703 班作主题报告。勉励学生以张嗣瀛院士的爱国情怀和科研攻关精神为榜样，学习、传承和发扬“爱国、创新、求实、奉献、协同、育人”的科学家精神。

二是营造氛围、代代相传。党支部定期组织以传承老科学家精神为主题的党日活动，将科学家精神春风化雨、润物无声地传递给广大师生，引导师生在

新时代中国特色社会主义建设中勇于担当，将始终牢记初心使命，自觉践行科学家精神，心系“国家事”，肩扛“国家责”，努力把自己的科学追求融入国家发展的伟大事业中，融入民族复兴的伟大征程中，以实际行动传承弘扬科学家精神。

三是同上党课、凝聚力量。支部书记在党委组织开展的“同上一堂党课”线上系列微党课学习教育中，录制了题为《传承科学家精神，促师德师风建设》的微党课，将张嗣瀛院士是如何以平凡的言行、踏实的敬业精神、严谨的治学态度、卓越的学术思想和博深的学术造诣影响着身边的每一个人，通过微党课的形式生动地讲述出来。广大师生通过微信群和公众号进行了传播和阅读，提升了支部思想政治教育的针对性和实效性，进一步引导广大师生坚守育人初心、勇担时代使命，积极弘扬主旋律、传播正能量。

四是精神指引、勇攀高峰。支部及时组织学习习近平总书记在科学家座谈会上的重要讲话精神。鼓舞广大师生肩负起历史责任，努力把实现科研从国家急迫需要和长远需求出发，真正解决实际问题作为目标导向，加强基础学科建设和基础研究，向科学技术的广度和深度进军。在学习习近平总书记给参与“东方红一号”任务的老科学家重要回信后，引导广大师生敢于直面问题、战胜困难，拼搏赶超、勇担重任，奋力谱写新时代科研创新的新篇章。相关学习促进党员统一思想、凝聚共识，使每一名科研工作者不畏艰难，勇攀高峰，不断地探索未知与未来。

三、坚持围绕中心服务大局与抓实党建的有机统一

多年来，支部师生在党建工作与业务工作中深度融合，紧紧围绕一流本科生专业教学和促进一流学科建设的高质量科研工作，全面落实立德树人根本任务，持续加强和改进教工思想政治工作，将师德师风建设贯穿促进研究所和学院高质量可持续发展的各项工作中。抓结合促融合，推动党建与业务工作从“配合”“结合”到深度“融合”。

一是典型示范、合力育人。为了把思想政治工作贯穿贯彻教学教育全过程教书育人，提高学生思想政治素质，在学院党委的领导下，支部为自动化专业配备了班导师，极大地解决了学生入校后对大学生活的迷茫、对所学专业了解

不深入、学习目标不明确、自主学习动力不足、专业分流和考研就业方向不清晰等方面的问题。树立青年教师先进典型，组织开展“传承精神　育人讲堂”系列报告会，以此带动青年教师成长。

二是人才培养、抓实教学。为深入推进传统工科向“新工科”改造升级的全面教学改革，加速学院自动化大类专业和相关学科向人工智能、工业智能等新工科方向转型发展，培育一批高水平教学成果，支部教师明确以“落实人才培养根本任务”为目标，面向新一代国家科技重大发展战略，依托控制科学与工程国家一流学科平台，聚焦人工智能技术与无人系统等新兴技术交叉领域的先进理论、方法、技术与工具，探索基于现有工科专业改造升级的新方向、新领域，大力支持传统工科课程向工业智能转型的新建课程、新建教材、实验平台及传统实验平台升级改造类项目，为新工科专业开设本科生和研究生必修课、选修课等，为学院传统工科专业进行转型升级、新时代人才培养、进一步深化课程体系改革，迸发基层组织改革的生机与活力，为推动研究方向智能化发展提供有力保证。

传承精神合力育人

三是三全育人、思政为先。为加强对学生的爱国主义教育和思想政治引领，支部组织开展“开学返校第一课 思政为先育全人”主题党日活动。同时，以思政课程研讨、组织观摩“课程思政”示范课程展示研讨会、参与“思政元素”汇编、录制“优秀课程思政”视频展播微课和“课程思政优秀思政元素”评选等活动，促进课程思政建设。系统挖掘专业课程的德育内涵和元素，完善“课程思政”教学大纲，形成具有推广价值的思政元素和教学案例，充分发挥“课程思政”的育人作用。

四是精神引领、铸就辉煌。支部不断推进传承张嗣瀛等老一辈科学家精神、弘扬新时代科学精神的支部特色建设，引领广大师生继承和发扬老一辈科学家的优良传统，争做重大科研成果的创造者、建设科技强国的奉献者。支部发挥组织优势，定期开展学术分享交流、科研难题研讨，助力党员攻坚克难，在关键领域苦下功夫，推动科研成果转化，为经济社会发展提供有力支撑。支部党建工作紧密围绕中心工作，培育了大批以科研报国为使命的中青年教师和学生。支部教师连续获批国家自然科学基金海外联合基金、国家重点研发计划项目等重大项目，获得国家自然科学奖二等奖、教育部自然科学奖一等奖等奖项，培养了多名研究生获得国家、省部级优秀博士论文，多人入选博士后创新人才支持计划。

旗帜高扬，大道向前。支部将认真学习领会、坚决贯彻落实党的二十大精神，积极推动党建工作和中心工作的深度融合，久久为功，不懈奋斗，把支部建成推动党建事业发展，培养创新人才的战斗堡垒。

（执笔人：马丹、井元伟、芦安洋）

党建领航 奋楫扬帆 做新征程上的“引路人”

信息科学与工程学院工业人工智能与自动化系博士生党支部

党建领航，砥砺奋进；凝心聚力，奋楫扬帆。信息科学与工程学院工业人工智能与自动化系博士生党支部始终坚持以习近平新时代中国特色社会主义思想为指导，对照新时代研究生样板党支部创建标准，加强“学思践悟”理论学习，秉承始终“行胜于言、敢为人先、和而不同、居安思危”的学院精神，依托多角度、多渠道的学习、教育、管理模式，将学生党支部建设成“党建+学术”的“双带头”堡垒，充分发挥博士生党员在思想引领和科研创新方面的“双带头”作用，奋力打造建设思路“有高度”、监管党员“有力度”、组织生活“有温度”的党支部。

一、聚焦“育人”，提升“强党建”工作效能

党支部充分发挥“育人”功能，全力打造“信仰课堂”“研学课堂”“指尖课堂”三大教育课堂，通过专题党课集中学习、情景式互动党课、红色基地实践研学等“标志性”品牌活动来提升党员素养、淬炼坚强党性。

一是规范完善支部工作运行机制。党支部建设注重夯实基础、突出特色、发挥作用，支部委员及时跟踪支部党员的思想动态，适时与支部党员谈心交流。党支部将学习培训、党费收缴、考评激励、关怀帮扶等环节制度化，同时，各项工作通知通过支部会议、腾讯会议、微信群等方式及时发布，形成了

重要工作经支委会集体讨论、重大事件经党员大会讨论通过的工作机制。

二是建立健全党员理论学习机制。党支部注重提升博士生党员理论学习效果，组织党员聆听“学习贯彻党的二十大精神——向第二个百年奋斗目标进军”“新时代我国发展壮大的必由之路——学习党的二十大精神”等名师名课，深入推动习近平新时代中国特色社会主义思想和党的二十大精神入脑入心；支部委员导读领学党章党规，通过“不忘入党初心，同过‘政治生日’”等主题党日教育，引导博士生党员在践行初心和使命中积极为一流学科建设贡献自己的力量。

三是注重发挥党员先锋模范作用。党支部建立起领域突出、载体丰富、成效明显的“四域四亮”工作体系，把理论学习、学术科研、“两室（实验室和寝室）”文化和志愿服务作为党员发挥作用的四大重点领域，以亮身份、亮承诺、亮职责、亮形象四种方式创设载体，在校园封闭管理期间以及在第 60 个“学雷锋纪念日”向东信学子发起倡议，构筑起校园内的坚实红色堡垒。党支部坚持有温度的工作理念，在支部内营造“党员之家”氛围，增强支部党员的归属感和认同感，形成了“有困难找组织帮助、有成绩向组织汇报”的党员教育管理新局面。

聆听名师名课

学习党的二十大精神

赴“九·一八”历史博物馆开展情景式党课

走进拉谷村为村民讲党课

二、强化“合力”，营造“好党建”建设氛围

党支部多措并举、强化“合力”，着力把党支部建设成“党建＋学术”的“双带头”堡垒，充分发挥学生党员在思想引领和科研创新方面的“双带头”作用。

一是推动思想引领和学风建设“双促进”。党支部通过讲学、研学等多种形式组织党员全员参学，以集中学习习近平总书记在庆祝中国共产主义青年团成立100周年大会上的重要讲话精神、开展红色素质拓展、观看《长征》纪录片、线上瞻仰抗美援朝纪念馆等多种形式推动落实党史学习教育常态化长效化。党支部在加强政治引领、思想引领功能的同时，以党建引领学术为主线，围绕学校、学院“双一流”建设目标和任务，协助学院开展“学术人生”讲坛，积极调研同学们的专业学习和学术科研状况，实施朋辈引领“头雁计划”，解决共性需求与个性困难，积极营造优良学风氛围，推动思想引领和学风建设“双促进”。

集中学习重要讲话精神

线上瞻仰抗美援朝纪念馆

二是实现党务工作和学术科研“双融合”。党支部不仅在理论学习中下力气，同时在学术科研中下功夫，支部委员率先垂范，每周定期集体学习，每月研讨工作计划，站上讲台讲授一堂党课，走进寝室领学一段党史，联系实际进行一次谈心，成为学生党员的引路人；支部委员争做学术科研的“排头兵”，积极搭建学术交流平台，拓展学习小组功能，除理论学习外，不定期开展线上线下学术交流，分享热点学术问题、学术实用软件以及最新科研成果，引导党员在潜心科研中弘扬科学家精神，在学以报国中实现青春梦想，实现党务工作和学术科研“双融合”。

站上讲台讲授一堂党课

交流分享领域热点学术问题

三是促进党性修养和专业素养“双提升”。党支部引导党员把提升党性修养、践行服务宗旨作为首要任务，在学院党委“学在东信”系列活动的大背景下，先后组织开展“弘扬科学家精神，对话学术人生”报告会、“对话青春，圆梦未来”博士生沙龙分享会等科研学术指导活动，同时成立科研互助小组及科研成果分享 QQ 群，通过线上线下的方式开展学业帮扶、互助提升，取得显著效果；党支部还积极拓展服务平台，制订社区服务计划、科技下乡计划等，用实际行动践行全心全意为人民服务的宗旨，引导党员将个人理想与追求同党和国家的前途命运紧密结合，科研方向主动适应党和国家事业发展的战略需求，促进党性修养和专业素养“双提升”。

开展学业帮扶、互助提升

科研互助小组

三、着眼“成效”，推进“优党建”成果转化

党支部积极营造人人学习典型、人人争当先进的良好氛围，利用学院学生党总支、学生工作办公室微信公众号“东信先锋号”“东信小苑”等网络宣传平台以及组织宣讲报告、座谈交流等形式广泛宣传典型，充分发挥辐射带动作用，在党支部内评选“理论学习先锋”“学术科研先锋”“志愿服务先锋”等单项奖，将党建引领优良学风、校风落到实处。

支部党员依托学院党委“青年说”平台，录制《愿得此身长报国》微党课视频，凝聚时代青年力量，砥砺科研报国志向，团结带领全院学生党员、团员青年共克时艰、同向同行。支部党员牢记青年学生党员使命，坚持理论联系实际，参加多项国家重点研发计划、国家自然科学基金项目，参与完成多项辽宁省自然科学基金项目。

博士生党员学术沙龙

录制《愿得此身长报国》微党课视频

同时，作为双一流建设学科所在的博士生党支部，党支部注重引导党员树立科研报国志向，坚持以工程需求与实践应用为导向，让青春携科研成果奔向党和人民最需要的地方。近三年来，党支部成员主持国家级、校级科研项目共 4 项，参与国家级、省部级科研项目 15 项，发表 SCI 收录期刊论文 67 篇，EI 收录会议论文 12 篇，5 人获得研究生国家奖学金，2 人获评辽宁省优秀毕业生称号，1 人被学院推荐至学校参评辽宁省优秀大学生党员，3 人获评东北大学优秀研究生、优秀研究生干部称号。

大道至简，实干为要。肩负时代重任，信息科学与工程学院工业人工智能与自动化系博士生党支部将时刻锚定“高质量党建保障引领高质量学术”总目标，打好思想引领、精神传承、学风建设组合拳，教育引导党员在观摩实践中磨砺党性，在思考研讨中坚定信心，在学术碰撞中开拓思路，做执行者、行动派，实干家，跑出科研进阶“加速度”，充分融合一流学科建设优势，助力国家产业转型升级重大战略，以“自强不息，知行合一”的使命与担当投身强国建设、民族复兴的新征程。

（执笔人：亓红强、刘宇、赵继鹏）

奋勇争先 打造新时代财务铁军

机关党委计划财经处党支部

机关党委计划财经处党支部坚持以习近平新时代中国特色社会主义思想为指导，以创建“全省党建工作样板支部”为契机，对标身边的先进党支部，拓展党建工作广度和宽度，致力于把党员队伍打造成一支政治过硬、业务精湛、作风优良、能打硬仗的铁军。在标准化、规范化上下功夫，加强制度建设，强化制度执行，规范支部内部管理；在系统性、时效性上下功夫，创新学习载体，丰富学习内容，紧跟党中央步伐，强化党员学习教育；在谋大事、干实事上下功夫，推进党建与业务深度融合，持续发挥党支部战斗堡垒作用。

一、锚定创优目标，厘清建设思路

着眼当前、立足长远、秉承“抓、树、立、合”的工作理念，设立“争创一流党建，打造先锋队伍”的目标，制定科学、可行的工作方案。“抓”是抓好各项制度建设，强化制度执行力，保障制度执行效果；“树”是丰富创新学习方法，提升支部党员素质，树立党员干部共产主义理想信念；“立”是树立党员先锋模范标杆，激励每一名党员都成为一面旗帜；“合”是加强党政领导，释放支部的组织力、凝聚力。

在创优目标的牵引下，严格对标支部建设的“七个有力”，设定“1 个细化 +2 个落实 +3 个到位 +4 个从严 +5 个强化”的工作思路。即 1 个细化：细化“过硬支部”建设标准。2 个落实：一是落实规范化建设提升支部战斗力；

二是落实科学化建设，发挥“领头雁”作用。3 个到位：一是思想武装到位，筑牢理想信念“总开关”；二是队伍建设到位，夯实“一线堡垒”；三是示范带动到位，打造“红色名片”。4 个从严：一是组织建设从严；二是党员管理从严；三是党建项目管理从严；四是反腐倡廉建设从严。5 个强化：一是强化党建引领，激发队伍活力；二是强化党建文化，凝聚向上力量；三是强化党群关系，营造和谐氛围；四是强化培训教育，增强理想信念；五是强化党建融合，提高工作质量。

坚持党建工作和财务工作深度融合，找准党建思想政治工作与财经工作发展融合的方法和载体，有计划分层实施建成“六个一”工程，即编制一本规范、总结一套方法、搭建一个框架、铸就一种文化、打造一个班子、建设一支队伍。

二、规范党支部管理，夯实党建根基

一是打造“H”形支部管理制度体系。聚焦党建的“五个基本”，认真梳理支部管理制度，为每项工作“量体裁衣”制定规范，对程序方法和实践经验进行归纳提炼，构建系统的制度体系、规范的工作流程，实现支部工作抓有标准、干有目标。一年来出台了包含支委会成员工作职责、党支部工作规划、党支部工作管理的 17 项制度，打造了“H”形党支部制度体系。

二是计划详尽化，任务清单化。编制详细的年度工作计划、专项工作计划，内容具体，既要贯彻落实各级党委的相关要求，又要安排业务深入融合的特色活动，而且具有可操作性。根据工作计划编制支部日常工作一览表、支部工作责任清单，责任到人，限定期限，确保“计划可落实、学习必深入、活动要高效”。

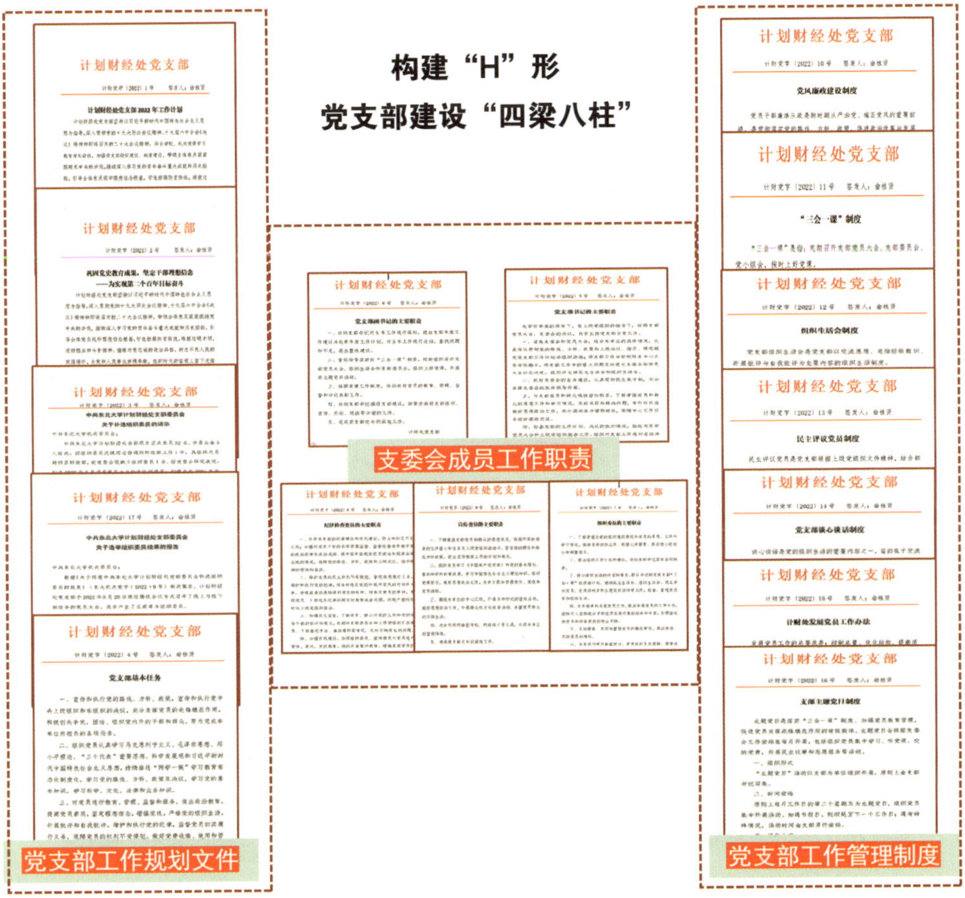

党支部积极推进制度建设

三是真抓实干保计划落地，激发党员干事创业热情。坚持把政治建设放在首位，落实各项党建计划。充分发挥党支部委员会和党小组的推动和监督作用，落实好"三会一课""主题党日"制度，拓展党员学习的方法和路径，创造机会让党员干部身临其境感受党的百年奋斗历程和百年伟大成就，让支部党员听得懂、学得进、有触动，坚定"永远跟党走"的决心，在实践锻造中不断增强做中国人的志气、骨气、底气，时刻保持投身一流大学建设的不竭动力。

党支部扎实推进支部立项工作

三、“头雁”带领党建发力，融合业务争创佳绩

面对校园封闭管理和贴息贷款等重要任务，计划财经处党支部以党建为抓手，激发党员干部热情，团结带领群众共同扛起重担，推动国家重大政策落实、学校重大部署落地。

一是率先垂范释放“引力”。计财处支委委员和领导班子成员长期坚持“干在前”“领着干”，争当部门的“领头雁”。在日常工作中领导班子率先示范、以身作则；在校园封闭期间，支部书记和宣传委员全程住校，同住校人员一起扛起全处主要业务的重担；支部书记成为参与学校疫情防控志愿服务最多的正处级干部之一；浑南校区发生疫情静态管理期间，两名副处长第一时间带头冲到抗疫第一线。他们起到“标杆”作用，把党员干部朝着争做先锋、争当表率的方向指引。一名住校的年轻干部深受鼓舞，激动地向党组织递交了入党申请书。封校期间，党员领导干部始终践行“关键时刻冲得上来、危急时分豁得出来”，白加黑、5+2，以顽强的拼搏精神和奉献精神圆满完成各项财务工作，让鲜红的党旗在疫情防控一线高高飘扬。

二是“号召”“倡议”激发动力。面对危险和困难，党支部及时向党员发起倡议书，以党组织的名义把党员和年轻干部组织起来、动员起来，帮助他们克服思想中隐藏的惰性，在政治上、思想上、行动上保持高度统一，激发他们的实干精神、奉献精神，组成奋战队伍，在攻坚克难中发挥党员的先锋模范作用。首批住校人员中党员占比达90%。

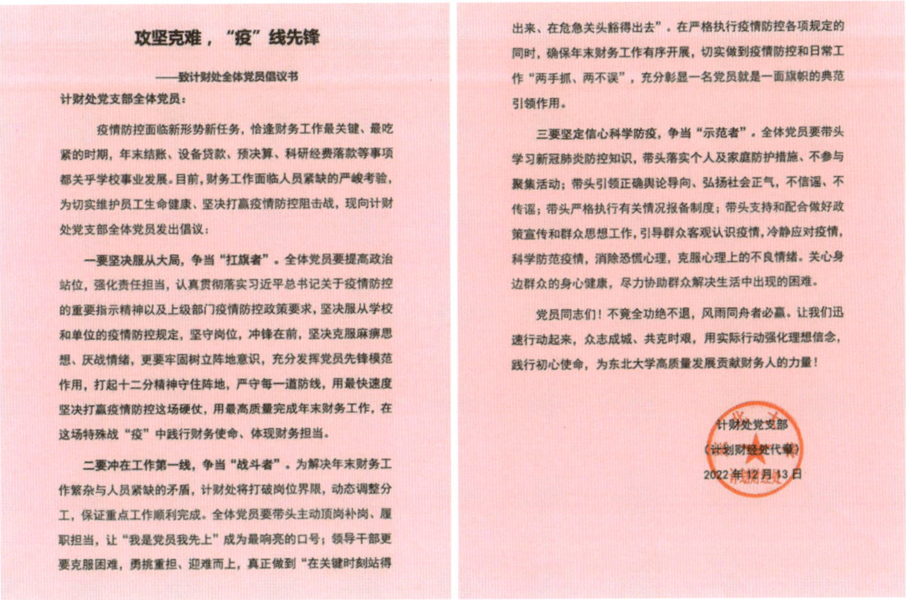
攻坚克难，“疫”线先锋

——致计财处全体党员倡议书

计财处党支部全体党员：

疫情防控面临新形势新任务，恰逢财务工作最关键、最吃紧的时期，年末结账、设备贷款、预决算、科研经费落款等事项都关乎学校事业发展。目前，财务工作面临人员紧缺的严峻考验，为切实维护员工生命健康、坚决打赢疫情防控阻击战，现向计财处党支部全体党员发出倡议：

一要坚决服从大局，争当“扛旗者”。全体党员要提高政治站位，强化责任担当，认真贯彻落实习近平总书记关于疫情防控的重要指示精神以及上级部门疫情防控政策要求，坚决服从学校和单位的疫情防控规定，坚守岗位，冲锋在前，坚决克服麻痹思想、厌战情绪，更要牢固树立阵地意识，充分发挥党员先锋模范作用，打起十二分精神守住阵地，严守每一道防线，用最快速度坚决打赢疫情防控这场硬仗，用最高质量完成年末财务工作，在这场特殊战“疫”中践行财务使命、体现财务担当。

二要冲在工作第一线，争当“战斗者”。为解决年末财务工作繁杂与人员紧缺的矛盾，计财处将打破岗位界限，动态调整分工，保证重点工作顺利完成。全体党员要带头主动顶岗补岗、履职担当，让“我是党员我先上”成为最响亮的口号；领导干部更要克服困难，勇挑重担、迎难而上，真正做到“在关键时刻站得出来、在危急关头豁得出去”。在严格执行疫情防控各项规定的同时，确保年末财务工作有序开展，切实做到疫情防控和日常工作“两手抓、两不误”，充分彰显一名党员就是一面旗帜的典范引领作用。

三要坚定信心科学防疫，争当“示范者”。全体党员要带头学习新冠肺炎防控知识，带头落实个人及家庭防护措施、不参与聚集活动；带头引领正确舆论导向、弘扬社会正气，不信谣、不传谣；带头严格执行有关情况报备制度；带头支持和配合做好政策宣传和群众思想工作，引导群众客观认识疫情，冷静应对疫情，科学防范疫情，消除恐慌心理，克服心理上的不良情绪。关心身边群众的身心健康，尽力协助群众解决生活中出现的困难。

党员同志们！不竟全功绝不退，风雨同舟者必赢。让我们迅速行动起来，众志成城、共克时艰，用实际行动强化理想信念，践行初心使命，为东北大学高质量发展贡献财务人的力量！

计财处党支部

（计划财经处代章）

2022年12月13日

党支部倡议书

三是组建“临时党小组”凝心聚力。校园封闭管理期间，党支部组织住校党员成立临时党小组，按时召开党小组会，组织主题活动，将党员紧紧团结在一起，鼓励党员发扬伟大建党精神，践行初心，勇担重任。住校期间打破科室界限，通力协作，心往一处想，劲往一处使。不仅以少数人完成全处主要工作任务，宁愿晚上加班工作，也要挤出时间多次集体参加学校核酸检测、运送物资等志愿服务。

计财处临时党小组参加学校志愿服务

四是“工作专班”创造合力。由于疫情导致人员减少、年末预算执行、会计核算以及预算一体化、贴息贷款等多重工作叠加，计财处果断抽调以党员为主的骨干力量成立贴息贷款工作专班，由支部书记任班长，明确分工，严格限定每项工作时间节点，倒排工期，统筹兼顾制定专项工作流程及规范、联系贷款银行、培训项目负责人、协调相关部门，多人带病坚持工作，连续奋战一个月，最终实现设备更新改造贷款资金收支 8.65 亿元，让国家教育贴息贷款政策稳稳落地，在学校“双一流”建设蓝图上贡献浓墨重彩的一笔。

（执笔人：马春艳）

第五章

校级培育强根基

强化五个“聚焦” 推进“五项工程” 高质量推动标杆分党委建设

外国语学院党委

外国语学院党委坚持以习近平新时代中国特色社会主义思想为指导，全面贯彻新时代党的建设总要求，紧扣学院实际和学科特点，聚焦重点关键，创新载体平台，夯实党建根基，不断提升基层党建工作的质量和水平，助推标杆分党委高质量建设。在具体建设过程中，坚持目标和问题双导向，以党的政治建设为统领，以党员作用发挥和党支部建设为牵引，以党建质量提升为核心，以学院事业高质量发展为目标，在做好日常基础工作的同时，强化“五个聚焦”，打造“五项工程”，为党建工作注入动力，让党建工作焕发活力，全面推动学院各项工作有序有力开展。

一、聚焦党员作用发挥，推进“红色名片”工程

外国语学院党委以党员作用发挥为着力点，强化党员身份意识和身份自觉，通过亮身份、做表率、树形象，锚定“全心全意为人民服务”，践行“一个党员就是一面旗帜”，引领全体党员自觉擦亮并亮出党员名片。依托党员量化考核评价体系提升党员质量，擦亮红色名片；依托“我是党员”行动计划拓展党员实践路径，亮出红色名片。自 2016 年起开展党员量化考核评价工作，聚焦六个维度，细化 60 条指标，从思想和行为层面对党员提出具体要求。通过全面、精准、细致的考评模式，不断强化对党员的日常监督和教育管理，形

成一种内外结合的监督与测评机制，强调党员身份意识，引导党员健康发展。自 2020 年起开展“我是党员”行动计划，通过“我是党员我承诺”“我是党员我学习”“我是党员我引领”“我是党员我服务”“我是党员我主讲”“我是党员我骄傲”等子项目，不断拓宽广大党员发挥旗帜引领作用的行动路径，让党员身份、党员作用、党员能力得到显性化发挥，真正实现一名党员就是一面旗帜，充分发挥党员的先锋模范作用。在 2022 年疫情形势严峻时期，学院 96 名教职工、124 名学生党员主动请缨，亮出身份，报名参加疫情防控志愿者预备队，并以线上线下相结合的方式积极深入学生群体中开展工作，守护学生健康。

“我是党员”行动计划活动

二、聚焦支部建设，推进“红色堡垒”工程

外国语学院党委以党支部建设和作用发挥为着力点，通过党支部规范化建

设，强化党支部的战斗堡垒作用，践行“一个支部就是一个战斗堡垒”，让党支部在学院事业发展中发挥更大的作用。加强党支部书记的选聘、培养和考核，以强有力的支部书记队伍带动基层支部工作的开展，学院教师党支部书记“双带头人”实现全覆盖。实施党支部规范化暨“对标争先”量化考核测评机制，实现规定动作到位，自选动作有特色，形成了外国语学院党支部1+N的良好态势，发挥辽宁省、东北大学样板党支部示范引领作用，激发党支部的积极性和战斗力，让基层党建呈现出更加精彩生动的画面。自2017年起推出FAITH信仰计划，从旗帜引领、创新提升、党员身份ID、理论夯实、实践助人五个方面出发，着力建设“模范型”党支部、“创新型”党支部、“管理型”党支部、“学习型”党支部和“奉献型”党支部。通过系统推进，全面打造立体化的“五型”党支部，使基层党支部更有组织力和战斗力，使广大党员更有归属感和向心力。

全体教师参观抗美援朝烈士陵园

三、聚焦立德树人，推进“红色育人”工程

外国语学院党委以立德树人为着力点，将党建工作与育人工作有机融合，全面贯彻落实党的育人方针，全面推动学院的人才培养工作。完善外国语学院“一三五十”育人体系，持续推进红色育人工程。发挥辽宁省高校辅导员名师工作室的示范引领作用和辽宁省“三全育人”示范院系的辐射带动作用，构筑大思政工作平台，构建大思政工作格局。课上以课程思政为依托，把牢教育

教学的主阵地、主渠道；课下以“指南针驿站”为载体，盘活教育教学的大后方。网上、网下齐头并进，既用传统的教育方式循序渐进教育引导学生，又用当下青年喜爱和乐于接受的方式不断提升思想政治教育效果。通过分享交流的形式，提升教师课程思政能力，建设学校课程思政示范专业 2 个，示范课程 11 门，学院课程思政示范、培育课程 31 门。在支部层面，各支部紧密围绕育人工作，相继推出“研英姐姐带你学英语”、“午后一小时温暖时光”、“读原著、学原文、悟原理”读书交流、“价值引领促发展，思政知识进课堂”、“打造优质交流平台，培养学生学术能力”等支部品牌项目，形成了“党建 + 育人”的工作格局，构建形成了“一支部一特色”，全力推进育人工作。

“指南针驿站”系列活动

四、聚焦思想引领，推进“红色信仰”工程

外国语学院党委以筑牢师生理想信念之基为着力点，通过立范式、优方式，强化学习教育，让坚定的理想信念成为推动学院事业发展的稳固基石。自 2016 年起推出 CRH 计划，以社会主义核心价值观为引领，打造核心价值观宣传月，将核心价值观贯穿于教师工作生活、学生成长成才的全过程。结合建党百年，推出“百年党史人人讲、月月译”活动，结合建团百年，推出百年团史讲述活动，结合建校百年，推出百年校史讲述活动，通过师生讲述、共学

共促，达到思想引领的目的。积极落实教职工双周政治学习制度，依托“引领·提升·共进”“1+1”专项活动和青年教师成长成才“四个一”活动及“无界课堂”、“博士论坛”等，全面提升教师素质能力，促进教师政治素质和业务能力双提升。为了提升师生学习的积极性，推出了云学堂“‘爱学习’PK 挑战赛”和“学习知史”行动计划，整合学习资源，创新学习形式，受到师生的普遍欢迎，由原来的“要我学”，成为现在的“我要学”，营造出浓厚的学习氛围，取得了实实在在的成效。

五、聚焦关键环节，推进“红色阵地”工程

外国语学院党委以意识形态关键环节和外语学科特有的风险点为着力点，强化落实工作责任，以强有力的政治监督守牢关卡，推进课堂、教材、学术活动、网络平台、外事活动等红色阵地建设，筑牢外国语学院的红色底线。通过会议和活动，持续强化教师课堂教学纪律要求。班子成员带头走进课堂听课，13 名学院督导实现本研、公外、专业课程听课全覆盖；落实《外国语学院学术活动管理办法》、《外国语学院教材选用管理办法》和《外国语学院新媒体平台管理办法》，审批、把关学术活动及全部教材，切实抓好学术活动、教材、信息发布质量关；建章立制，加强对出国交流师生和外事活动的引导和管理，组织交流师生的专题行前教育活动，不断提升意识形态工作水平。

外国语学院党委一直致力于推动学院党建工作与事业发展的深度融合，以高质量党建引领学院事业高质量发展，在实践过程中，取得明显成效，学院各项工作均得到了长足的发展。外国语学院获评辽宁省高校“三全育人”示范院系；“指南针驿站”获评教育部首批全国高校思想政治工作精品项目和辽宁省高校辅导员名师工作室；英语系获评国家一流专业，新增国家一流课程 1 门；1 名教师入选国家级青年人才项目。

征程万里风正劲，重任千钧再出发。外国语学院党委将以“标杆分党委”建设为契机，不断强化政治功能，激发创新活力，稳步构建“组织有力、机制健全、决策科学、运行规范、执行到位”的党建工作体系，继续依托“五个聚焦”“五项工程”，找准切入点，抓住关键点，扭住发力点，夯基础、保稳定，注活力、促提升，以高质量的党建引领学院事业的高质量发展。

（执笔人：赵彩清、赵丽娜、刘含宇）

同频共振聚合力　党建引领共发展

软件学院党委

软件学院党委以习近平新时代中国特色社会主义思想为指导，全面推进党建与事业发展深度融合。2021 年 12 月，软件学院获批全国首批“特色化示范性软件学院”，软件学院党委成为东北大学第二批新时代党建工作标杆分党委培育创建单位，在同步推进“特色化”和“标杆分党委”建设工作中，围绕高质量发展这一主题，学院党委坚持“党建工作和业务工作一起谋划、一起部署、一起落实、一起检查”的工作思路，秉持“围绕发展抓党建、抓好党建促发展”的建设理念，以高质量党建推动学院事业高质量发展。

一、坚持党建引领与事业发展“双轮驱动”

勇挑大梁，牢牢把握学院发展方向和道路。严格执行“第一议题”学习制度，分层分类开展党员教育，发挥党委理论学习中心组领学作用，依托党支部“三会一课”和双周教职工政治学习制度，聚焦特色化软件学院建设工作部署，召开中心组（扩大）学习 4 次，开展教育活动 20 余次，培训党员 3000 余人次，培训支部委员 100 余人次，将党建理论和业务知识学习相结合，为破解发展制约因素、履行职责使命、推动高质量发展，提供了价值引领和基本遵循。

建章立制，把加强党的领导和提升学院治理水平统一起来。学院党委在推动特色化软件学院建设的过程中突出引领作用，全面谋划学院发展蓝图，高质量制定了《特色化软件学院建设方案》，具体分解为九项任务清单，涉及培养模式、课程体系、产教融合、教学组织、校企合作、招生分流等具体落实措施，明确建设的目标任务、施工图、时间表、牵头领导和责任科室。对于建设方案中列出的落实措施，学院党委委员、领导班子成员主动认领、认真履责，引领带动事业发展势态持续向好。

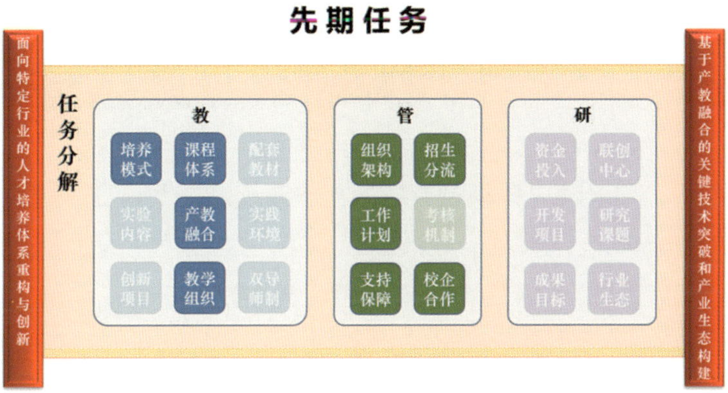

特色化软件学院建设任务

强基固本，把基层党组织建设成为坚强战斗的堡垒。通过抓住“关键少数”、管好“绝大多数”，推动党建工作与业务工作深度融合、相互促进。目前学院所有教师党支部书记均为“双带头人”，将党建工作与业务工作充分融合，以党建工作引领教学科研管理，以教学科研管理成效体现党建工作水平，推进党建工作与教学科研管理同频共振。

二、坚持立德树人与人才培养“双向发力”

深学细悟，用习近平新时代中国特色社会主义思想凝心铸魂。坚持把学习贯彻新时代党的创新理论作为首要政治任务，组织师生党员收听收看党的二十大开幕会；开展“踔厉奋发创佳绩 勠力同心迎盛会”专项活动和“学思践悟二十大，砥砺奋进新征程”“五个一”系列教育活动；推动党史学习教育常态化长效化，围绕党史学习教育成果的落实落地，开展“再学百年史，一起向未来”VR 党史馆图片与音像资料收集活动，现已建成以中国共产党历史展览馆为蓝本的 VR 党史馆。

VR 党史馆

协同育人，构建课内外相融合的课程思政模式。坚持立德树人根本任务，积极构建大思政育人工作格局。首创“一条主线，二个基础，三套方案，N 项任务”的“课程思政”体制机制逐渐完善。推动以评促建，在已获批 2 个校级课程思政示范专业、17 门示范课程、4 门培育课程基础上，成功申报校级课程思政示范专业 1 个、示范课程 2 门，现学院所有专业均为校级课程思政示范专业。

聚焦“双创”，完善人才培养体系。主动把创新创业教育纳入到学院改革发展事业的全局中，积极做好创新创业教育的整体规划和顶层设计，通过打通“创意—创新—创业”链条，建成集成果展示、应用体验、技术交流于一体的学生创新创业成果体验中心，现首批 8 个项目已完成入驻。

文化育人，开展学院 20 周年院庆系列活动。以庆祝建院 20 周年为契机，上线院庆专题网站，创作院歌 1 首，召开学术报告 3 场，举行“院庆杯”校园文化艺术节，涵盖 20 项子活动，累计参与 1000 余人次，创新性地开展了文化建设、宣传工作、校友工作、学术活动、庆典活动等系列工作和活动组织，全面梳理总结学院 20 年办学经验和办学特色，发挥学院特色文化在团结凝聚师生中的重要作用，进一步激发广大师生校友爱院荣院的自豪感，营造良好文化育人氛围。

三、坚持抓实重点与攻坚难点“双管齐下”

抢抓机遇，特色化软件学院建设实现高质量发展。坚持从政治高度推动具体工作、从全局角度开展具体行动。围绕金融科技和智慧健康的领域需求，建立了 500 余平米的双创展示中心和创新实验床，为学生提供展练结合、迭代创新的实验环境；注重加快科技创新和成果转化，聚焦智慧健康和金融科技领域，飞标医学影像标注平台、CareVault 智能医疗研究云平台、开放云原生技术平台等诸多产学研合作项目现已落地；聚焦解决卡脖子关键技术问题，共建校企联合研发中心、建立专项实验室，形成特色研究方向，推动关键软件技术突破，产生有重大影响力的科研成果。根据特色化软件学院实施方案；系统规划、科学设计了 30 个首批“揭榜挂帅”项目，投入经费 100 万元。

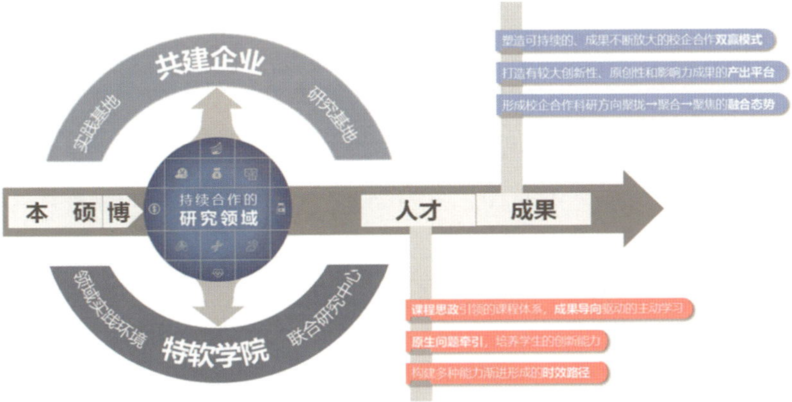

特色软件人才培养方案

志愿先行，助力乡村全面振兴。作为东北大学与云南省昌宁县“党建对接”工作的三个分党委之一，全年为昌宁县捐款两次，累计捐款 7 万元；开展暑期公益支教实践活动，面向昌宁县下辖 6 个镇举行 15 场暑期课程，受益儿童达 500 余人。

“明光守护，少年强国”一行在昌宁县开展公益支教

全面从严，构建安全稳定文明和谐学院环境。坚持党要管党、全面从严治党，定期召开全面从严治党工作会议，出台《软件学院党委落实全面从严治党主体责任清单》，组织师生参与2022年廉洁文化作品大赛，廉洁教育覆盖全体师生，营造了风清气正的政治生态。校园封闭管理期间，学院党委坚决落实好学校的各项要求，组织师生志愿者1000余人次，为全院两千余名学生发放苹果1500斤，防疫口罩近万个，累计配送各类物资2.5万余件次，将疫情对师生的影响降到了最低。

学院党委在“党建工作标杆分党委”建设期内，着力把党建工作做得针对问题敢创新、打动师生有灵魂、久久为功树品牌，以高质量党建引领高质量发展，获辽宁省教学成果二等奖2项，省部级科技进步奖4项，辽宁省一流本科课程12门，基层组织获评全国志愿服务项目大赛银奖、辽宁省金奖、2022年全国大学生暑期实践项目TOP10、团中央知行计划“榜样100”最佳大学生团队，师生党员获“辽宁省优秀大学生党员”等校级以上荣誉20余人次，学院党委被评为2022年廉洁文化建设活动优秀组织单位。

（执笔人：滕超、彭亮）

打造富有体育专业特色的创新服务型党支部

体育部大球教研中心党支部

体育部大球教研中心党支部以体育专业为引领，构建不忘“教书育人”初心、牢记“回报社会”使命为目标的体育专业特色党建品牌活动体系，坚持用习近平新时代中国特色社会主义思想武装头脑、指导实践、推动工作，坚持党建与事业“一盘棋”，实现支部党建与事业高质量发展同频共振，以“打造富有体育专业特色的服务型党支部”为己任，积极开展各项工作，以“发挥专业特长，激发内在动力，打造服务校园、服务社会的平台”为宗旨，推进党务规范、业务领先、服务有力的高水平党支部建设。

一、以体育人、服务育人，提升党支部建设水平

大球教研中心党支部是体育部党总支下辖的最大的教师支部，近年来，支部着重提升组织建设水平，以规范制度为指导，夯实支部组织，建强基本单元，筑牢战斗堡垒，构建上下贯通、执行有力的组织体系和保障体系。注重加强支委会建设，执行支委会例会制度，严格党的组织生活，认真落实党的路线方针政策和上级的决策部署，用党的创新理论武装头脑、指导实践、推动工作。形成党总支委员联系党支部机制，党员领导干部实行“一岗双责”，在做好业务工作的同时，做好思政引领，落实党建责任，实现党建和业务融合发展。

支部实施“党员修养＋师德师风”双向培养模式。每年多次开展深入学

习《新时代高校教师职业行为十项准则》主题活动，牢固树立教师底线意识，增强遵守教师职业行为十项准则的思想自觉和行动自觉。体育部师德师风年度考核等级为优秀的人员共5名，其中大球教研中心2名，占体育部优秀教师的40%，支部教师师德年度考核全员合格。

2022年，支部组织党日活动及理论学习35次，有效提升教师思想素质、业务水平和工作能力，引领大球教研中心全体教师积极参与支部活动，非党员教师参与集体活动共14次，联合学生支部举办活动2次，重点帮扶答疑1次，明确立德树人根本任务，引导全体教师努力成为“四有好老师”“四个引路人”和“四个相统一”的表率；同时，注重组织和支部成员参与党支部重要工作决策，进一步增强团队的凝聚力、执行力，引领调动全体教师的积极性、主动性、创造性。

二、以体育专业为基础，为“刘长春杯”系列赛事保驾护航

东北大学有着辉煌的体育运动史，开创了中国奥运的先河，培养了“中国奥运第一人”——刘长春，刘长春顽强拼搏的精神及其具有特殊意义的运动经历在每个东大师生心中根深蒂固，成为了东北大学的一张体育名片，因此，体育在东北大学不仅是一种校园文化，更是精神的传承。

体育部联合学校多部门在全校范围内举办“刘长春杯”系列体育赛事，鼓励更多的师生参与体育活动，通过体育竞赛的方式，践行东北大学“自强不息，知行合一”的校训精神，弘扬顽强拼搏、自强不息的中华体育精神。

以往，一些优中选优的大学生组建田径、篮球、足球、橄榄球等优势项目的校队，代表学校走出去参加各级各类比赛，这样受益的仅仅是一小部分同学。“刘长春杯”系列赛事以校园体育赛事为抓手，全面促进校园体育文化氛围，力争调动每名大学生和教职工的运动积极性，提高东大师生的身体素质。大球教研中心党支部的各位教师党员积极投身到“刘长春杯”系列赛事中，做实做细各项工作，全力保障各项赛事顺利进行，其中教师党员承担篮球、排球、速度攀岩、迷你马拉松等项目赛事的组织、编排及裁判工作。实践证明，在为赛事服务中，教师党员增强了责任意识、奉献意识和荣誉意识，发挥了党员先锋模范作用，同时也为青年教师党员提供了一个在实际服务中历练自己、

升华党性的平台。今后，大球教研中心党支部的教师党员将继续发挥自身专业优势，增强服务意识，为“刘长春杯”系列赛事保驾护航。

“刘长春杯”系列赛事掠影

三、发挥体育专业特色，开展关爱孤独症儿童社会行为干预治疗系列活动

有那样一群孩子，他们眼睛明亮，却不愿与你对视，声音美妙，却不愿与你交谈，或喜或悲、或笑或哭，他们永远旁若无人。他们，只是一群普通的孩子，却被孤独症夺去所有光芒和色彩。他们是“星星的孩子”，犹如灿烂银河中的星星，闪烁其间，但却永远一人一世界。儿童孤独症是发生于儿童早期的一种涉及知觉、情感、语言、思维、动作与行为等多方面的发育障碍，主要症状是孩子不愿与人交流，沉迷于自己的世界，生活自理能力差，学习有明显障碍，接触新鲜事物的欲望和能力较弱，严重者甚至会有自残倾向。

自 2018 年以来，体育部大球教研中心党支部与沈阳市残疾人联合会、沈阳市精神残疾人及亲友协会建立常年合作，连续 5 年共同开展“爱在校园　携手星儿”孤独症儿童社会行为干预治疗系列活动，携手 100 余组孤独症儿童家庭，在足球公园、东北大学五四体育场、和平区体育公园开展趣味体育系列活动，每年至少开展一次。

“爱在校园　携手星儿”孤独症儿童社会行为干预治疗系列活动

体育部大球教研中心党支部关爱孤独症儿童系列活动以实践体验的形式，立足体育育人的专业基础，发挥体育教师职业优势，号召动员全体党员身体力行地投入到公益行动中，使党员切身感受到作为一名高校教师党员，要不忘初心，心怀感恩，牢记全心全意为人民服务宗旨，立足本职岗位，增强责任意识，发挥党员先锋模范作用，奉献爱心，以实际行动回报社会，以师者大爱、党员使命为指引，让孤独症儿童在体育活动中感受快乐，树立信心，健康成长，用行动告诉全社会，只要我们行动起来，就可以点亮星星孩子的世界，让他们的光芒闪耀整个夜空。

通过提升支部建设水平和开展校园内外的志愿服务活动，体育部大球教研中心党支部助力校园体育文化建设，关爱社会弱势群体，创新服务载体，提升服务水平，引导党员增强党性、投身公益，服务人民，努力成为良好社会风尚的倡导者、精神文明的传播者、社会和谐稳定的促进者，同时在提高大学生身体素质、培养终身体育爱好，普及师生健康生活、优化健康服务，提高全民健康素养、突出解决老年人、残疾人等重点人群的健康问题等方面，还有很多工作可做，在打造富有体育专业特色的创新服务型党支部建设之路上，要继续凝心聚力，阔步向前！

（执笔人：贾海波、陈昊、王儒轩）

对标对表找差距　聚焦党建重落实

继续教育学院第一党支部

继续教育学院第一党支部坚持以习近平新时代中国特色社会主义思想为指导，按照新时代党的建设总要求，在校、院两级党委的坚强领导下坚持以政治建设为统领，将制度建设贯穿始终，以实现“思想凝聚”“组织凝聚”为目标，以“政治建设”“制度建设”“组织建设”为保障，严格对标看齐，注重发挥支部对党员的思想引领作用，发挥好基层党组织在推动校院发展中的战斗堡垒作用。

一、聚焦组织建设，齐抓对标修“正”

一是完善制度建设。制度建设是实现思想凝聚的基础，继续教育学院第一党支部不断加强制度建设，严格党内政治生活，坚持“三会一课”制度，深入开展“两学一做”学习教育，进一步加强和提升党组织生活质量，不断强化党组织的作用，确保“三会一课”制度规范化、常态化，进一步增强党组织创造力、凝聚力和战斗力，并以分层递进的方式，通过“微党课”“学习论坛”等形式，使党员以“学习—讨论—统一认识”的方式，共同参与支部的制度建设。

二是坚定政治信念。对照《新时代东北大学党建“对标争先”重点任务指南（党支部）》，以组织生活会为切入点，广泛开展谈心谈话、深入查摆剖析支部存在的突出问题，组织召开支部会议，从查摆出来的具体问题中深入剖析根源，实事求是，正视不足，并讨论整改落实措施，提出改进方案、落实措施及考核方法，建立长效机制，及时推动解决支部存在的问题，实现思想引领，保证组织建设进一步系统化、科学化。

三是践行党员承诺。组织党员对照党章党规，上级党委及支部内的工作要求，并结合本岗位工作，查找自身问题，分为三个阶段进行：公开承诺，党员根据自身岗位职责，在工作流程中易产生违规行为的环节，有针对性地进行廉政承诺；学习践诺，通过阅读经典著作、参观爱国主义教育基地、举办“讲述廉政故事”竞讲会、学唱廉政歌曲，使党员从内心把住道德情操关，从思想上筑起党纪国法的防线；践诺评议，针对党员承诺，组织展开两次座谈（第一次是“中期促践”，第二次是成果考察），总结经验，查找问题，进一步促进党员在工作中加强廉洁作风建设，提升党员党性修养和能力素质。

重温入党誓词，牢记初心使命

二、聚焦全面提升，聚力对标争“先”

一是搭建学习平台，拓展交流渠道。充分利用“学习强国”学习平台等，向全国各高校先进党支部学习先进经验，定期组织支部讨论学习；以主题教育大调研为契机，到校外党支部实地调研交流，研讨支部工作开展的相关经验，借鉴特色做法和创新经验。注重强化党员理想信念和党性教育，结合“不忘初心、牢记使命”主题教育推进“两学一做”学习教育常态化制度化，坚持集中学习与日常教育相结合、组织教育与自我提高相结合，引导支部党员筑牢信仰之基、补足精神之钙、把稳思想之舵。

二是发挥榜样力量，激发争先斗志。根据常态化组织生活以及党建活动参与情况、党员对承诺践诺的实施情况，进行了测评和考核，在支部内部组织批评与自我批评，通过优秀党员宣讲其学习和工作体会及经验，充分调动了支部活力，使党员明确组织要求、岗位责任等，发挥党员在工作中的模范带头作用，并对支部内优秀党员和先进事迹，及时予以肯定和宣传，带动支部整体进步和创优，推动支部成为具有凝聚力、组织力、执行力的基层组织。

支部党员集体合影

三是“疫”不容辞担使命，战斗堡垒挺在前。继续教育学院第一党支部在统筹推进疫情防控和复学复工中，严格落实各项防控措施，利用网络平台开展各类学生活动，根据返校复学要求，制定疫情防控工作预案、返校实施方案，切实做好疫情防控期间信息化系统的保障和服务工作，为常态化疫情防控下学院各方面工作的安全稳定运行提供有力支撑，切实发挥支部战斗堡垒作用和党员先锋模范作用。

三、聚焦重点问题，发挥支部作用

一是以问题为导向，强化责任落实。定期梳理党支部存在的问题，制定整改台账，能当下解决的，立行立改、即知即改；一时解决不了的，明确阶段目标和责任，限期整改；少数需要长期整改的，盯住不放、持续整改。支部党员要主动带头为群众办实事解难题，群众操心事烦心事得到有效解决，为学院实现高质量发展提供坚强的政治保障和组织保障。

支部党员参加学生接站工作

二是发挥主观能动作用，激活“神经末梢”。在学习教育、管理监督、活动开展、制度建设等方面进行大胆创新、灵活创新、科学创新，进一步激活党组织“神经末梢”，充分发挥好支部“灵活、多样、实效”的作用，让支部创造力倍增、凝聚力倍增、战斗力倍增。面对问题，绝不退缩，敢于顶真碰硬，积极化解矛盾，着力解决问题，为党支部增添活力。

支部党员参加党史学习和讨论

三是突出创建特色，找准支部定位。党支部以加强基层党支部建设工作为切入点和突破口，从制度创新、硬件完善、软件规范、组织有力、岗位创优等方面入手，认真筛选、反复研究，提炼确保好“支部”创建主题和品牌，记录好“支部”的创建过程，扎实落实各项规定和制度的同时，精心培育特色典型，注重工作创新，坚持将党建工作与业务工作深度融合，有效破解“两张皮”，做到党建工作与业务工作同谋划、同部署、同推进、同考核，力争做到工作有亮点、支部有特色。

继续教育学院第一党支部将支部组织建设的制度、计划、总结等形成了系统规范的支部工作流程和工作手册，使支部工作有据可依，有章可循；将支部建设过程中形成的解决问题的方法、落实的措施及效果形成了文字资料，使其对于其他支部可借鉴、可应用；将先进人物的事迹编制成宣传册，切实保证了支部建设的可持续性。

党支部组织开展庆祝中国共产党成立 100 周年活动

党支部将继续高标准严要求，明确任务，找出差距，脚踏实地，抓好落实，持续加强理论学习，不断提高经验积累和成果沉淀，紧紧围绕新时代高校党建示范创建和质量创优工作要求，深入总结经验，巩固建设成果，持续对标对表，提升示范效应，不断推动支部党建工作质量整体提升。

（执笔人：陈敬国、刘佳奇）

走基层党建创新之路　打造医疗服务铁军

后勤党委校医院党支部

作为学校首批新时代党建样板党支部创建单位，后勤党委校医院党支部在上级党委的指导和关怀下，严格按照《重点任务指南》的要求，扎扎实实落实三级指标，紧紧围绕落实“三会一课”等制度建立起了规范化的党支部。创建过程中梳理、总结了党建工作经验，创新党建工作——送“党史学习教育”入科室，固定并坚持形成常态，走出了基层党建工作的特色创新之路。通过创建活动，党员得到了教育升华，党组织得到了壮大。三年的疫情检验了样板党支部的创建质量，在党支部带领下，校医院作为校园防疫抗疫的主力军，始终坚持以习近平新时代中国特色社会主义思想为指导，采取坚决有效举措，全力开展疫情防控工作，打造出来一支“敢打硬仗、甘于奉献、不断提高服务能力水平”的医疗铁军。

一、加强支部班子建设，夯实党执政的组织基础，打造规范化党支部

校医院党支部在活动组织、档案管理、发挥作用等方面加强规范化建设，以落实“三会一课”制度及党日制度为抓手，利用党小组会议、支部党员大会、线上培训及“学习强国”学习平台等广泛开展学习活动，线上线下相结合，把党支部规范化建设推向深入，各项工作做到踏石留印、抓铁有痕。做到了党员教育扎实开展，主题党日严格规范；严格做好发展党员、管理党员，党

员先锋模范作用得到认可；监督执纪常抓不懈，“红脸出汗”成为常态，监督党员履行义务、遵规守纪及时到位；组织党员有力，引领带动作用强；学习传达上级党组织决策部署切实到位，注重发现、宣传、推广身边典型，凝心聚力、增进共识，引领全院职工听党话、跟党走；服务师生能力显著增强。

党支部工作台账标准化

二、坚持以思想建设为中心，创新党建工作，充分发挥战斗堡垒作用

校医院党支部梳理、总结了防疫抗疫工作经验，开展“抗疫情、守初心、担使命”主题活动，践行“一线规则”，强化“一线意识”，形成了工作体系。在党员层面，聚焦主题主线，组织党员把“抗疫情”和“守初心、担使命”结合起来，加深对习近平新时代中国特色社会主义思想在抗疫中的具体体现的理解，引导党员干部深刻领会“初心”“使命”在抗疫中的价值和意义，结合自身实际工作，干在一线，学在一线，体现了实事求是的“一线意识”。支部书记讲党课《伟大的抗疫精神》《党中央在延安十三年》等，弘扬新时代“抗疫

精神”和“延安精神”，号召全体工作人员，共抗疫情、爱国力行；党支部召开线上组织生活——抗疫故事汇，聆听身边抗疫故事，校医院党员深受鼓舞，纷纷表示将发挥医疗专业优势，做勇敢的逆行者。

针对校医院身处抗疫前线，疫情防控要求避免聚集的情况，校医院支部摸索出了送“党史”入诊室的举措。支部结合校医院工作特色，精心制作了和医疗工作、学校特点有关的党史学习教育主题卡片。从2021年6月9日开始到诊室发放党史学习教育主题卡片，党员利用碎片化时间，阅读材料并写出心得，由支部收集整理成册，留存备查。整个学习过程大概5到8分钟即可完成，解决了上述困难。基层党员同志纷纷表示，这种党史学习教育形式切合实际，简便易行，日积月累，学有所得，反馈良好，已经成为基层党员喜闻乐见的党史学习教育形式。

发挥医疗专业优势，发挥党支部战斗堡垒作用

三、注重抗疫工作实效，结合学校党建工作重点，充分激发党员主观能动性，全身心投入到抗疫工作

疫情初期千方百计采购防疫物资。面对疫情初期防疫物资极度紧缺的状

况，由党员、预备党员组成的校医院物资采购小组，发挥主观能动性，利用多渠道千方百计地采购防疫物资，累计筹集各类口罩 20 万个、“84”消毒液 2.4 吨、消毒氯片 2500 瓶、紫外线灯车 100 台、水银体温计 3.77 万支及防护眼罩、隔离衣、防护服等，有力保障了疫情初期学校防疫工作的顺利进行。

校医院发挥医疗专业特长，完成了两个校区全员和重点人群核酸采样累计超过 120 万人次；先后 7 次封校 130 多个日日夜夜，医院职工为大家舍小家、坚持全天 24 小时开诊、累计收治患病学生超过 2.5 万；累计接送转运患病学生里程超过 4 万公里；完成隔离点健康监测 3755 人次……

随着 2022 年 12 月初疫情防控政策的调整，校医院再次迎来了新的更大的挑战。医护人员像战士坚守阵地一样，一批批轮流顶上，坚守医疗防线不被冲垮，用实际行动诠释着校医院护佑师生健康的神圣职责。

东北大学报

倾情守护东大的白衣天使

“We 党微家”推送及《东北大学报》相关报道

面向未来，校医院党支部将始终坚持以习近平新时代中国特色社会主义思想为指导，克服困难，努力进取，全面开创医院党建工作的新局面，为实现医院医疗服务明显改善，学校广大师生健康水平进一步提升的阶段性目标而努力奋斗。

（执笔人：韩朝栋、刘凤东、刘海宏）

“四个聚焦”让党建成为“时代新人铸魂工程”的红色引擎

文法学院学生工作办公室党支部

文法学院学生工作办公室党支部全面贯彻党的教育方针，把抓好党建作为人才培养的基本功，发挥东北大学党建工作样板党支部示范作用，牢记立德树人根本任务，落实“三全育人”内在要求，坚持思想引领，着力推动“时代新人铸魂工程”落地落实，注重加强德育工作队伍建设水平与学生理想信念的引领作用发挥，规范支部建设，提升党性修养，以学生知行社区建设为载体形成支部特色，不断提高基层党组织的凝聚力、战斗力，为培养德智体美劳全面发展的社会主义建设者和接班人而不懈奋斗。

一、聚焦思想引领，以“党性教育”补“精神之钙”

理想信念是共产党人的精神支柱和政治灵魂。学生办党支部以习近平新时代中国特色社会主义思想为指引，带领全体党员深入领会“两个确立”的决定性意义，增强“四个意识”、坚定“四个自信”、做到“两个维护”。

开展党性教育，补足精神之钙。支部常态化开展主题党日、支部书记讲党课、党支部立项等主题活动，每月定期开展辅导员思政“panel”主题党日，与机关党支部、兼职辅导员等围绕“两学一做”、学习党的二十大精神、思想政治工作内涵等主题联合开展教育活动，形成“1+1+1+1”教育模式，带动支部全体党员学党史、学党章、学文件、学原著、学先进，补足精神之钙，坚定理想信念，以马克思主义的真理力量推动党性教育内涵式高质量发展。

理论实践结合，坚持思政育师。结合工作特点，提升思政育人能力，培育特色优势。依托学院名家讲坛、百名校友报告会等，组织支部成员开展学习研讨，夯实理论根基，实现学习、座谈、分享、参观“四个主题”环环相扣，不断提升党建动能，加强学生工作队伍建设水平与学生理想信念的引领作用发挥，提高政治站位，切实提升思想政治工作质量与育人实效，做到思政育人、思政育师。

支部成员参加党性教育讲座

重视党风廉政，打造特色支部。学生办党支部不断推进廉政文化建设，营造崇廉尚洁、风清气正的良好氛围。以“廉洁文化建设创新工程”为契机，连续两年开展廉政文化特色党支部建设，以支部成员为主体，开展“古诗词里的廉政故事”经典诵读、廉政文化主题报告和专题学习等主题活动，积极动员广大师生，以弘扬廉洁理念、营造廉洁环境、践行廉洁规范为导向，在党员及广大群众心中树立牢固的廉洁理念，有力提升党组织的组织力和党员队伍的战斗力。

二、聚焦理论武装，促“育人队伍”建“工作铁军”

强化政治学习，规范支部建设。过去一年，学生办党支部深入学习贯彻党的二十大精神，强化支部规范化建设，建立健全支部“三会一课”、民主评议、谈心谈话等制度，形成党建工作长效化机制，定期参加支部书记培训、召开支部例会，提高党支部组织生活质量，定期组织开展民主评议党员，教育引导党员模范遵守教师职业道德规范、严守纪律底线。组织党员就党的二十大报告等重要文件展开学习，以主题研讨、心得分享等形式，在党的发展征程中感悟党的自我革新、自我完善，为实际工作的开展夯实理论基础与思想根基。

文法学院辅导员思政“panel”教室主题研讨

创新党建形式，加强理论武装。支部成员从常态化工作入手总结经验，修订分年级指导手册，梳理文法学院学生发展动态脉络，就大学生思政党史学习教育、高校辅导员理论宣讲能力、高校思政话语权、网络意识形态、党风家风建设等热点问题展开交流学习，激发支部成员勤学善思的工作态度，提升理论素养，夯实思想根基，打造坚强队伍。

三、聚焦联动教育，从“文韵工程”寻“思政新途”

培养担当民族复兴大任的时代新人是我们的任务和追求，必须高度重视学生思想政治教育工作，牢牢把握主动权、话语权，发挥党支部的战斗堡垒作用和党员的先锋模范作用。

坚持思想引领，加强顶层设计。学生办党支部打造“三维立体”网格化工作方法，持续开展“学生发展动态调研”与学生思想动态调研座谈会，先后形成三版《文法学院学生发展动态报告》并开展专题研讨活动，不断探索、深入了解学生特点与成长规律，加强支部育人工作的顶层设计，提升各类主题教育活动的学生参与度与接受度，同时在总结与反馈中不断深化工作内涵，切实提高支部思政工作整体成效。

文法学院学生发展动态报告（第三版）

党建带动团建，激发工作活力。为打通立德树人“最后一公里”，支部积极加强对群团组织的领导，将团的基层组织建设成为政治坚定、组织有力、基础牢固、充满活力的先进青年的群团组织，围绕党的中心工作开展适合青年特点的丰富有益的精品活动，不断增强支部成员的创新意识和实践能力，提高思想素质和业务水平。

举办文法学院“萃升演说家”第四季决赛

创新工作思路，探寻思政新途。学生办党支部发挥特色优势，构建“1234”学生工作思路，宏观服务学生生涯发展，中观强化学生综合素质提升，微观强调学生工作精细实的思政教育模式，不断探索科学体系优化“三全育人”工作格局，综合利用班会、团日、年级大会等传统思政阵地和网络新媒体宣传、学生组织和学生社团活动等新兴思政平台，形成不同于单方面传输的师生联动共学共思局面。

近年来，支部精心组织开展各类思想引领活动，实现学生办、年级、班级三级联动，全面加强党的重大会议和创新理论的学习，达成了“理论水平高、宣传能力强、社会反响好”的积极效果，进一步提升了学生办党支部立德树人、铸魂育人的理论水平和实务能力，坚定青年学生听党话跟党走的信心和决心。

四、聚焦育人引航，变“标兵独奏”为“全员合唱”

学生办党支部以立德树人为根本遵循，以党建引领为核心方向，以服务学生成长成才为第一要务，育人工作成果丰硕，学生升学比例与就业质量持续攀升，志愿服务、学术竞赛等方面成绩斐然；学生创新创业团队每年获省级以上竞赛奖励 50 余项，包括“互联网 +”创新创业大赛全国铜奖、“博源杯”全国土地国情调查大赛金奖等多项奖励。

支部集体层面，学生办获东北大学先进教职工党支部、东北大学青年文明号等数项荣誉；学院团委获评沈阳市先进团委，连续多年获评东北大学五四先进团学组织等数十项荣誉；“萃升演说家”“阳光梦工厂”等数十项团学活动先后获评沈阳市教育创新奖，校辅导员工作精品项目重点项目、辅导员工作精品项目培育项目、大学生思想政治教育创新重点项目、优秀志愿服务项目；科研成果方面，获全国辅导员思政优秀论文、辽宁省教育科学规划立项课题等数十项研究成果。

面向未来，文法学院学生工作办公室党支部将继续深入学习贯彻党的二十大精神，以习近平新时代中国特色社会主义思想为指导，彰显时代特点，把握时代特色，牢记立德树人根本任务，为培养担当民族复兴大任的时代新人、实现中华民族伟大复兴而团结奋斗。

（执笔人：甘霖）

靶向教师发展 探索基层党建与业务深度融合新机制

艺术学院机关党支部

党建与业务深度融合是新时代高校党建工作和事业发展共同的指向，既是目标引领，也是方法论指导。沿寻“百年大计，教育为本；教育大计，教师为本”的渐进理路，在“党管人才”与“教师队伍建设”的双政策背景下，深度结合院级机关党支部覆盖院内全行政科室业务的特点，紧紧围绕学院发展难题，更好地整合资源、发挥优势，探索构建以“教师发展”为融合靶向的新机制，为基层工作有效破解“两张皮”开辟新路，为艺术学院发展关键环节贡献支部力量。

一、建立新机构，打造新阵地

一是成立教师发展专门机构。在学院党政共同领导下，以机关党支部为保障与执行中心，成立教师发展中心，构建党委引领在前、支部保障在后、行政与学术居中的党委、行政、学术、支部四方协同的融合育人机制。起草《工作规程》，适时巩固建设成果。

二是加强机构实体硬件建设。与学院图书资料室联合，建立起功能多样、设施齐全的实体教师发展中心。中心拥有 86 寸 4K 超清电脑板书一体化大屏、40 套可移动桌椅、站坐讲台、上万册图书等，中心实行专人负责、预约管理，最大程度支持教师发展。

三是推动机构服务文化打造。邀请艺术学院教师手书“教师之家”板刻于中心门口，邀请艺术学院教师设计“教师发展中心”镂空标识，引入习近平总书记“坚守艺术理想 追求德艺双馨”的讲话作为中心理念，建设教师发展成果展示墙及培训专有宣传页，积极加强中心内涵文化建设。

党支部积极参与推进艺术学院教师发展中心建设

二、构建新模式，重塑新组合

一是整合教师发展业务模块。支部根据学院教师特点，确立了师德师风、教学研究、科学研究、艺术实践、国际交流、职业发展等六个业务模块，将高层次人才服务与支持教师发展相结合，既联系好、服务好高层次人才，又发挥好高层次人才的辐射带动作用。2022 年教师累计学时 6500 余小时，人均 110 余学时，教师学习热情进一步高涨。

二是构建教师发展工作载体。支部党员调研了国内数家国家级教师发展中心运行状况，查阅文献资料，针对目前教师发展中心存在的突出问题逐一研究解决对策，逐步形成了政策研宣、专题培训、经验交流、实践指导、一对一咨询等五个工作载体，着力解决教师发展工作中举措不多、针对性不强、实效性不强的问题。在一对一的个体辅导回访评价中，教师对辅导者及教师发展中心平台给予了高度评价，认为“给了莫大的帮助与指导”“希望此类活动多举行”。

三是重塑合力育人举措组合。支部创新机制构建，重塑了“党管人才—教师发展”实践路径、“党—政—学”融合关系、“政治引导—政策指挥—业务培训”落实条件、“集体培训—群体交流—个体辅导”补位逻辑，这些新组合是打通教师发展“最后一公里”，推动党管人才与教师发展在基层学院落实的关键。

党支部组织开展系列活动

三、探索新方式，赋予新动能

一是积极引导推动资源数字化。支部充分利用疫情背景下线上优质培训资源聚集的契机，通过主流网站、微信公众号等渠道广泛搜集学习资源，认真筛选，确保质量，以“为学日益”的形式每天为教师推送学习资源，每隔一段时间，支部组织开展领学活动，以带动更多教师参与其中。同时，还积极创新学习形式，将线下交流、线上报告、导图学习、语音录制等形式结合起来，不断激发并保持教师学习动力，着力推动教师发展资源的数字化转型。

二是加强开发推动流程数字化。支部开发了学时线上签到平台，教师可通过手机、电脑等随时随地对所学内容进行记录，支部定期从签到后台统计教师阶段性学时和主要学习内容，以可视化的“学习周报”等形式营造比学赶超的学习氛围，着力将流程数字化过程转化为教师发展的实时动能。

党支部充分挖掘线上优质学习资源

三是建立画像推动意识数字化。支部以各类人事、教学、科研等数据为基础，通过复杂的计算与转换，以雷达图的形式建立了教师“数字画像”，通过对教师 12 项能力的可视化展示，帮助教师全面精准分析优劣势，诊断发展问题，明确自身定位，更好地指导教师职业生涯规划，再通过历年“画像”的走向变化，调整优化发展策略，以培养教师的自我发展意识，实现持续成长。同时，帮助不同系所、职称等建立“群体数字画像”，对高水平成果变化及结构、年度成果数据学院间横向比较等进行图形化分析，为学院教师队伍建设决策提供精准的数据支撑。

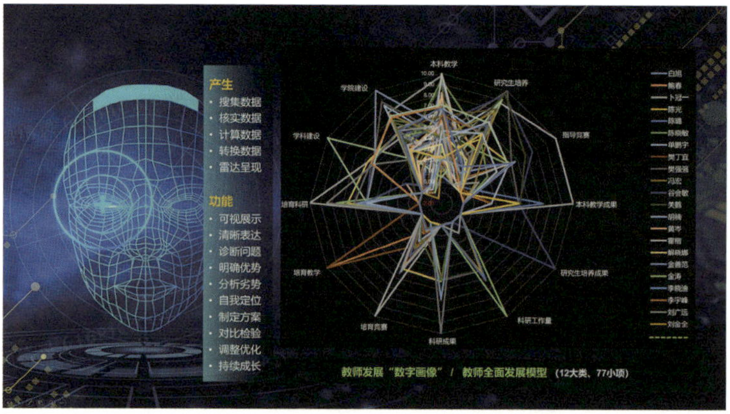

党支部为每名教师建立专属“数字画像”

机关党支部的创新探索在党建工作成果及融合育人成果中均取得了显著实效。“靶向教师发展 助力深度融合”获东北大学2022年度基层党建工作创新奖暨“一融双高”建设案例一等奖，“教师发展视阈下党建与业务融合机制研究”获2021—2022年度东北大学党建研究课题结项“优秀”等次，“以教师发展为靶向探索基层党建与业务深度融合机制”获东北大学2021年度特色支部创建工作验收二等奖，支部入围东北大学第二批样板党支部创建名单。支部将中心的培训指导内容与人事考核发展等要求相融合，教师获高水平业绩数量比上一年增长67%，教师本聘期任务完成率相对上一聘期上升20%，满足聘任高一级职务的教师比上一年度翻了一番。同时在推动教师发展数字化转型方面的经验做法也得到学校的充分肯定。

面向未来，艺术学院机关党支部将进一步落实“七个有力”要求，坚持问题导向、专注个体发展、开展协同育人、培养自助意识，坚决守好一个基层党组织的责任田。

（执笔人：隋立民）

坚持党建引领 奏响铸魂育人新华章

工商管理学院学生工作办公室党支部

工商管理学院学生工作办公室党支部始终以习近平新时代中国特色社会主义思想为指导，对标样板党支部建设标准，在学院党委领导下始终以高质量党建为目标，为党育人，为国育才，将思想政治工作作为党的建设的重要抓手，切实发挥“大思政课”培根铸魂的作用，重心下沉，深入一线，真抓实干，有力推动大学生将理想信念根植于心、外化于行，推动思想政治工作高质量发展。党支部及所在科室近年来荣获校先进教职工党支部、校级青年文明号、校先进工会小组、校先进团学组织等集体荣誉10余项，师生党员400余人次在国家级省市级竞赛中获奖。

一、政治引领、把标定向，守好红色根脉

一是自觉锤炼党性修养。学办党支部坚持把政治建设摆在首位，在严把“思想关、责任关、落实关”上下功夫，将理想信念融入育人实际工作中。深入学习宣传贯彻党的二十大精神，在党史学习教育中坚定理想信念，锤炼党性修养。

二是加强支部理论学习。结合辅导员工作实际，坚持问题导向，发挥好支部主体作用，深入贯彻落实理论学习制度，创新开展党课学习、专题辅导、理论研习、主题党日等系列活动，打造“口袋党课”“党史图书读书心得分享”等支部特色品牌活动，推动党史学习教育高质量发展。

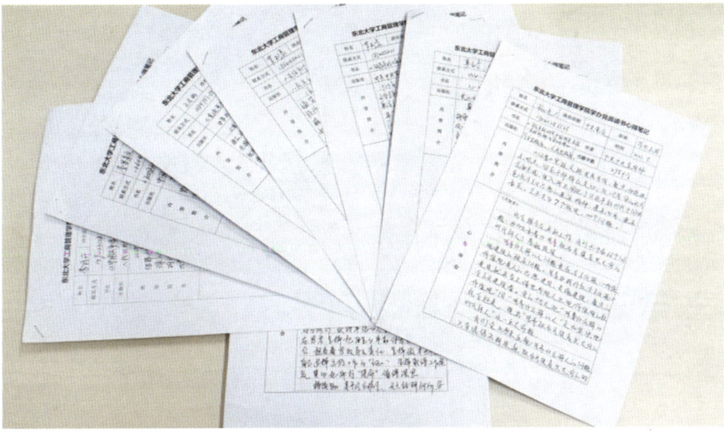

支部成员党史图书读书心得笔记

三是深化基层组织建设。对标样板党支部建设“五个到位”要求，做到“七个有力”，坚持推进党支部标准化规范化建设，加强学办党支部党员教育管理，扎实落实“三会一课”制度，以党史学习教育系列品牌活动为抓手增强党支部政治功能和组织功能，落细落实立德树人任务。

四是加强师德师风建设。党支部通过线上与线下相结合、专题学习与日常学习相结合、传达学习与交流研讨相结合的方式，深入开展师德师风专题学习教育。积极利用新媒体平台开展相关活动，依托“NEU 管理之窗”微信平台，推送“两学一做”学习教育资料，全年覆盖师生 12 万人次。

二、聚焦特色、立德树人，传承红色基因

一是开展“思・享”云课堂育心工程。“思・享”云课堂是学院思想引领育心工程的重要一环。围绕爱国爱校教育、信仰引领、学业规划、第二课堂等主题，深挖优秀资源，支部成员联合邀请中层领导干部、知名学者、优秀校友以及优秀学生党员代表共同授课，已开设 28 期 109 次课程，覆盖 3 万余人次。加强思想引领，发挥榜样力量，党支部致力于从不同的维度、丰富的视角加强思想政治教育，抓党建工作促进学风建设，发挥融入式、嵌入式、渗入式的立德树人效应，促进学生德智体美劳全方位发展，提升人才培养质量。

“思 · 享”云课堂

二是拓展党员公寓化“一站式”新阵地。细化学生公寓党组织建设，建立“楼—层—宿舍”多层次、立体式党组织构建模式，实现党组织在学生公寓的有效覆盖，重点发挥党员先锋模范作用，支部党员和学生党员共同组建公寓化网格管理机制，构建“党建”进宿舍的工作模式，在公寓中开展思想政治教育，拓展高校“一站式”思想教育阵地。

三是抓好党团课程“主战场”。支部成员深入班团支部讲授党团课程，抓好学生思想理论武装，明晰青年学生的时代使命。建党 100 周年开展文艺汇演，支部成员策划并参演《讲述》节目，用伟大建党精神滋养学生党性修养，号召学生强化信念，不忘初心。

支部成员策划并参加学院庆祝中国共产党成立 100 周年汇演

三、聚力赋能、合力育人，汇聚红色效应

一是领导带头形成合力。充分发挥中层领导带头作用，参加班级主题团课 150 余人次，做实做细毕业生就业工作，对接毕业年级推进学生就业，学院党委书记走进毕业生群体讲授离校前最后一堂党课，强化党员身份意识与责任担当。

二是教师队伍联动育人。三支队伍齐发力，建立高质量的育人体系。班导师开展学业规划指导分享会，引导学生做好职业规划，助力学生学风建设；充分利用创新创业导师资源，引领学生在科研竞赛中创新争先，育德育心，赋能学生科研能力提升；专业教师以学生发展为根本，以学生产出为导向，夯实学业基础。

深入学生群体扎实推进全员育人工作

中层领导讲授新学期“思政课”

三是校友群体协同育人。深入挖掘校友资源，构建校友互助团体，开展青年校友导师成长成才辅学计划与校友讲堂，通过分享考研保研、出国升学、就业择业、学术科研等经验，引导学生学习与发展。

四是家校联动合力育人。健全家校协同育人机制，疫情防控时期邀请家长深入党团日分享成长故事，号召家长带领孩子共同参与志愿服务等，在学校与家长之间建立良好的沟通合作机制，通过多种形式的活动探索家校联动育人新格局。

四、深入一线、引领担当，树立红色旗帜

一是抗疫一线引领党员担当。支部全体党员抗击疫情，累计住校 34 人次、721 天、17304 小时，舍小家为大家，抓好校园封闭期间学生管理工作。校园封闭期间，支部党员担任核酸检测志愿者、深入学生群体扎实推进全员育人工作、走访调研为学生排忧解难、切实做好疫情防控下的迎新工作等，筑牢疫情防控校园防线，全力守护学生生命健康。

二是抗疫一线彰显奉献本色。支部成员带领学生党员在学院党建活动、疫情防控、志愿服务中发挥先锋模范作用，甘于奉献，勇于担当。参与食堂志愿等志愿服务，加入党建工作网格员队伍，协助宿舍管理员对宿舍公共区域进行消杀，在疫情封闭管理时完成送餐工作，守护着校园疫情防控的安全底线。

三是深入一线解决急难愁盼。坚持问题导向和目标导向，努力做好学生成长的知心人和引路人，不断开创学院学生工作新局面。长期驻扎在一线，充分下沉到学生群体中去，深入学生寝室、开展主题团课党课、同学生谈话等方式了解学生需求，定期召开组织生活会查摆问题的整改落实情况，明确支部本年度建设目标；召开学生工作研讨会，集中讨论在工作中遇到的重难点问题，共商解决措施；召开本科新生家长会，回应家长的关切，助力学生大学生涯健康成长。

面向建校 100 周年，工商管理学院学生工作办公室党支部继续将立德树人成效作为检验党建工作的根本标准，在政治上亮旗帜，在组织上抓队伍，在教育上挖资源，在生活中甘奉献，做“思想引领者”“成长陪伴者”“成才守望者”，深刻理解把握新时代辅导员工作的新要求和对新时代大学生成长成才的新期待，创新开展工作，踔厉奋发、勇毅前行。

（执笔人：严立宁、杨光、王鹤棋）

齐抗疫　筑根基　育人才
东大采矿在前进

资源与土木工程学院采矿工程系党支部

资源与土木工程学院采矿工程系党支部在校、院两级党委的领导下，坚持正确的理论指导、坚持把党的政治建设摆在首位、坚持践行党的宗旨和群众路线、坚持民主集中制、确保党的路线方针政策和决策部署贯彻落实。紧密围绕“七个有力”开展支部工作，初步建成了学习型、服务型、创新型基层党支部，为专业和学科发展提供了政治保障。近 3 年，采矿工程系党支部在教学、科研、党建和学科发展等方面都取得了跨越式发展，科研进款 7570 万元、科研获奖 30 余项、教学获奖 40 余项、学生参加竞赛获奖 20 余项，党建获奖 15 项，矿业工程学科第五轮学科评估中取得新突破。

党支部师生篮球交流赛

一、以“坚定理想信念”为核心，大力推进“学习型党组织”建设

坚定信念，做好教书育人。每年组织支部党员学习全国两会文件，贯彻两会精神，紧跟中央步伐，明确主体责任，为年度发展确立目标和方向；通过深入推进“两学一做”学习教育常态化制度化，进一步夯实支部党员的政治素养，增强支部党员的政治意识，筑牢支部的战斗堡垒根基；开展深入贯彻落实全国教育大会精神专题党课，强化师德师风，落实和推进课程思政全覆盖；开展高校基层党组织常态化疫情防控“四个一”行动，围绕“攻坚克难，战疫情；先锋模范，铸党魂”主题，学习共产党员如何在疫情防控中发挥先锋模范作用；召开“一流大学一流学科建设”专题研讨会，充分发挥党支部在学科建设中的战斗堡垒作用和党员的先锋模范作用，凝心聚力，进一步扩大采矿工程专业国际影响力，为东北大学“双一流”建设贡献力量；进一步明确新时代教育评价改革的方向，加深对“为什么改”“改什么”“如何改”等基本问题的理解，使全系教师牢记为党育人、为国育才的初心使命，自觉肩负起立德树人根本任务；围绕学科中心工作，坚持以德立身、潜心育人，更好地为学科建设发展贡献力量。

坚持党史学习教育常态化，先进事迹齐分享。采矿工程系党支部党员以“抗疫之战，社会主义制度的优越性”“永远跟党走、听党指挥、党在我心中”“传承雷锋精神、弘扬时代新风”“纠正‘四风’不能止步，作风建设永远在路上”，“感悟百年党史、践行延安精神”“井冈山斗争与井冈山精神”“感恩时代、砥砺前行”为主题，结合自己的学习、收获和感悟为全体党员讲党课，进行了详细阐述与分享。

以活动促学习，共建红旗党支部。组织支部党员赴辽宁省凤城市大梨树村参观学习，追寻毛丰美光辉足迹，感受大梨树人苦干、实干、巧干的“干”字精神，深刻体会“干”字精神的内涵，提升思想觉悟和党性修养，增强支部凝聚力；组织支部党员参观辽宁省科学技术馆，学习我国工业科技发展历史，激励着党员为科技兴国而奋斗；组织支部党员参观辽宁省博物馆，感受新中国第一座博物馆的风采，了解辽宁地区的发展历史，鼓舞党员为振兴东北而努力奋斗；组织支部党员参观中国工业博物馆，学习中国工业百年发展历程，感受老

一辈共产党员的革命精神，感受东北老工业基地的辉煌；组织支部党员参观辽宁古生物博物馆，了解生命的起源与演化，学习30亿年来辽宁十大古生物群知识，感受辽宁地质历史的变迁；党支部引领，同鞍钢集团爆破公司签订共建红旗党支部协议，同矿冶科技集团签署“党建+校企合作”协议，实现校企支部共建和教研合作，为学科高速发展打下坚实基础。

与鞍钢、矿冶科技集团党支部共建红旗党支部

二、以“弘扬革命精神”为载体，大力推进“服务型党组织”建设

不忘初心，铭记历史。组织支部党员参观抗美援朝烈士陵园，通过参观和学习，促进党员同志深刻体会和感悟“抗美援朝精神”，提升为人民服务的意识，强化支部凝聚力和战斗力；组织支部党员赴辽宁省锦州市参观辽沈战役纪念馆，学习革命先烈为了祖国解放抛头颅、洒热血的伟大精神，激励党员发挥模范带头作用，爱岗敬业，踏踏实实地做好本职工作，不断提升自身素质和业务水平，践行东大人特有的“爱校、爱乡、爱国、爱人类”的大爱情怀；组织支部党员参观“九·一八”历史博物馆、莱芜战役纪念馆、抚顺市平顶山惨案纪念馆、抚顺战犯管理所、东北抗联史实陈列馆，回顾东北人民浴血抗战的历史、解放战争时期的军民鱼水亲情，培养党员同志的爱国主义情怀，坚定为祖国富强、民族复兴而努力奋斗的信念。

强化信仰训练，培养责任担当。派支部党员参加学校组织的“延安党务干部培训班”“抚顺雷锋学院培训班”“党史实践教育活动”“四史实践教育活动”“党员示范培训班”等，通过革命圣地的实地学习，培养爱国爱党热情和全心全意为人民服务的共产主义情怀；组织支部党员集体观看“中国共产党成立 100 周年庆祝大会”，深刻感受 100 年来中国共产党始终坚守为人民谋幸福、为民族谋复兴、为世界谋大同的初心和使命，团结和带领中国人民顽强拼搏、接续奋斗，取得了举世瞩目的伟大成就。

精神传承，铸就矿业人生。组织支部党员参加“54 煤”感恩石揭幕仪式，聆听林韵梅先生的慷慨发言，感受采矿前辈们的家国情怀和献身精神；组织支部党员聆听学院党委负责同志的“可可托海的东大人精神”的专题报告，深切体会东大人献身祖国矿业发展的豪情壮志；组织支部党员走访退休老教授，聆听老教授讲学科和专业的发展历史，倾听老教授对专业发展的宝贵建议，为正确规划学科和专业发展保驾护航。

组织党员参观辽宁省博物馆

三、以“踏勘实践基地”为主线，大力推进“创新型党组织”建设

支部党员带领学生赴中国有色集团抚顺红透山铜矿进行调研，感受其特色的索道运输和千米深采，倾听矿工讲述矿山的红色传承，井塔上的红色五角星是矿山革命精神的象征；带领学生赴鞍钢集团辽阳弓长岭铁矿进行调研，参观劳模巷道，感受鞍钢精神、铁路运输桥上书写的钎钢意志，倾听鞍钢宪法的前世今生；带领学生赴中国黄金集团内蒙古乌山铜钼矿进行调研，茫茫草原、机

器轰鸣、智能设计、超大型设备、无人驾驶汽车等，向师生展示着现代化智慧矿山的真实场景；带领学生赴宝武钢铁集团南京梅山铁矿进行调研，井下餐厅、会议室、活动室等，让师生感受到矿山与城市和谐共处之美；带领学生赴鲁中矿业集团莱芜小官庄铁矿和张家洼铁矿进行调研，让师生真正见到了“有矿无山”，体会到了采矿人的认真和执着；带领学生赴加拿大克莱顿镍矿和加森镍矿进行调研，参观国外矿山的开采过程，感受异域特色，为建设和发展我国矿业提供借鉴。

带领本科生前往国内外矿山参观学习

开天辟地采资源，高瞻远瞩育人才。采矿工程系党支部将继续以人才培养为中心，以科学研究为引领，以服务国家与社会为己任，以资源强国战略为使命，时刻牢记“发展为第一要务，人才为第一资源，创新为第一动力”，负责任、有担当、敢作为，不断突出自己的特色，在矿业领域内起到更为强有力的引领作用。

（执笔人：胥孝川）

深学“四史”谋发展　不负青春显担当

冶金学院热能工程系第二党支部

党的十八大以来，以习近平同志为核心的党中央站在党和国家事业发展薪火相传、后继有人的战略高度，关心青年成长成才、谋划青年工作发展进步，激励广大青年在实现中华民族伟大复兴的时代洪流中踔厉奋发、勇毅前进。冶金学院热能工程系第二党支部以习近平新时代中国特色社会主义思想为指导，以“四史”学习为工作抓手，对标“七个有力”，不断加强对青年党员的思想引领，提升青年党员的党性修养，强化青年党员的责任担当，引导广大青年党员在推动学校事业发展的过程中发挥先锋模范作用，潜心培养清洁能源拔尖创新人才，在奋斗的大道上焕发青春之光。

一、深学“四史”，强化党员的初心使命

热能工程系第二党支部坚持用习近平新时代中国特色社会主义思想武装头脑、凝心聚魂，用理想信念和党性教育固本培元、补钙壮骨，着力教育引导全体党员坚定理想、坚定信念。党支部以“三会一课”为载体，系统、深入地学习党史，让青年党员们身临其境地了解我党走过的峥嵘岁月，体会我党在革命和奋斗过程中的艰难历程，进行党性教育；开展“回顾具有重大意义的党代会”系列党课活动，回顾历届党代会召开的背景、内容及重要意义；带领青年党员领悟“红船精神”“西柏坡精神”等精神谱系的科学内涵，引导广大党员学习老一辈无产阶级革命家艰苦卓绝的奋斗精神，在现实中自觉提升党性修养

和政治觉悟。在疫情防控特殊时期，青年党员冲锋在前，积极、科学投入到新冠疫情防疫战。支部的党员联系合作单位向东北大学捐赠了 1 吨生物消毒液，为学校的安全复学提供保障。青年教师们积极投入到学生返校接站志愿服务、核酸检测志愿服务等工作，连续工作十几个小时，用实际行动践行了党员的初心使命。在校园封控期间，博士生党员成立特殊时期安全检查督导小组，定期进行实验的安全督导与自习室的卫生检查，为平安校园贡献力量。

支部党员进行党课学习，并积极参与抗疫志愿服务

二、学先进，树典型，强化青年党员的责任担当

党支部开展特色主题党日活动，时刻引导广大青年党员做中华优秀传统文化的传承者，努力从不同历史时期的革命先烈、英雄人物、先进模范、时代楷模等典型人物身上汲取精神滋养，感受道德风范，增强道德定力。开展学雷锋系列活动，观看《雷锋的微笑》，品读《雷锋日记》，让每一名党员感受雷锋同志短暂但光辉的人生经历，理解雷锋精神的深刻内涵；举行“他日归来——钱学森的求知岁月”读书分享会，感受老一辈科学家严谨的治学态度，突破自我的创新精神以及他们的悠悠赤子情，拳拳报国心，让青年党员明确历史之责任，青春之使命。近三年来，支部青年党员获得校、院级优秀共产党员、优秀党务工作者等荣誉称号 15 人次，热能工程与制冷技术研究所被评为东北大学五四青年文明号。其中，1 名博士生党员入选首批辽宁省高校“优秀研究生党员标兵”创建名单，获得辽宁省优秀大学生党员标兵等荣誉称号，成为广大学生学习的榜样。

三、守初心，正学风，激发本科生的专业热情

教育兴则国家兴，教育强则国家强。培养什么样的人、如何培养人以及为谁培养人，一直是习近平总书记强调的重中之重。党支部坚持把立德树人作为中心环节，把思想政治工作贯穿教育教学全过程，实现全程育人、全方位育人，努力培养清洁低碳能源拔尖创新人才，服务国家的“双碳”目标。党支部高度重视本科生教育与教学，坚持以学生为本的教学理念，不断优化教学模式。“传热学”和“制冷原理与装置”两门慕课的成功上线，拓展学生的学习方式与渠道，扩大东北大学本科教学水平在国内的影响力；其中，“传热学”被评为辽宁省一流线下课程，“数值传热学”和“制冷原理与装置”入选东北大学第三批课程思政示范课程，激发专业热情，传播科学的人生观、世界观和价值观。在班导师指导班级方面，全体青年党员均担任本科生班级的班导师，充分发挥党支部和研究团队的协作优势，针对学生的不同阶段开展专业认识讲座、职业规划讲座，积极引导学生培养专业兴趣，指导有余力的学生参与科研创新活动。近三年，党支部青年教师指导本科生参与科研竞赛获得国家级一等奖 3 项、二等奖 7 项，省级一、二等奖共计 16 项。指导的能动 1904 班两次被评为东北大学先进班集体标兵，获得校级个人荣誉称号 34 人次。3 名青年教师指导的本科生毕业论文连续两年入选教育部高等学校能源动力类百篇优秀毕业论文（设计）。

指导本科生科研竞赛等获奖证书

四、担使命，促自律，搭建研究生的培养平台

在研究生培养方面，青年教师成为落实立德树人根本任务的骨干力量。青年党员要做到明理增信悟初心，崇德力行增本领，为学生提供充足的科研条件，营造和谐的学习氛围，搭建多样的交流平台，提升学生的创新能力，拓宽学生的研究视野。近三年，党支部先后派出 4 名博士研究生到国外大学、校外研究机构进行联合培养；党支部青年党员作为骨干力量的辽宁省流程工业节能与绿色低碳工程技术研究中心获批挂牌，为研究生培养提供了良好的科研平台。近三年，党支部先后有 1 名博士生获得辽宁省优秀博士学位论文，3 名硕士生获得辽宁省优秀硕士学位论文，大部分研究生进入国企事业单位，在国家的能源动力领域展现东大智慧、贡献东大力量。

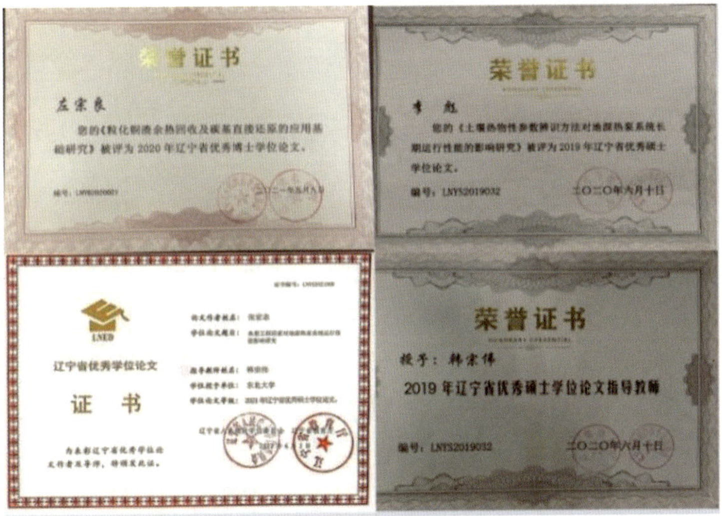

辽宁省优秀学位论文证书

青年党员肩负着历史的重任，肩负着祖国和人民的重托，对实现党的伟大事业和祖国的伟大复兴有着非常关键的意义。在当前的新形势下，青年党员要明确自身的历史使命，树立责任意识和担当意识，积极主动地参与到各项有利于促进基层党组织的建设和社会发展各项事业中去。党支部将持续巩固党史学习教育成果，引领青年党员牢记初心使命，肩负起历史之责任，青春之担当。

（执笔人：刘军祥、段文军、谢华清）

以对标建设激发支部活力 展示范中心实践育人风采

信息科学与工程学院实验中心党支部

信息科学与工程学院实验中心是国家级实验教学示范中心，以本科生实验教学为核心工作业务，承担实践育人的任务。在习近平新时代中国特色社会主义思想的指导下，实验中心党支部认真贯彻落实全国教育大会精神，加强党员教育和支部建设，将习近平总书记关于教育的重要论述内化于指导中心教学的各项工作，务求以党建引领和推进实验教学内涵建设，提升教学质量，不负实践育人根本使命，为一流学科建设贡献力量。支部获评校级先进党支部、青年文明号，曾获校级基层党建工作创新奖二等奖、廉政文化建设创新工程优秀项目，获批校第二批新时代党建工作样板支部建设。

一、学思践悟贯通，源源不断增添内驱力

加强党员教育是增强党组织凝聚力战斗力的重要措施，也是加强党的建设、提高党员素质、保持党员先进性的重要环节。实验中心党支部坚持推进“两学一做”学习教育常态化制度化，贯彻落实“三会一课”制度，在抓常、抓细、抓实上下功夫，通过党员学习教育，切实提高党员及全体实验教师的思想觉悟、文明素质及科学素养。

一是推行支委人人讲党课制度。鼓励支委成员全员参与到党员学习教育的

工作中，推行支委讲党课制度。实验中心党支部规定每名支部委员每年至少主讲 1 堂党课，支部每季度至少组织 1 次党课。

二是形成政治理论周周学制度。由支委轮值负责“周周学”，切实推进学习教育常态化，不断提高党员的理论素养，把学习教育融入日常，抓在经常。

三是探索创新学习平台和形式。将“线上”“线下”学习充分融合，创新探索党员学习平台和学习形式。利用“互联网 + 学习资源”，组织“线上”学习活动，共享学习资源；加强线下活动的形式和内容设计，如党史学习教育时将学习地点选在游船上，沉浸式体会中国共产党第一次全国代表大会“红船会议”；党课学习不拘泥于在教室里讲课件，而是采取“导学 + 讨论”、“角色扮演”阅读、“读后感、观后感”分享会等形式；开展多样趣味评比活动，将时政知识竞赛与工会活动趣味运动会相结合，定期组织“学习强国”评比，评选“阶段进步之星”和“持续学习之星”，分小组进行挑战答题对战等，以赛促学，提高党员参与积极性。

组织户外党课、学习评比，提高党员学习积极性

二、创新支部建设，多措并举提升凝聚力

良好的党支部建设和日常工作管理，是党支部引领中心各项工作顺利开展的组织保障。实验中心党支部在建设和管理中，以规范严密的制度建设为根基，以创新平台和载体为依托，建设好实验中心的“战斗堡垒”。

一是机制为先夯基础。科学制定管理制度，构建全面的实验中心管理体系，确保中心总体工作稳定运行。党支部结合实验中心制度建设总体规划和进程，整理和明确支委会工作职责、党支部政治学习、“三会一课”制度、组织生活会制度、党费收缴管理制度等管理规定，相关文字资料和影像资料，分类整理、归档保存。2020 年，针对春季开学前夕因突发新冠疫情学生暂不返校、开展线上办公的情况，支部及时应变，制定《新冠疫情期间实验中心党支部党务工作方案》，确保线上办公期间中心各项党务工作正常运行。目前，中心已整理一套相对全面的《实验中心规章制度汇编 2020 版》(第二版)。

二是展现党建展新貌。在线上党支部微信群开展日常工作，提高事务性工作效率；充分发挥实验中心信息化教学管理平台建设成果效益，在门户网站开辟党建专栏，宣传中心党建工作及动态，拓展支部工作覆盖和辐射面，展现支部的风采风貌。

三是创新形式提实效。支部活动的组织开展服务于提升实验队伍集体凝聚力和促进实验教学质量的目标。多年来，创新设计和传承了师生党支部对接、校企交流、风采展示等多个支部特色品牌活动，丰富了支部党建工作内容，为促进教学水平搭建了多元化平台，在实践育人工作中发挥了积极的作用。

三、内涵式队伍建设，筑牢实践育人坚实根基

实验中心党支部发挥党建工作的引领辐射作用，探索与“国家级实验教学示范中心建设”的融合共建，采取多项举措，合力推进实验教学队伍建设。

组织支部教师到企业参观调研

一是打造校外交流平台，鼓励教师走出去。党支部积极联系专业相关的高校和企业，组织中心教师走访调研，交流新理念，学习新技术，提升实验教师队伍教学水平。

二是延续风采展示品牌系列活动，带动教师队伍素质全面提升。邀请到校企调研交流，或参加竞赛 / 指导科技活动的教师，宣传分享经验，带动全体教师开阔视野、寻找差距，促进中心总体实验教学水平的提升。

三是加强师德师风建设，营造崇廉尚洁的良好育人氛围。面向学生，要求实验教师从“提高认识，端正态度”“认真预习，主动思考”“操作规范，数据真实”等方面对学生进行诚信教育，培育学生诚信品质，构建诚实守信的校园文化，让学生在收获科学真知的同时，塑造高尚品格。围绕实验教学经费管理与使用问题，开展“加强经费管理　营造廉洁实践教学氛围”师德师风建设专题教育活动，梳理实验相关各种类型经费的管理规定和使用详细流程，确保每一笔教学经费花在实处；针对每年获批的百万级中央高校改善基本办学条件专项项目，开展采购业务培训会，让采购人员懂知识、知敬畏、守底线，确保项目顺利进行。

组织经费使用和采购业务培训会

四是组织优秀教师评选，发挥楷模引领作用。发起的院级优秀实验教师评选活动，提升实验教师的岗位幸福感、事业成就感、职业荣誉感。中心教师队伍饱含热情，不忘初心，砥砺前行，取得累累硕果，为实践育人工作筑牢根基。

组织年度“优秀实验教师”评选表彰活动

四、高质量实验教学，践行实践育人根本使命

围绕培育高水平实践人才的目标，实验中心党支部在保质保量开展日常实验教学工作的基础上，关注学生需求，关心学生的全面发展，保持师生间的多维度沟通对话，使实践育人工作的开展更立体、更全面。

一是讲好开学第一课，让学生尽早树立专业规范意识。针对电气类专业实验课程特点，启动“开学第一课”计划，在学院全体学生第一门必修、硬件实验课“电工电子实训”课堂上，向学生普及安全用电知识，帮助学生掌握安全常识，为开展更多的专业实践做好准备。

二是组织师生对接帮扶，搭建师生互动平台，为实验教学效果打通反馈通道。经常性开展师生代表座谈和实验课程反馈调查，了解学生实验学习需求，及时调整教学内容或方法，使实验教学过程与培养目标高度匹配；组织开展实验室参观，让低年级学生体验和了解未来的专业学习方向；邀请研究生为面临考研或就业的学生开展经验交流，帮助学生解决困惑，明确方向；疫情期间，对学生开展对接帮扶，关爱学生身心健康；发挥优势，举办科普讲座，激发学生专业兴趣，拓宽知识面。

三是探索实验课程思政建设，帮助学生在实践中收获更为具象的价值塑造。实验教学课程思政的价值，不仅体现在专业知识的学习和应用，更能够在启迪思维的过程中实现对教育对象的价值构造，让学生通过实验过程和现象感悟人生道理，树立科学求真的人生态度，培养不畏困难的坚强品质。

四是建设实验教学信息化平台，不断提高教学效率。不断完善实验中心信息化教学管理平台，发挥平台优化教学资源、资源开放共享、加强信息管理、促进学科发展的优势，为中心开创实践教学新模式、提高实验教学效率、提升教学质量提供有力保障。

开展诚信教育、安全科普讲座及参观等学生活动

“征途漫漫，惟有奋斗。”信息学院实验中心党支部将继续探索，不断创新，务求以党建引领和推进实验教学内涵建设，提升教学质量，为一流学科建设作出应有的贡献，以优异的成绩喜迎百年校庆。

（执笔人：鲍艳、张羽、司维）

以实为引 学思相长 促人工智能新专业发展

计算机科学与工程学院人工智能系党支部

计算机科学与工程学院人工智能系党支部全面贯彻党的教育方针，坚持用习近平新时代中国特色社会主义思想武装全体党员，通过加强支部制度化、规范化建设，对标争先，提升质量，开展特色支部创建，打造讲政治、有理想、作风正、有担当、有战斗力的党支部。从践行社会主义核心价值观出发，坚持立德树人、以人为本，遵循高等教育发展规律和人才成长规律，以实为引，学思相长，促进人工智能新专业全面发展。

一、正本清源，固本培元，加强政治理论学习，努力建设学习型党支部

人工智能系党支部坚持以党建为引领，以特色为支撑，以创新为突破，努力建设高水平、特色化、创新型的人工智能专业。

一是建立长效学习机制。人工智能系党支部坚持定期开展“支部书记上党课”活动，支部书记充分准备，支部党员和群众认真学习，系统学习了习近平总书记关于“不忘初心、牢记使命”论述摘编、“新时代，新思想，新作为”、“学新党章，做合格党员”、“把人民群众生命安全和身体健康放在第一位”、“教育事业发展的定海神针”、“加快构建高校思想政治工作体系”、“培养担当民族复兴的时代新人”等重要文件和重要讲话精神。二是建立创新学习机

制。通过举办庆祝祖国母亲 70 华诞——我和国旗合个影、全系党员教师“健步行”等形式多样的创新主题活动，进一步提升了支部乃至全系的凝聚力，也为人工智能系锻造出一支“作风优良、敢打硬仗、能打胜仗”的教师队伍。三是建立灵活学习机制。疫情期间，结合线上线下学习工具及平台，持续加强思想政治理论学习。要求全体党员教师都从思想上重视起来、紧张起来，严格要求自己，不断加强政治理论学习，提升自身政治素养。疫情期间，应用信息化手段加强学习，最大程度减少人员流动，及时学习新冠防控指令和防控知识手册等内容，及时将党中央、教育部、学校的重要工作部署传达到每个党员，动员全体教职工真正做到守土有责、守土担责、守土尽责，为打赢疫情防控阻击战夯实坚实的理论基础。

党支部通过多种形式组织理论学习

二、立德树人，价值引导，提升人才培养质量，加强服务型党支部建设

人工智能系党支部倡导以学生为中心、产出为导向，持续改进三大教育理念，从培养目标到毕业要求，从毕业要求到课程体系，再到教学落实、评价和反馈，进行系统设计与实施。支部坚持为学生服务的思想，立足学生未来发展，聚焦解决复杂工程问题能力的培养。充分利用课堂教学及组织竞赛，培养出一批批理论与实践相结合的复合型人才。

一是谈古论今，师生共话人工智能。举办面向本科新生的人工智能专业介绍活动，回顾计算机学院人工智能方向取得的辉煌成绩，并从建设目标、专业优势与特色、研究方向、研究成果等方面介绍人工智能专业的发展现状。举办

“东北大学计算机系及人工智能方向发展分享”活动，邀请退休老教师，从自身经历出发，讲述老一辈计算机人的清廉与勤勉、责任与担当，广大学生透过一个个或熟悉或陌生的名字，回望计算机学科和人工智能方向的辉煌历史。组织学院硕士研究生利用 VR 技术参观校史馆，加深对校史了解的同时，大大增强了学生对人工智能专业的兴趣。

二是以创新创业竞赛为载体，提升学生创新创业能力。为学生介绍大学期间鼓励参与的各类创新创业项目及相应的奖励计划、各个级别项目的基本情况及教师指导“大学生创新创业训练计划”的心得体会。支部党员教师积极参与指导各类创新创业竞赛，指导的团队获得互联网 + 大赛全国银奖、“挑战杯”大赛辽宁省金奖、国际数学建模大赛一等奖等多项大奖。

立足学生未来发展培养理论与实践相结合的复合型人才

三是多措并举为本科生提供专业规划。组织师生见面会，党支部教师分别介绍各自的研究方向和所讲授的课程，并对同学们感兴趣的创新竞赛、课程内容、参与实验室科研、留学申请、就业选择、推免考研等问题悉心讲解，认真作答。组织人工智能方向的研究生科研经验分享会，将自身科研经验成果融汇到 53 幅精心设计的海报中，为学生展示人工智能领域的各个研究方向以及最新的研究进展。

四是大力提升教师课程思政能力。举办“课程思政”建设及教师思政教学能力提升专题报告会。邀请“课程思政”校级标杆课程主讲教师作题为“建设课程思政，铸造教育之魂”的报告，从“课程思政”之有信仰、讲方法和融时事三个方面详细介绍“数据科学思维与大数据智能分析技术”课程思政标杆课程建设工作情况，并分享在教学实践中凝练和总结的“四三二一”方法论。

三、因势利导，创新驱动，拓展宣传渠道，着力打造宣传型党支部

一是积极创造机会，展开多平台、多渠道交流。支部积极建立与其他教师支部、学生支部、街道社区支部、企业支部等交流渠道，通过经验交流、参观学习、文体活动等方式进行多平台交流。二是支部活动做到有参与、有交流、有总结。组织党员将每次活动的收获落到纸面上，形成书面材料，总结整理成册。三是发挥新媒体平台创新驱动作用。利用学院网站、微信平台，定期推送支部建设经验及活动总结，使新媒体成为弘扬主旋律、唱响正能量、宣传支部风采的重要阵地。

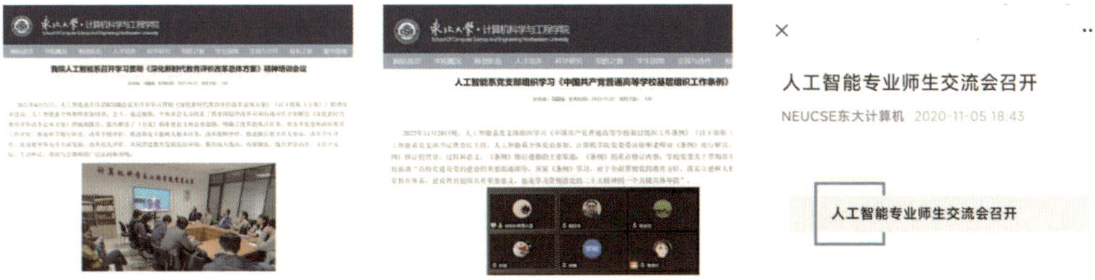

多平台多渠道展示支部风采

“宝剑锋从磨砺出，梅花香自苦寒来”。人工智能系全体党员教师深知，任何成绩的取得，都离不开筚路蓝缕、手胼足胝的艰苦奋斗。面向未来，人工智能系党支部将深入学习贯彻党的二十大精神，强化党支部标准化、规范化建设，提升样板党支部创建质量，促进党建与业务深度融合，不断创新，努力创造人工智能专业更大的辉煌，以优异成绩迎接建校100周年。

（执笔人：程经纬、曹春红）

以基层党建推动专业建设
以专业建设淬炼党员初心

软件学院信息安全党支部

信息安全党支部以习近平新时代中国特色社会主义思想为指导，落实立德树人根本任务，抓紧抓实基层党组织建设工作，充分发挥党员先锋模范作用和基层党组织的战斗堡垒作用。在新冠疫情期间，全体党员教师发挥模范带头作用，坚持“停课不停学”，确保信息安全系课程开出率为100%；以基层党建工作推动专业建设工作，以专业建设工作淬炼党员初心，支部带领全体党员教师在专业建设过程中发挥党员先锋模范作用，支部所在的信息安全专业获批国家一流本科专业建设点、辽宁省一流专业和东北大学“双十骨干”建设专业；发挥专业特色，服务广大师生，支部结合自身专业特色，面向学生组织专业辅导报告和创新能力竞赛，同时还为学校的网络安全工作提供有力支撑。

一、发挥党员教师模范带头作用，高质量完成疫情期间的教学任务

在新冠疫情期间，信息安全系全体党员教师发挥模范带头作用，严格按照学校、学院疫情期间的各项教学要求，认真开展教学工作，为疫情期间的教学工作顺利开展作出了重要贡献。支部党员教师带头落实“停课不停教”，做好线上教学，本科、研究生毕业论文指导工作。为解决同学们在线上学习过程中

遇到的各种问题，教师党员利用休息时间继续坚持与学生积极互动，答疑解惑。此外，教师党员还针对本科生在毕业论文中遇到的程序设计、数据分析、结果表述、表格呈现、格式规范等问题逐一解答，特别鼓励同学们克服疫情的不利影响，静下心来认真做好学问，保质保量按期完成毕业论文。

在支部党员的带领下，信息安全系不仅实现了“停课不停学”，还高质量地完成了疫情期间的各项教学任务，确保疫情期间的课程开出率为 100%；信息安全系教师承担的 5 门课程获评软件学院疫情防控期间“我最喜爱的线上课程”。

二、以基层党建工作推动专业建设工作，以专业建设工作淬炼党员初心

信息安全党支部始终高度重视专业建设工作，将国家一流专业建设、辽宁省一流专业建设以及工程教育认证等专业建设工作作为支部的重点建设工作。为此，支部将基层党建工作和专业建设工作相结合，实现以基层党建工作推动专业建设工作，以专业建设工作淬炼党员初心。

支部党员开展集体学习和讨论

支部组织全体党员教师认真学习国家关于一流专业建设、工程教育认证工作的相关文件要求，同时每周都组织 1 次全体教师参与的专业建设学习和讨论会，并且还邀请到国内知名的信息安全专业领域专家为信息安全专业全体师生做专业建设报告。在支部的带领下，全系教师认真开展国家一流专业、辽宁省一流专业、东北大学“双十骨干”建设专业以及工程教育认证等工作，并克服了疫情带来的困难和问题，每名党员教师都全身心地投入，充分发挥了党员教师的先锋模范作用，为信息安全专业顺利获批作出了巨大的贡献。

三、发挥专业特色，服务广大师生

信息安全党支部充分发挥信息安全专业特色，开展了大量服务广大学生的工作。在新冠疫情期间，针对同学们面临的各种学习问题，如专业选择问题、创新创业等问题，支部与学院团委共同主办了《2019 级本科生专业导航之信息安全专业专题辅导》和《从创新竞赛谈大学生的修炼——大学阶段该知道的事情》专题报告会。通过这些报告和讲座解决了同学们在疫情期间遇到的学习困惑，极大地激发了同学们的学习热情与积极性。支部发挥自身的专业技术优势，协助学校信网办完成了校园网络安全保障任务，并围绕增强网络安全监测预警和应急处置做了大量卓有成效的工作，获得了学校相关部门的好评。

在疫情期间，为了增强学生学习积极性，提高学生学习热情，支部积极联系软件学院团委共同承办了软件学院第一届“NEX 网络安全实践能力赛”。该竞赛吸引了包括软件学院、计算机科学与工程学院、秦皇岛分校管理学院、秦皇岛分校数学与统计学院等在内的多个学院 165 名同学报名参加，极大提升了同学们的学习积极性和创造力。在竞赛的组织过程中，支部党员教师克服疫情期间联系不便、自身教学任务繁重等多种困难，出色地完成了竞赛的各项组织工作，为竞赛的顺利进行付出努力，充分体现了基层党支部的战斗堡垒作用。

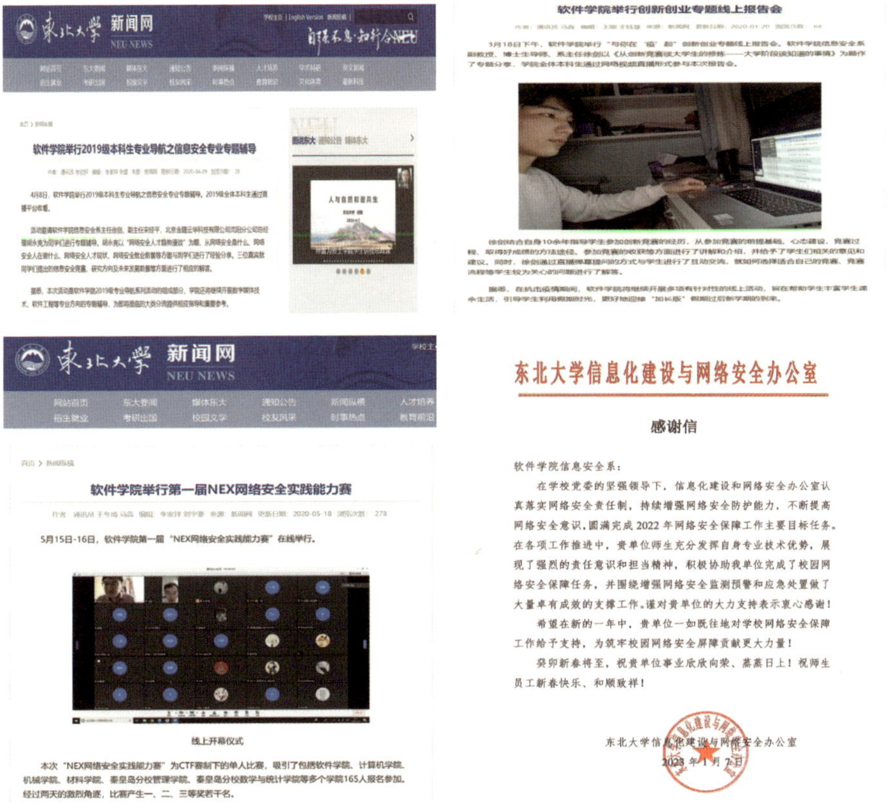

东北大学信息化建设与网络安全办公室

感谢信

软件学院信息安全系：

在学校党委的坚强领导下，信息化建设和网络安全办公室认真落实网络安全责任制，持续增强网络安全防护能力，不断提高网络安全意识，圆满完成2022年网络安全保障工作主要目标任务。在各项工作推进中，贵单位师生充分发挥自身专业技术优势，展现了强烈的责任意识和担当精神，积极协助我单位完成了校园网络安全保障任务，并围绕增强网络安全监测预警和应急处置做了大量卓有成效的支撑工作。谨对贵单位的大力支持表示衷心感谢！

希望在新的一年中，贵单位一如既往地对学校网络安全保障工作给予支持，为筑牢校园网络安全屏障贡献更大力量！

癸卯新春将至，祝贵单位事业欣欣向荣、蒸蒸日上！祝师生员工新春快乐、和顺致祥！

东北大学信息化建设与网络安全办公室

2023年1月7日

发挥专业特色，服务广大师生

信息安全党支部由信息安全系全体党员教师组成，针对支部人员的结构特点，并结合专业建设和基层党建工作需求，提出了“一年做探索，两年打基础，三年见成效”的总体奋斗目标，确定了“以理论学习业务培训为手段，以全方位创建活动为载体，以严格的制度作保障，着力提高全体教师的师德师风水平，全面推进基层党建工作”的创建工作思路。同时，支部将基层党建工作与专业建设工作紧密结合，以基层党建工作推动专业建设工作，以专业建设工作淬炼党员初心，带领全体教师党员在专业建设过程中发挥党员先锋模范作用。通过一系列卓有成效的创建工作，支部的凝聚力、战斗力得到进一步增强，支部也获得东北大学先进党支部荣誉称号，并成为东北大学第二批“党建工作样板支部”培育创建单位。

（执笔人：徐剑）

党建育人守初心 凝心聚力促发展

医学与生物信息工程学院本科生党支部

医学与生物信息工程学院本科生党支部坚持以习近平新时代中国特色社会主义思想为指导，扎实做好第二批新时代党建工作样板党支部培育创建工作，围绕样板党支部建设的“七个有力”标准，以“四项工程”（规范建设工程、凝心塑神工程、奉献服务工程、立功创业工程）为抓手，在做实基础工作、创新教育阵地、培育示范典型、检验建设成效四个方面下功夫，以守正促创新，以创新强守正，筑牢基层堡垒，激发队伍活力，切实推动党支部建设高质量发展。

一、在做实基础工作上下功夫，坚持“落实落细”

一是规范支部管理。重视标准化、规范化建设，重点对照《中国共产党章程》《关于新形势下党内政治生活的若干准则》《中国共产党纪律处分条例》《中国共产党廉洁自律准则》等文件要求深入开展学习，牢固树立纪律和规矩意识；切实做好支部日常管理，夯实组织根基，打造坚强战斗堡垒。

二是严肃组织生活。严格按照组织程序开展“三会一课”、组织生活会、民主评议党员、党员发展转正等工作，推进“两学一做”学习教育常态化制度化，增强党员政治意识；以支部建设的“四项工程”为抓手，常态化组织开展每月主题党日、专题党课等活动，通过研讨式、互动式、体验式等方式集中学习，增强组织生活感染力和号召力。

三是深化党员培养。开展新生入党启蒙教育，端正入党动机；加强入党积极分子教育培训，举办“入党积极分子争先工程”暨入党积极分子培训班，提高政治站位；严把党员发展“质量关”，对标党员发展标准，严格党员发展程序，确保党员队伍政治素质整体合格；注重组织培养与日常教育相结合，切实提升支部建设质量。

二、在创新教育阵地上下功夫，坚持“走深走实”

一是搭建党课平台，武装党员头脑。开展学习宣传贯彻党的二十大精神主题宣讲、专题学习会等系列活动，以专题党课的形式组织党员重点学习，邀请学院党委副书记为党员同志深入解读新党章，从中汲取营养、锤炼党性；以党员“微党课”“微分享”的方式推动学习教育常态化，切实将学习教育成效转化为实际行动。

党支部成员观看高校示范微党课

二是整合优质资源，创新教育载体。充分利用网络信息技术优势，精心策划“引进来”和“走出去”。依托学院微信公众平台，转载、转发理论知识、时政要闻和会议精神等内容，通过视频党课、名师讲座、线上参观红色教育基地等方式，扩大党员学习教育阵地，丰富党员学习交流平台，打造党员理论学习空间站。

三是营造多维度、全方位的浓厚学习氛围。用好“学习强国”学习平台等线上线下党建宣传平台，定期开展理论学习专题活动，以“共读一本书”“共学一个文件”“共看一个节目”等形式，推进理论学习入脑入心入行，把“要我学、要我做”转化为“我要学、我要做”，形成真学、常学、善学、学以致用的良好风气。

三、在培育示范典型上下功夫，坚持“用情用力”

一是加强优秀典型选树，发挥榜样引领作用。组织观看《榜样的力量》专题节目，认真学习全国优秀共产党员、全国先进基层党组织的光荣事迹，用党的初心使命感召学生；选树可亲可信、可敬可学的身边榜样，开展身边榜样先进事迹主题宣讲和学习研讨，聆听他们扎根基层、服务群众的感人故事，汲取榜样精神，传承榜样力量；开展党员成长分享会、优秀毕业生党员座谈会等活动，引导学生党员学思践悟、比学赶超、崇尚先进、争当先进。

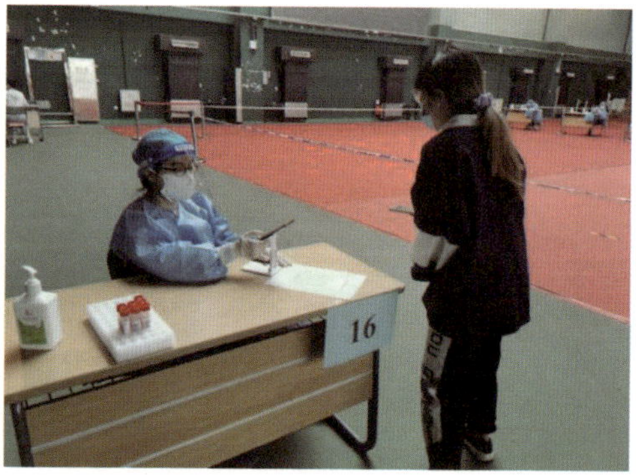

支部党员在疫情防控期间积极开展志愿服务工作

二是勇于担当时代重任，自觉践行初心使命。积极发挥优秀党员先锋模范作用，教育引导支部成员在日常学习与生活中亮出党员身份、树立先锋形象。主动为学业困难学生提供一对一帮扶，进行答疑解惑和资料分享，形成以优促优、以学促学优良传统；自发为返乡困难学生进行爱心捐助着力打造一支“有情感温度”的党支部。积极响应号召奔赴并坚守学校疫情防控第一线，以舍我其谁的责任担当和忘我奉献的精神品格，争当疫情防控“战斗员”和“宣传员”，用实际行动全力呵护学生身心健康，守护校园平安稳定；组织毕业生离校行李邮寄志愿服务活动，提供暖心便捷的行李打包与运送服务，做好毕业生离校护航“最后一公里”。

四、在检验建设成效上下功夫，坚持“常抓常新”

一是落实立德树人。以把握学生思想引领、身心健康、价值塑造为重点，统筹推进疫情防控与网络思政，利用云端平台组织开展抗疫专题讲座、线上研讨、知识竞赛、网络心理咨询等系列活动，强化思想政治引领；支部教师党员时刻把关爱学生放在工作首位，主动与学生谈心谈话，关心学生思想政治状况，及时回应学生关切，用“润物细无声”的真工巧力，将立德树人根本任务落到实处。

二是巩固育人成果。在全体党员的共同努力下，党支部在学科竞赛、科创比赛、社会实践、志愿服务、就业创业等方面有效发挥示范引领作用。以就业创业为例，2022 届本科毕业生党员共 26 人，其中 21 人被国内外知名高校录取，国内外继续深造比例达 80.8%。5 人实现高质量就业，入职世界 500 强企业。

近年来，党支部在上级党组织的关心、帮助和支持下，取得一定建设成绩。支部教师党员先后荣获学校优秀辅导员、学院优秀党务工作者、抗疫宣传先进个人等荣誉称号。支部学生党员先后荣获沈阳市优秀共青团员、优秀团学干部、模范大学生等荣誉称号。

心有所信、方能行远。面向未来，医学与生物信息工程学院本科生党支部将进一步增强“四个意识”、坚定“四个自信”、做到“两个维护”，引导师生党员强化政治意识、锤炼党性修养、增强使命担当、提升工作本领、矢志拼搏奋斗，助力学校“双一流”建设与发展，为培养德智体美劳全面发展的社会主义建设者和接班人提供坚强保证。

（执笔人：程俊龙、王帅）

立德树人铸就教育之魂
提升素养锤炼师德师风

生命科学与健康学院生化与分子生物学研究所党支部

生命科学与健康学院生化与分子生物学研究所党支部（以下简称生化所党支部）于2014年底成立，坚持以习近平新时代中国特色社会主义思想为指导，本着“立德树人铸就教育之魂、提升素养锤炼师德师风”党建工作理念，从党建引领科研、党建引领教学、党建引领学生培养出发，科学认真地谋划培育创建工作，精心组织党建活动，逐步推进了党建工作的开展；通过边对照学习，边探索积累，努力提高认识、明确目标、厘清思路、优化举措，最终实现促进创新人才培育，提升青年教师素质，激发科研创新活力，更好发挥新时代党支部职责和功能，充分发挥党支部战斗堡垒作用。

一、固本强基筑堡垒，构建高质量党建工作体系

生化所党支部牢记“为党育人、为国育才”初心使命，深化落实支部建设的“七个有力”，构建高质量党建工作体系。生化所党支部着重从“筑牢、鼓舞、发展、固本”四个方面入手，构建“3+4”高质量党建工作体系：从“思想建设、队伍建设和制度建设”三个基础出发，联系“作风建设、师生问题、业务工作和重大时事”四个维度，注重从“充分发挥支委的功能，筑牢党建阵地”；“发动鼓舞全体党员参与积极性”；“严格按照‘控制总量、优化结构、

提高质量、发挥作用’的总要求发展党员队伍”；“深化理论武装，建立固本铸魂育人精神”等四个角度的完善党建体系。更好地发挥支部政治功能，提高支部建设质量，增强支部的凝聚力，发挥基层党组织的战斗堡垒作用和党员先锋模范作用。

在生化所党支部全体成员的共同努力下，多次获得东北大学先进教职工党支部、特色党支部创建工作验收一等奖、“1+1”活动示范性党支部等称号；2021 年成为东北大学第二批新时代党建工作样板党支部。所在生物化学与分子生物学研究所多次被评为“东北大学青年文明号”、东北大学先进工会小组等荣誉称号。

固本强基筑堡垒，构建高质量党建工作体系

二、党建引领“三全育人”，打造“党建 +（创新创业）双创指导”育人模式

生化所党支部坚持立德树人根本任务，立足提升学生创新创业能力，依靠学院的平台优势，聚焦创新人才培养，以科研反哺教学为基础，注重将党的组

织引领与创新创业教育有机融合，积极把“三全育人”要求贯穿于学生培养的全过程。扎实推动“党建 +（创新创业）双创指导”育人模式。以“启航、护航、远航”助力学生在创新创业过程中取得好成绩。（1）生化所党支部利用生化与分子生物学研究所的科研平台，融合支部教师们的科研方向，为本科生提供实践科研设想的机会。（2）鼓励教师参与指导本科生参加各项创新创业竞赛项目，在竞赛的过程中提升科研能力，找出差距，取长补短，挖掘潜能。（3）利用各种信息平台普及创新创业知识、举办创新创业讲座，激发大学生创新创业的动机和热情，增强大学生创新创业意识，让学生对创新创业有全面的认识。（4）号召生化所全体教师将仁爱之心奉献给学生，以班导师的身份在日常学习生活中送去无微不至的关怀和温暖，为同学们全方面排忧解难，并积极对学生进行全程化的就业指导。

生化所党支部全体教师党员共指导本科生参加“国家大学生创新实验项目”24 项，发表 SCI 检索高水平学术论文 7 篇，国际性会议论文 24 篇；在多项国际级，国家级以及省级创新创业竞赛中取得一系列佳绩。支部教师党员中荣获东北大学优秀指导教师 3 人次；东北大学创新创业优秀指导教师 2 人次；8 人次担任本科生班导师，2 人次被评为东北大学优秀班导师。

党建引领“三全育人”，打造“党建 +（创新创业）双创指导”育人模式

三、党建推进师风师德建设，“党建 + 业务双促进”的教师素质提升工程

生化所党支部认真贯彻落实上级党组织和东北大学关于师德师风建设文件及会议精神，打造“双促进，双融合”青年教师提升平台。采用“加强党建和业务深度融合，形成党建与业务共促进”的工作模式。以党建引领为抓手，全面加强教师思政建设、任务驱动，全方位提升教师素质能力，从而达到“立师德、正师风、强师技、铸师魂”的良好效果。生化所党支部找准党建工作与业务工作深度融合的切入点，探索将两者融会贯通一并抓好落实的新途径。同时，坚持将教师的师德涵养与教育教学工作、立德树人实践相结合，在育人实践中锤炼高尚道德情操。

党建推进师风师德建设，“党建 + 业务双促进”的教师素质提升工程

（1）通过党建提升教师自身素质，增强法纪意识，牢固树立廉洁意识，加强师德师风建设，认真践行十项准则，落实高校立德树人根本任务。

（2）采用教学心得交流沙龙、教学基本功大赛以及邀请教学名师传授经验等丰富多彩的形式提高教师的教学能力；鼓励青年教师创新教育理念，探索创新教学方式。

（3）深入挖掘各专业课程思想政治元素，结合专业的职业素养、职业情感和岗位能力需求，形成具有专业特色的课程思政体系，充分发挥专业课程的思想政治教育功能，把立德树人贯穿教育教学全过程。

（4）以党建活动为载体，激发教师科研创新活力。通过组织前沿 SCI 文

章剖析会，科研项目申请经验交流会，邀请校内外的同行专家讲座等形式为师生创造交流研究成果的平台，营造浓厚的科研氛围，拓宽师生的视野和格局。

（5）自 2020 年新冠疫情爆发以来，通过党课科普新冠病毒相关科学知识，破解谣言；组织在沈师生疫情防控期间承担起科研用鼠的饲养和防疫工作；为毕业生们整理寝室、打包物品、邮寄行李，充分发挥党组织的战斗堡垒作用和广大党员的先锋模范作用。

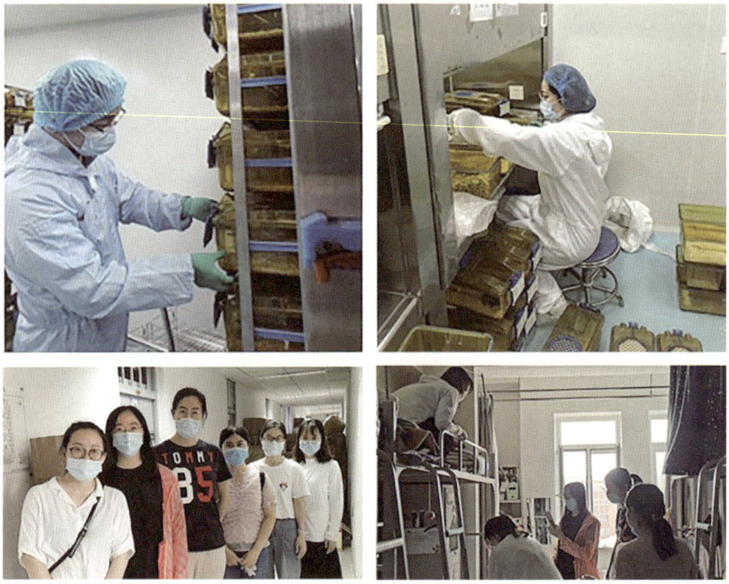

党建引领践初心，争做模范先锋

（执笔人：于阳）

念好党建“六字诀” 筑牢支部“堡垒墙”

机关党委教务处党支部

近年来，教务处党支部坚持以习近平新时代中国特色社会主义思想为指导，认真贯彻党的方针政策，坚持以服务师生为落脚点和出发点，充分发挥党支部战斗堡垒作用和党员先锋模范作用，以念好“学、讲、严、优、研、做”六字诀丰富党建内涵为抓手，围绕加强“服务中心、服务大局、服务师生”本领，推动党建与业务深度融合，不断提高服务型党组织建设的科学化水平，为学校一流大学建设提供坚强的组织保障。

不断在“学”上下功夫。教务处党支部坚持把党员教育作为支部内涵建设的重要抓手，紧密围绕学习贯彻习近平新时代中国特色社会主义思想及党和国家、学校工作大局谋划推进党员教育工作。为深入学习贯彻党的二十大精神，党支部围绕“回望来时路”“我们这十年”“奋斗新征程”三个专题，分三个阶段深入开展喜迎党的二十大系列活动，以“三部曲”奏响学习二十大精神新乐章。在三个专题的学习教育中，党支部以党员自主学、小组集中学、支部特色学、专家辅导学，“四学”并举为抓手，多措并举开展党员学习教育。为加强党员学习，党支部专门定期收集整理党员学习资料，汇编成册印发至每一名党员手中，以扎实有效的工作推动党的二十大精神落地落实、入脑入心。

探索在“讲”上出奇招。为充分发挥青年党员干部的潜质，激发青年党员干部学习、分享、交流的热情，党支部以“青年说”品牌特色活动为抓手，在提升青年干部“讲”的能力的同时，引导广大党员立足本职，在党员学习教育中学懂、弄通、做实。为弘扬光荣传统、赓续红色血脉，在中国共产党成立

101 周年之际，教务处党支部联合工程训练中心党支部举办了“守望初心•党的精神我来说”《中国共产党人精神谱系》专题分享会，来自两个党支部的 12 名青年党员从建党之初跨越时空、历久弥新的建党精神说起，到井冈山精神、长征精神、延安精神、西柏坡精神、雷锋精神、焦裕禄精神、改革开放精神，再到现如今在人民心中熠熠生辉的载人航天精神、劳模精神、“三牛”精神、抗疫精神，他们以生动的语言阐释了中国共产党人精神谱系伟大精神的深刻内涵，并结合自身实际理解进行了分享。“青年说”活动为支部深入开展党员教育，提升青年党员综合素质提供了契机。

党支部自编学习资料

力求在“严”上出新招。党支部注重规范化建设，严格落实组织生活，并坚持把组织生活落到实处，为满足党员教育日益多元化的需求，进一步扩大党建覆盖面，党支部利用微信群、雨课堂等平台，打造教务处“云端支部”，把党支部建在“云端”，实现党组织生活规范化、多样化、智能化。居家办公期间，党支部坚持做到组织生活“线上过”，党员队伍“不掉线”，支部充分利用“云端支部”开启了组织生活“云”模式。党支部开展了丰富多彩的“云党课”、线上主题党日、线上读书分享、线上学习资料推送、线上知识竞赛等活动，党支部利用“互联网 + 党建”模式，用“新”的方式、“优”的内容、“实”的效果扎实推进支部规范化建设。

党支部组织开展创新争优活动

教务处党支部开展“寻找最美逆行教务人”活动

发布人：张璐　发布时间：2022-03-23　浏览次数147

目前辽宁省内疫情多点爆发，校园防疫工作日益严峻。教务处党支部带领全体党员和工作人员，众志成城共同战“疫”，牢固树立服务意识，全力做好本科教学管理与服务保障工作。

3月14日，党支部召开支委会，研讨支部战“疫”工作部署。3月18日，党支部发布《知行合一践使命抗击疫情勇担当 致全体共产党员的一封信》，号召全体党员牢记初心、践行使命，积极发挥先锋模范作用，增强大局意识，主动亮身份、作表率，用实干担当彰显教务人风采，用辛勤汗水书写战“疫”新答卷。3月19日，党支部开展“寻找最美逆行教务人”活动。3月20日，党支部组织党员报名参加志愿者队伍，深入校园防疫一线开展志愿服务，助力校园疫情防控工作。

在这场战“疫”中，一批最美逆行教务人的身影映入师生眼帘：3月14日21时，学校决定封校管理后，教务处处长朱志良紧急召开工作部署会，2小时内对在线教学、资源平台保障、实习实训、毕业论文、质量保障等关涉本科生学习的每一环节做出精心部署……3月15日凌晨1点，最后一条上课开课信息上传完成；3月15日校园封闭管理第一天，朱立达同志留在第一线指导在线教学工作；3月20日，时浩、马林同志积极响应学校和支部的号召，报名参加校园疫情防控教工志愿者工作队；封校管理以来，全体教务人付出了艰苦的努力，在探索中实践，在实践中创新，经受住了重重考验，全力保障在校教学的顺利开展。

连日来，教务处的在线教学得到了全体教师的支持，得到了全体学生的肯定，得到了学校领导的认可；在线教学登上了学习强国平台、人民日报等权威媒体，点击量超过10万；相关成果得到了教育部高教司主要领导的肯定。这些工作成绩的取得，凝聚着教务处党员领导干部、广大党员和工作人员的辛勤汗水，体现了东北大学本科教学方案顶层设计及体系运行机制的有效建立和本科教学管理协同联动机制的高效运行。

下一步，教务处党支部将认真落实党中央、国务院及辽宁省、学校疫情防控决策部署，积极响应辽宁省委组织部《关于在坚决打赢疫情防控歼灭战中充分发挥党组织和党员干部作用的通知》要求，以快制快、以变应变，坚决打赢疫情防控歼灭战，迎接党的二十大胜利召开。

（供稿：马林）

“寻找最美逆行教务人”活动报道

努力在“优”上做文章。党支部注重“榜样”引领，通过树典型、立标杆营造比学赶超氛围，以创先争优凝聚发展正能量，带动全体党员向好发展。近年来，党支部连续开展了教务处党支部“一先一优”评选，“学习强国”先进党小组、“学习强国”学习标兵、“学习强国”学习之星、“学习强国”竞赛达人等评比表彰活动，同时，在疫情防控形势严峻的特殊时期，为带领全体党员众志成城共同战“疫”，牢固树立服务意识，全力做好本科教学管理与服务保障工作，党支部开展了“寻找最美逆行教务人”活动，挖掘和表彰战“疫”一线涌现出的先进代表，引导党支部全体教职工对标先进，用实干担当彰显教务人风采。

坚持在“研”上求突破。党支部将调研和研学作为支部特色工作和内涵建设的抓手。近年来，为有效了解学院（部）师生对教务管理方面的意见和建议，教务处党支部每年组织处级党员领导干部带队赴学院调研 10 余次，面对面与师生就教学运行、课程设置、培养方案、实践教学等各类教育教学问题展开热烈讨论和交流，就师生关心的热点问题进行解答与指导，并在调研结束后，积极组织相关业务部门对存在的问题进行整改。党支部通过开展走访调研活动，拉近了部门与师生的距离，同时有效了解了日常业务工作中存在的短板和不足，对提升部门业务水平、改进工作作风起到重要的推动作用。此外，党支部积极开展“研学游”活动，组织党员赴西柏坡、大庆等红色教育基地开展实践教育活动，通过实地参观学习纵深推进党建工作。

党支部组织党员领导干部带队赴学院调研

党支部赴大庆开展研学活动

切实在“做”上求实效。为践行“为师生办实事”的服务理念，教务处党支部始终将“办实事”工作作为常规长项工作来抓，要求党员做到“勤思考”“勤观察”“勤改进”，努力探索服务师生新思路、新举措，将服务师生理念浸润入日常工作中。面对复杂严峻的疫情防控形势，为全力保障疫情防控期间本科教学工作平稳有序，做到线上线下及时切换、无缝衔接、实质等效，党支部以《致全体共产党员的一封信》号召全体党员“不忘初心、牢记使命”，积极发挥先锋模范作用，增强大局意识，主动亮身份、做表率，用实干担当彰显教务人风采，用辛勤汗水书写战“疫”新答卷。在党支部的带领下，部门在线教学管理服务工作得到了学校领导和全体师生的支持、肯定和认可。学校在线教学成果登上了“学习强国”学习平台、《人民日报》等媒体，点击量超过10万，得到了教育部高教司主要领导的肯定。

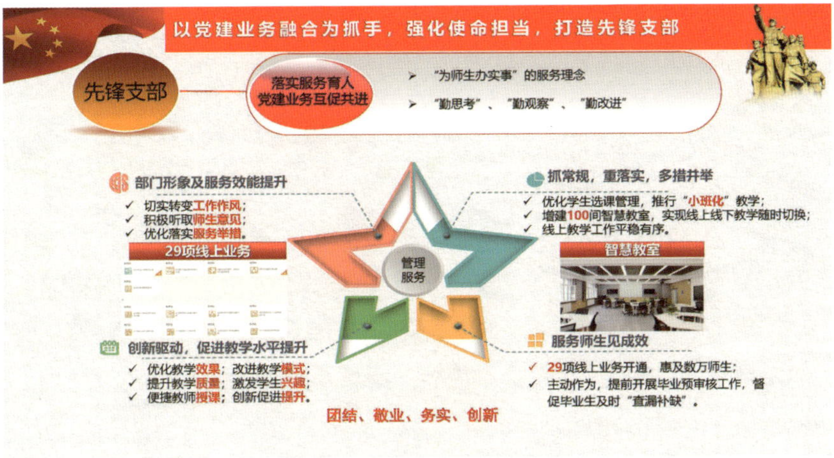

落实服务育人，党建业务互促共进

初心如磐，笃行致远。近年来，教务处党支部秉持为党育人、为国育才的初心和使命，坚持“围绕中心抓党建、抓好党建促发展”的工作理念，对标“七个有力”抓支部内涵建设，在增强党员凝聚力、战斗力、服务力方面充分发挥作用。党支部的努力也获得了上级党委的充分肯定，近年来先后获得“东北大学先进教职工党支部”“东北大学机关先进党支部”“东北大学特色支部”“东北大学党建工作样板支部”“东北大学基层党建工作创新一等奖”“特色支部创建工作成果一等奖”等奖项和荣誉。面向未来，教务处党支部仍将不忘初心、牢记使命，继续发挥党支部的战斗堡垒作用，团结带领全体党员以更加饱满的工作热情、更加务实的工作作风，凝心聚力、服务师生、推动发展，努力将支部建设成为“凝聚力、战斗力、担当力、学习力”统一的战斗堡垒，为学校各项事业发展和一流大学建设提供坚强保障。

（执笔人：徐林、孙思萌）

“四位一体”助推指导服务工作高质量发展

直属部门党委学生指导服务中心党支部

直属部门党委学生指导服务中心作为负责学生指导、就业、资助和心理等方面工作的服务部门，在人才培养和一流大学建设等工作中具有不可替代的基础性作用，学生指导服务中心党支部充分发挥组织优势，不断提高站位、凝聚共识、开拓创新、力求实效，以深化党建工作融合创新为着力点，助推部门业务高质量发展。新一届委员会成立以来，尤其是入选学校样板党支部以来，经过积极、深入、创新的探索与实践，建设并不断完善“思想建设、组织建设、作风建设、廉政建设”四位一体的党建引领工作格局，使支部党的建设工作格局更加优化、工作抓手更加有力、工作内涵进一步提升，为全面助力学校一流大学建设提供了源源不断的内生力量，作出了积极的贡献。

一、加强思想建设，夯实党建基础

党支部始终高度重视思想建设，把创新开展政治理论学习作为思想建设重点，制定并落实党支部政治理论学习制度，持续推进“两学一做”学习教育常态化制度化，扎实开展“不忘初心、牢记使命”主题教育和党史学习教育等，运用丰富的形式组织、引导党员积极参加政治学习，提高党员政治素养，夯实理想信念。

一是理论学习常抓不懈。围绕主题教育要求、重要会议精神、重要文件精神，学生指导服务中心党支部每月确定主题、每年编印10期左右理论学习材料，组织集中和个人学习，并以知识竞答、交流研讨等方式巩固理论学习成效；党支部重视引导党员读原著、学原文、悟原理，持续完善“党建书柜”，购置党建图书，开展读书漂流，带领支部党员阅读10余本党建著作，并通过线上线下相结合的方式进行思想交流；督促激励党员认真利用“学习强国”等理论学习平台常态化开展个人学习。二是多维提升政治素养。做好“支部书记”“领导干部”讲党课、专题学习交流会等政治学习交流活动；组织党员前往大梨树村、东北抗联史实陈列馆、玖伍文化城、沈飞罗阳纪念馆、东北大学VR党建基地、新松机器人等教育基地和厂矿企业学习参观，有效提升党员政治素养。三是制度保障建设成效。经过多年探索，学生指导服务中心党支部形成常态化政治理论学习与表彰制度，结合日常政治学习表现与“学习强国”平台积分情况，开展“学习标兵”年度表彰，激发党员学习积极性与主动性，在党支部形成了“比学赶超”加强思想建设的浓厚氛围。

开展形式丰富的政治学习活动，强化思想建设

二、深耕组织建设，赋能党建创新

党支部以组织建设为重要抓手，依托基层党组织活动方案立项、“1+1”专项活动、特色支部创建、样板党支部创建等活动载体，不断完善组织制度建设，创新组织活动体系，主动发挥组织优势，为党建工作创新、业务工作发展持续赋能。

一是落实党建工作标准化。学生指导服务中心党支部在严格落实学校党委、直属部门党委各项规章制度的基础上，持续完善党建制度体系，规范落实“三会一课”制度、谈心谈话制度，制定支部理论学习制度、党员活动积分制度、服务保障回音壁制度等，坚持以制度管队伍、以制度强本领、以制度促发展的长效机制，推进党建工作标准化建设。二是创新组织活动体系。牢牢把握主题教育、建党百年、建校百年等重要契机，创新组织活动内容与形式，系统规划全年组织建设活动，开展党员沙龙、主题观影、参观体验学习、重温入党誓词、义务劳动、心理健康工作坊等不同形式的主题党日活动 30 余次，强化支部内涵建设，做到“月月有亮点，全年不断线”，使支部凝聚力、战斗力不断增强。三是开创党建共建新模式。利用部门业务优势，与沈飞党委组织部 / 人力资源部员工管理室党支部开展党建共建，双方签署《党建共建协议书》，强化党建引领，提升人才效能，实现党的建设与业务工作有机融合、相互促进、共建双赢。四是主动发挥组织优势。面对三年疫情大考，学生指导服务中心党支部主动发挥战斗堡垒作用，支部党员为疫情防控工作献计献策，第一时间成立并常态化运行疫情防控党员先锋队，落实落细疫情防控工作要求，主动请缨、无私奉献，积极参与到驻校工作、核酸检测、校内督查、组织学生集中返校以及宿舍驻楼等工作之中，2022 年人均驻校工作 57 天，其中 100 天以上的达到 5 人，保障了各项业务工作顺利开展，为全校师生交出民生保障满意答卷。

发挥组织优势，以高质量党建赋能事业发展

三、强化作风建设，增效党建引领

学生指导服务中心党支部始终认为“围绕业务抓党建”“杜绝党建业务两

张皮”是开展支部党建工作的重中之重。党支部通过调查研究、“我为师生办实事”和强化监督反馈等，不断加强部门党员同志作风建设，切实推动“党建引领业务双提升”提质增效。

一是深入开展调查研究，认真倾听师生反馈。部门领导干部主动、深入走进一线，带头开展调查研究，探索服务部门党组织在一流大学建设中的政治作用；部门积极开展业务领域全覆盖的调研活动，以线上线下相结合的方式开展“全校师生向我提意见”活动，并形成服务反馈常态化机制，持续开展并完善“服务保障回音壁”，强化履职尽责，培养实干作风。二是全心全意为师生办实事。2019 年至今，党支部结合调研和服务反馈情况，带领部门主动作为，围绕师生急难愁盼问题，创新工作方法，在指导、就业、资助、心理等业务领域办理了 40 余项实事好事，形成了“我为师生办实事”党建品牌，为部门树立良好形象的同时，切实助力指导服务提质增效。三是加强队伍建设，推动党建与业务深度促进。在各科室设立“党员先锋岗”，制定师德师风锤炼工作计划，围绕“三全育人”“课程思政”等内容开展培训与交流活动，组织素质拓展、心理健康工作坊等综合素养提升活动，全面加强队伍活力与工作能力，强化履职尽责，培养实干作风。

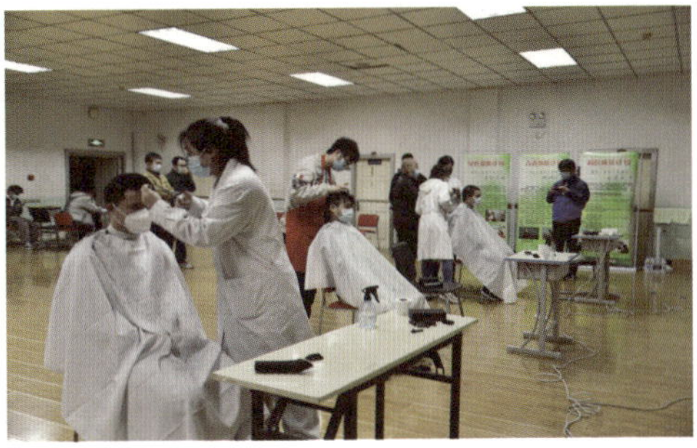

真抓实干推动指导服务高质量发展

四、注重廉政建设，坚守党建底线

学生指导服务中心党支部始终坚守底线思维，把党风廉政建设纳入工作发展总体布局，从领导班子到部门各成员无遗漏细化目标责任，定期自我检视，提高政治站位，积极开展廉政文化建设和廉洁自律教育，致力打造忠诚干净的示范性党支部。

一是开展自我检视，签署一份党风廉政“清风状”。党支部对标学校和直属部门党委党风廉政建设工作部署要求，定期开展自查自纠、提醒谈话，要求每名党员认真开展自我检视。部门每年召开全面从严治党专题会议，组织全体党员同志签署党风廉政“清风状”，时刻提醒坚守底线，整改问题。二是积极组织廉政文化作品大赛等廉政教育有关活动。党支部每年结合主题，积极组织党员开展廉政文化作品大赛，通过喜闻乐见的形式让廉政思想入脑入心，支部党员作品连续三年在学校和直属部门党委廉政文化作品大赛中获奖，支部连年被授予优秀组织奖。三是主动加强廉政文化建设。通过开展廉政文化学习，组织参观廉政文化基地，举办廉政知识竞赛，支部多维度加强廉政文化建设，激发党员参与廉政学习的主动性与积极性，共同营造风清气正的良好环境。

多措并举加强廉政文化建设

精耕细作，久久为功。入选学校样板党支部以来，学生指导服务中心党支部持续深耕党建工作，取得显著成效，获评2019—2021年东北大学先进教职工党支部，两次获学校特色支部创建工作成果一等奖，三次获“提升·引领·共进”“1+1”活动示范性党支部等诸多荣誉称号。党建工作取得的成绩将持续激励党支部守正创新、不断前进，学生指导服务中心党支部将以更大担当、更大作为，在新时代新征程上以实际行动助力学校高质量发展，献礼百年校庆！

（执笔人：石昌远、方婧譞）

抓好党建促服务　餐饮保障有力量

后勤党委餐饮管理服务中心党支部

餐饮管理服务中心党支部在学校党委及后勤党委的领导下，始终坚持用习近平新时代中国特色社会主义思想武装头脑、指导实践、推动工作。近年来积极贯彻落实“两学一做”学习教育常态化制度化，持续巩固提升“不忘初心、牢记使命”主题教育成果。充分发挥“样板党支部”政治引领作用，着力提高全体党员政治素质，夯实党员理论学习基础，紧紧围绕学校发展目标，注重党建引领，以服务好广大师生为主要任务，为一流大学建设目标任务贡献力量。

组织党员开展实践研学

一、凝心铸魂，提升党建思想引领力

加强党的二十大精神学习，自觉在思想上政治上行动上与党中央保持高度一致，牢牢把握正确的政治方向，把学习习近平新时代中国特色社会主义思想作为做好一切工作的“金钥匙”。按照政治理论双周学、党员大会每月学、专题党课每季学的常态化学习教育制度和“两学一做”学习教育要求，深入贯彻习近平总书记系列重要讲话精神，让习近平新时代中国特色社会主义思想成为广大党员的强大引擎。在回顾党的历次党代会学习活动中，支部以历次党代会的发展时间为轴，制成画卷，党员以填空的形式填写历次党代会的开会时间、参会人物及历史意义等部分内容，加深党员对历次党代会的了解，牢记历史，不忘初心。严格执行“三会一课”制度，落实主题党日活动要求，严格党员日常管理和党组织生活制度，强化党的意识和组织观念，维护意识形态安全。

组织党员赴沈阳市社会组织党建示范基地参观学习

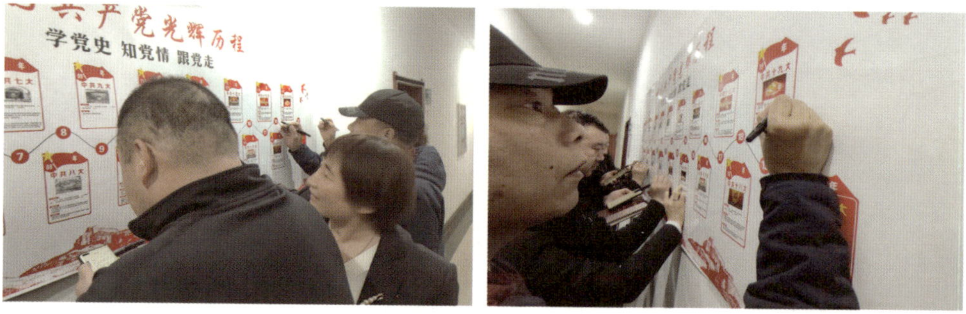

学习历次党代会精神主题党日活动

二、筑牢屏障，确保师生饮食健康

党建引领，筑牢疫情防控坚实堡垒。餐饮党支部在样板党支部建设初期，正值新冠疫情在国内再次爆发，在疫情越来越严重的情况下，学校采取封校的管理措施，减少师生与外界接触的机会，避免交叉感染。为切断外界传染源，学校严禁师生外卖点餐，在此情况下，学校食堂成为留校师生唯一的就餐地，如何做好留校师生的饮食保障与服务成为工作的重中之重。

支部留校党员立即组织食堂主任召开会议，传达学校防疫要求，制定就餐方案。加强宣传，引导师生有序就餐。按标识单向流动，站排打饭间隔一米，就餐座位同向而坐，鼓励同学打包带走，尽量减少堂食。储备物资，做好饮食基本保障。食堂储备一定量的米面粮油肉等大宗物资，确保货源充足。蔬菜瓜果每次上货至少储备为两天，以备不时之需，确保好两校区四万余师生的基本伙食需求。验收货物时设立暂缓区，对货物进行彻底消毒后方可进入食堂。加强消毒，确保师生食品安全。各食堂严格落实“6S”管理制度，党员带头执行，支委成员深入一线带头督导落实，充分发挥党员先锋模范作用。食堂内外环境、餐饮具、工具容器定时消毒，食品相关产品安全达标。员工工作期间全程佩戴口罩，确保师生食品安全。丰富品种，提供延时超值服务。封校期间，南湖、浑南两校区均有食堂开设延时供餐服务，即晚餐延至晚 21：00。食堂定期开展伙食品种轮换，并不断研发新品种，以满足同学在校内也能吃到各类品种的就餐需求。

封校期间，支部派党员驻扎浑南食堂，确保浑南校区一万余师生饮食保障。部分党员同志不畏艰辛，舍小家顾大家，勇于担当重任，每天坚守在食堂一线，充分发挥党员先锋模范作用，让党旗在一线高高飘扬。

三、立足岗位，服务举措出新招

学校封校期间，为进一步做好留校师生饮食服务工作，在 5 月 1 日当天，食堂为全校学生提供免费午餐和晚餐。时间紧任务重，接到通知支部留校党员立即带领食堂工作人员研究具体落实方案。定制 60000 余张餐券，各食堂提前三天备足食品原料，荤素搭配组合大约百余种套餐，风味小吃也多达上百种。

“封校不封情，暖胃更暖心”，在支部全体党员的带领下，五一免费餐得到了全校同学的一致好评。

疫情封校期间，支部党员积极做好物资储备

为不断提高餐饮服务品质，端午节当天免费为每名同学发放一个粽子、一枚鸡蛋，让同学们再次感受家一样的温暖。

毕业生“上车饺子”，新生入校“下车面”活动已持续四年，每一次活动党员同志一定冲锋在前，充分发挥先锋模范作用，努力为每一名师生做好服务工作。服务无止境，满意无终点。立足岗位，做好师生一日三餐饮食工作始终是餐饮工作的重中之重。

封校不封情（五一端午免费用餐券、“上车饺子下车面”券）

四、服务育人，推进服务再上新台阶

自 2018 年以来，餐饮党支部“美食品鉴系列活动”已举办四届，始终秉承“促进学生全面发展与健康成长”的理念，提高服务育人能力和水平，努力打造党建活动特色品牌。同学们亲自下厨包饺子，学得一个比一个认真；来一场别开生面的包饺子比赛，你来擀皮我来包；学习制作拌凉菜，色彩艳丽、清凉爽口、营养丰富。筹划推出校庆系列美食活动：结合传统节日包粽子、制作建校百年主题蛋糕等。餐饮党支部进一步丰富校园饮食文化，培养学生劳动能力和生活技能，践行“五育并举”教育理念，以党建引领餐饮服务高质量发展，实现党建与业务工作有机结合，不断推进后勤服务再上新台阶。

“美食品鉴”特色系列活动

新时代新征程，餐饮管理服务中心党支部将持续把党建工作与业务工作深度融合，充分发挥“样板党支部”示范引领作用，发挥党支部战斗堡垒作用，发挥党员先锋模范作用，不断改进工作作风，提高工作效率，锐意进取，全力打造平安餐饮、质量餐饮。不忘初心、勇担使命，赓续前行，奋楫争先，以饱满的工作热情和实际行动庆祝东大百年华诞。

党支部开展“我和我的祖国”主题党日活动

组织全体党员在综合楼北广场重温入党誓词

（执笔人：刘玉华）

后记

本书既是东北大学百年校庆系列丛书的成果之一，也是2023年度全国高校思想政治工作中青年骨干建设项目的阶段性成果。在本书成稿过程中，我们不断被学校各级基层党组织的昂扬斗志牵引着，被广大师生党员的团结进取鼓励着，更被身为东大人的文化沁润温暖着。我们希望为读者呈现的“对标争先”“一融双高”，既是过往创建成果的落脚点，也是新时代学校党的建设的出发点。撰写本书的过程，既是对近年来相关工作的梳理总结，也是与各级基层党组织、广大党员乃至兄弟高校同人的交流与勉励，更是对新时代高校党建新要求的再认识。

本书在编写过程中，得到了学校各级党组织、党务工作者和师生党员们的支持。一篇篇来稿中，流布着“惠风好雨助春华，匠心无言花自开”的诗情、“问渠那得清如许，为有源头活水来”的真诚、“高擎党旗聚红色动能，争创一流践初心使命”的豪迈、“铸魂育人抓党建，守正创新促发展”的担当……这样的执笔人，是一群眼中有光、脚下有路、手上有招的开拓者；这样的事业，是一幅过去可嘉、当下可行、未来可期的美好画卷。感谢积极投稿、认真撰文的执笔人的支持！感谢全校各级党组织和广大师生党员的厚爱！

本书能够付梓，也得到学校党委以及党委组织部、党校以及有关党委各位同志的支持和帮助。王玉琦同志负责全书的统筹工作；姜玉原同志承担全书编审工作；高辉同志、张璐同志分别负责全书整体组稿和个别章节撰写工作。其中，姜玉原同志、高辉同志参与了本书第一篇章的部分写作和编校工作；初青松同志、穆艳爽同志、张璐同志参与了第二篇章的编校工作；周莉同志、陈国秋同志、国镇疆同志、李炳熠同志参与了第三篇章的组稿和编校工作；王海霞同志、梁媛同志、彭舟同志、蔡晓淇同志参与了第四篇章的组稿和编校工作；李晓璐同志、张兆磊同志、马春杨同志参与了第五篇章的组稿和编校工作。感谢上述老师的倾心付出！

同时还要感谢东北大学党委的高度重视和指导，感谢东北大学出版社的大力支持，感谢东北大学校庆办的帮助！

心怀百年志，奋斗永无涯。我们生在一个伟大的时代，在新时代党的建设新的伟大工程中，每名党员都能以自身光亮照鉴其中，那是我们共同的诗与远方。借此书祝福百年东大再创辉煌，祝福伟大祖国繁荣昌盛，祝福我们的党永远朝气蓬勃！